유아교과교육론

류민임

창지사

머 리 말

유아는 우리나라의 미래이자 희망이다. 그러한 유아를 교육하는 유아교사는 중요한 인적 자원이며 양질의 교육을 제공할 수 있는 원천이기도 하다. 따라서 교육을 행하는 교사의 역할은 무엇보다 중요하다고 볼 수 있다. 교사는 교육을 행함에 있어 그 대상이 누구인가에 따라 교수 · 학습 방법을 달리해야 한다. 초 · 중 · 고생을 대상으로 하는 교과교육은 각 교과의 특성별로 나뉜 개별 교과로 교수 · 학습이 이루어지나, 유아를 대상으로 하는 교과교육은 발달 특성상 개별 교과로 나누어 지도하는 것보다 통합적으로 접근하는 것이 바람직하다.

교과교육이란 과목은 때로는 유아교육에서 배우는 관련 전공 교과들을 복습하는 형태에 그치는 것처럼 보일 수 있다. 따라서 이 책에는 효과적으로 교과교육을 지도할 수 있는 방법에 대해 고심하면서 가능하면 교과교육에서 다루어야 할 부분을 충실히 담고자 노력하였다.

누리과정 개정으로 놀이중심의 교육과정이어서 수업계획안 작성과 수업의 운영방법이 변화되었지만 교사가 기본적으로 알고 있어야 하는 교과교육은 지도가 되어야 한다고 보았기에 총 13장으로 이론과 실제편으로 구분하여 구성하였다. 교과교육의 이론을 다룬 제1부에서는 제1장 교과교육에 대한 이해, 제2장 교수 · 학습 방법, 제3장 교수 · 학습 유형과 교수 행동, 제4장 교수 · 학습 환경, 제5장 교수 활동 평가, 제6장 교사의 자질과 역할에 대해 살펴보았다. 특히 제2장 교수 · 학습 방법 부분에 초점을 두고 많은 내용을 담았다.

교과교육의 실제를 다룬 제2부에서는 제7장 동작교육, 제8장 사회교육, 제9장 미술교육, 제10장 음악교육, 제11장 언어교육, 제12장 문학교육, 제13장 수 · 과학교육으로 구성하고, 각 장마다 맨 뒤에 관련 활동을 예로 제시하였다.

이 책이 예비 유아교사들에게 유아교육의 이해를 돕는 지침서로 널리 활용될 수 있기를 기대한다. 그리고 이 책의 출판을 허락해 주시고 지원해 주신 창지사 사장님과 편집부 여러분들께 깊은 감사를 드린다.

마지막으로, 이 책으로 공부할 예비 유아교사들에게 박성철의 『더 소중한 사람에게』(2001)라는 책의 한 구절을 전하고자 한다.

농부가 농약을 쓰지 않으면서
굵고 맛있는 사과를 재배하는 비결은
사과나무마다 이름을 붙여 불러 주는 것이었습니다.
농부의 애정을 사과나무들이 알아차릴 수 있도록
'야' ,'너' 라는 체온이 담기지 않은 말보다
그 사람의 이름을 따스하게 불러 줄 수 있는
그대가 되기를 바랍니다.

이 글처럼 이 세상에 자신의 이름을 불러 주는 것보다 더 아름다운 노래는 없다고 생각한다. 예비 유아교사들도 유아들 한 명 한 명의 이름을 따스하게 불러 줄 수 있는 좋은 교사가 되기를 희망한다.

2022년 3월

저자 류민임

차 례

제2부 교과교육의 실제

제 01 부

교과교육의 이론적 기초

제1장 교과교육에 대한 이해

연 리 지

<연리지>는 서로 가까이 있는 두 나무가 자라면서 하나로 합쳐지는 현상을 일컫는 말이다. 처음에는 그저 가지끼리 맞닿아 있는 것처럼 보이지만, 종국에는 맞닿은 자리가 붙어 한 나무로 변한다. 땅 아래의 뿌리는 둘이면서 지상에 나온 부분은 그렇게 한 몸이 되는 것이다. 바람 따위에 상처를 입어 속살이 드러났다거나, 아니면 두 줄기가 살짝 맞닿아 있다가도 그대로 붙어 버리는 연리지, 그런데 더 신기한 것은 한 번 연리지가 된 가지는 두 번 다시 떨어지지 않는다는 것이다.

연리지 현상이 참 신기한 것은 합쳐지기 전의 성격과 기질을 고스란히 간직하고 있다는 점이다. 그래서 흰색 꽃을 피웠던 가지엔 흰색 꽃이 붉은색 꽃을 피웠던 가지엔 붉은색 꽃이 그대로 피어난다. 그렇게 서로 다른 특성을 지녔으면서도 어떻게 한 몸을 이루면서 살 수 있는지. 마치 불과 물처럼 제각각인 나무들이 일단 한 몸이 되면 서로의 개성을 인정하고 조화롭게 사는 모습에 절로 탄성이 나온다. ……사랑한다면 연리지처럼.

우종영, 『나는 나무처럼 살고 싶다』(2009) 中에서

- 교과교육도 연리지처럼 한 몸이 되기 전에는 각 영역별로 다른 특성이 있지만 하나의 활동 속에서는 통합적이며 전인교육을 지향하는 특성을 가지고 있다.

1 교과교육의 개념 및 목표

1) 교과교육의 개념

교과교육(教科教育)은 교과와 교육이라는 두 가지 개념이 합성되어 있다. 먼저 교육(教育)이란 가르치고 배우는 행위가 함께 존재한다. 여기에는 교사가 의도적으로 계획한 교육적인 활동을 통해 학습적인 것뿐만 아니라 인성적인 면까지도 포괄적으로 포함되어 있다. 인류 역사 이래로 인간은 유형 · 무형으로 교육을 행해 왔다. 인류의 진화와 더불어 교육도 진보 · 발전을 거듭하여 지금에 이르게 된 것이다. 고대시대에는 교육내용으로 음악과 체육을, 통치자를 위한 교육과정으로 수학, 천문학, 음악, 변증법 등을 가르쳤다. 중세시대에는 이를 바탕으로 7자유과(Seven Liberal Arts), 즉 문법, 수사학, 변증법의 3학(trivium)과 대수, 기하, 천문학, 음악의 4과(quadrivium)를 가르쳤다. 7자유과는 교과의 기원으로 볼 수 있으며, 산업혁명을 거쳐 현대적인 새로운 교과가 생겨난 후에도 학교의 교과로서 영향을 미치고 있다.

또한 교과(教科)란 교육목적 달성에 필요한 지식과 기능을 학문적으로 체계화한 영역으로 교육하고자 하는 내용을 말한다. 교과는 인류가 진화하면서 여러 문화양식들 가운데서 인간의 생존과 발전에 기여해 왔다고 여기는 특정 영역의 지식이나 사고양식 그리고 경험과 같은 문화적 요소에 의해서 가치 있는 내용을 선정하였다. 더불어 앞으로의 사회에서 가치 있을 것이라고 여겨지는 내용을 선정하여 조직하기도 한다. 각 교과는 독특한 영역으로 구분되어 교육의 대상이나 사회적 필요에 따라 통합되기도 하고 분리되기도 하면서 유지되어 왔다. 교과가 통합 · 분리되는 과정을 거친다 하더라도 교육 대상자의 발달과정을 무시하거나 균형적 발달을 해치는 결과를 가져오는 것은 바람직하지 못하다. 교과는 인간의 전인적 성장과 발달에 가치를 두어야 하기 때문이다.

따라서 교과교육론이란 교과를 교육하는 학문으로, 해당 교과에 대한 기초 개념과 지식을 포함하여 교육하고자 하는 교과를 어떠한 방법으로 가르칠 것인가를 아는 것이라고 볼 수 있다. 다시 말해, 각 교과의 기초 지식과 목표, 내용 및 방법을 알고 교수·학습 활동 과정에서 요구되는 이론 및 실제를 수행하는 것을 의미한다.

종합해 보면, 교과교육론은 가르치는 방법적 원리뿐만 아니라 교과내용에 대한 이해를 포함한 보다 포괄적인 학문으로 정립되어야 하며(이돈희 외, 1994), 각 교과를 어떻게 효율적으로 지도할 것인지에 대해 아는 것으로 교육원리, 교과내용, 교수방법 등이 포함되어야 한다(고문숙, 임영심, 유향선, 황정숙, 김은심, 2002). 이를 바탕으로 교과교육론에 대한 개념을 정리하면 다음과 같다.

- 교과교육론은 교과별 특성에 대한 안목을 가지고 교육내용과 교수방법에 대한 원리를 이해하는 것이다.
- 교과교육론은 개별교과에 대한 전문적인 지식뿐만 아니라 개별학습자의 인성적 측면까지 지도하는 것이다.
- 유아교육에 있어서 교과교육론은 전인적이고 통합적인 성장을 지향하므로 각 교과, 즉 흥미 영역을 통합하여 접근하는 것이 바람직하다.

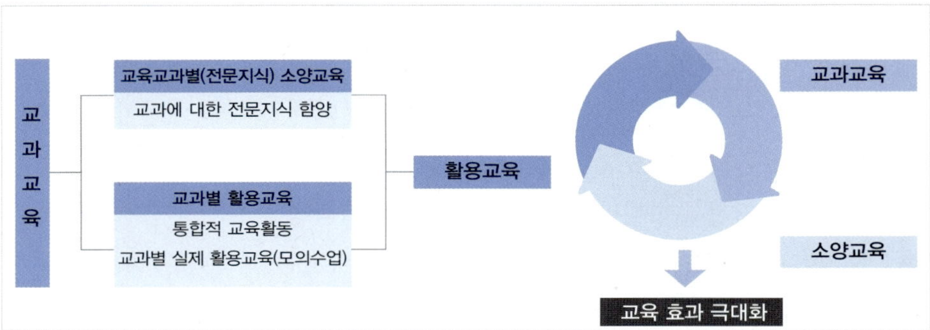

[그림 1-1] 교과교육의 개념

2) 교과교육의 목표

교육은 사회 변동, 과학기술의 발전, 교육 환경 및 여건의 변화, 경제 산업 및 취업 구조 등의 변화와 그에 따른 교육 수요자의 요구와 필요에 따라 변화한다. 현대는 농경사회, 산업사회, 정보사회를 거쳐 지식기반사회가 되었다. 따라서 변화에 가속도가 붙어 더욱 빠른 속도로 변화하는 미래사회를 살아가게 될 유아에게는 교육의 체제가 '공급자 중심'보다는 '수요자 중심'으로 이루어져야 할 것이다.

과거의 생산요소가 토지, 자본, 설비였다면, 현대는 그 중심축이 4차 산업혁명으로 이동했다. 인공지능(AI), 사물인터넷(IoT), 가상현실(VR), 증강현실(AR) 등이 주도하는 산업의 변화와 더불어 빅데이터, 모바일 등 첨단 정보기술(information technology:IT)이 사회 경제 전반에 융합되어 혁신적인 변화가 일어나고 있다.

교과교육도 이러한 시대적 흐름을 역행할 수는 없다. 교육에서 무엇을 가르칠 것인가 하는 문제는 역사적으로 늘 논의의 대상이 되어 왔지만, 시대적 흐름을 앞서기보다는 변화 속도를 뒤따르는 형국이 되었다고 할 수 있다. 교육은 과거나 현재 그리고 미래가 되더라도 근본적으로 사람에게 유용한 것을 가르쳐야 한다는 점에서는 동일하다. 단지 그 시대가 요구하는 유용함이 무엇인가를 알아야 한다. 물론 유용한 것을 보는 관점은 시대적 · 사회적 가치관과 배경에 따라 달라질 수도 있다. 따라서 각 교과에서 어떤 것이 유용한 것인지 선별하여 교육할 수 있어야 한다.

교과교육은 인간이 살아가는 데 유용하게 활용되는 지력을 기르는 것을 목표로 하고 있다. 지력으로서의 교육은 두 가지 기능을 가지고 있다.

첫째, 인류가 물려받은 인간과 사회에 관한 지식과 문화유산을 전수하는 것이다.

둘째, 이러한 기능을 수행함으로써 정신적 특성을 계발하는 것이다. 이처럼 교육을 통하여 계발되는 정신적 특성은 다음과 같다(박화윤, 김영애, 이선원, 이희자, 안라리, 2002).

- 효과적으로 사고하는 능력
- 생각을 전달하고 전달받는 능력
- 적절한 판단을 하는 능력
- 가치를 분별하는 능력

이러한 정신적 특성이 교육의 결과로 나타날 수 있도록 교과 자체의 지식 방법을 통해 잘 가르쳐야 한다. 또한 각 교과에서 배운 내용이 모든 인간의 활동에 효율적으로 활용될 수 있도록 끊임없이 개발되어야 한다.

3) 교과교육의 지도

교과교육론은 현장에서 요구되는 실천적 학문이기 때문에 각 교과를 효율적으로 지도할 수 있어야 한다. 효율적으로 지도하기 위해서는 다음과 같은 단계가 요구된다. 그러나 이 단계들은 한 방법으로만 영향을 주는 것이 아니라 서로 밀접한 관계를 맺고 상호작용하기도 한다.

첫째, 교육을 통하여 달성하고자 하는 목적과 목표를 파악한다.
둘째, 정해진 목표를 달성하기 위한 내용을 선정한다.
셋째, 선정된 내용을 효과적으로 가르칠 수 있는 교재 · 교구를 준비한다.
넷째, 준비된 교재 · 교구를 활용하여 내용을 효과적으로 가르친다.
다섯째, 가르칠 내용이 목표에 도달했는지 평가한다.
여섯째, 평가한 내용을 반영한다.

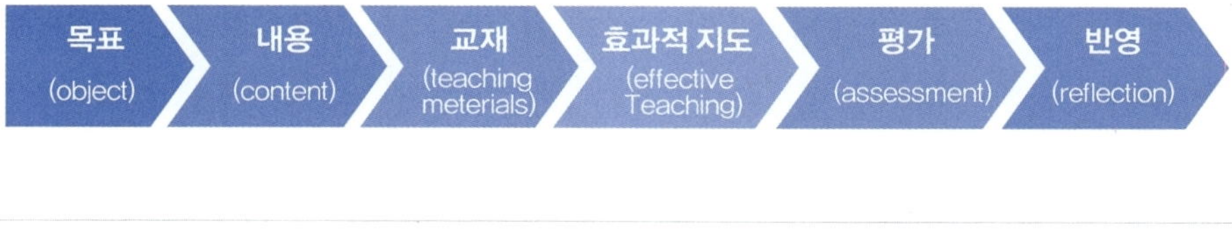

[그림 1-2] 교과교육의 지도 방법

2 교과교육의 내용

1) 2019 개정 누리과정에서 추구하는 교과교육

유아교육에서 지속적으로 강조되어 온 교육적 가치는 '전인교육'이다. 전인교육은 유아교육이 추구하는 기본적이고 기초적인 가치다. 이는 「교육기본법」에서 제시한 교육이념이나 상급학교와의 교육목적과 상충되지 않으며 상호 보완적인 관계에 있다. 2019 개정 누리과정에서 추구하는 인간상은 다음과 같다(교육부, 보건복지부, 2019). 이는 유아교육에서 궁극적으로 달성해야 할 목표이기도 하다.

(1) 건강한 사람

건강한 사람은 몸과 마음이 고루 발달하고 스스로 건강함을 유지하며 안정적이고 안전한 생활을 하는 사람을 의미한다. 유아는 몸을 자유롭게 움직이며 놀이하는 것을 좋아하고, 세상과 즐겁게 교류하며, 자신의 건강과 안전을 스스로 지킨다. 개정 누리과정은 유아가 튼튼한 몸과 안정된 정서를 바탕으로 자신을 소중히 여기며, 일상에서 건강한 생활을 실천하고, 위험한 상황에서 자신을 보호하는 경험을 통해 건강한 사람으로 성장해 갈 수 있도록 돕는다

(2) 자주적인 사람

자주적인 사람은 자신을 잘 알고 존중하며 자신감을 가지고 스스로 할 수 있는 일을 주도적으로 해 나가는 사람을 의미한다. 유아는 자신이 하고 싶은 놀이나 일을 스스로 결정하고 적극적으로 참여하며 이끌어 나간다. 개정 누리과정은 유아가 자신에 대한 이해를 바탕으로 자신을 가치 있고 긍정적인 존재로 여기며, 자신이 잘 할 수 있는 일이 무엇인지 알고 자신의 능력을 확장하기 위해 스스로 노력하는 사람으로 성장해 갈 수 있도록 돕는다.

(3) 창의적인 사람

창의적인 사람은 주변 세계에 열려 있고, 호기심이 많으며, 자기만의 방식으로 상상하고 느끼고 표현하고 탐구하는 가운데 새롭고 독창적인 생각을 하는 사람을 의미한다. 유아는 자연과 일상에서 만나는 다양한 사물과 문제에 호기심이 많고 상상력이 풍부하며 궁금한 것을 적극적으로 탐구하면서 스스로 답을 찾아낸다. 개정 누리과정은 유아가 놀이를 통해 자신의 관심과 흥미에 따라 세계를 탐색하고 도전하고 실험하는 과정에 적극적으로 참여하는 사람으로 성장해 갈 수 있도록 돕는다.

(4) 감성이 풍부한 사람

감성이 풍부한 사람은 예술을 사랑하고 존중하며 자신을 둘러싼 주변 세계에 경이감과 아름다움을 느끼고 즐길 수 있는 풍부한 문화적 감수성을 지닌 사람을 의미한다. 유아는 다양한 사물과 매체, 사람과 자연에 민감하고 주변의 다양한 예술과 문화에 관심을 가지며 그 속에서 아름다움과 재미를 발견한다. 또한 유아는 이러한 아름다움을 다양한 언어, 노래와 몸짓으로 표현하는 것을 좋아하고 즐긴다. 개정 누리과정은 유아가 일상과 놀이 속에서 아름다움을 발견하고 공감하며, 이를 다양한 예술로 표현하면서 문화를 향유하는 사람으로 성장해 갈 수 있도록 돕는다

(5) 더불어 사는 사람

더불어 사는 사람은 자신이 속해 있는 사회에 소속감을 느끼고, 다른 사람과 생명을 존중하고 자연과 더불어 살아가며 보다 나은 사회를 만들기 위해 사회문제에 관심을 갖고 협력하는 민주 시민을 의미한다. 유아는 주변 사람을 포함한 모든 생명에 대한 감수성이 뛰어나며, 자신과 친근한 사람 및 주변 세계와 관계를 맺으면서 자발적으로 사회질서와 소통 방식을 배워 나간다. 개정 누리과정은 유아가 가족, 이웃, 동식물과 주변 환경에 관심을 가지고 소중히 여기며, 서로 배려하는 마음과 태도, 책임 의식을 가진 사람으로 성장해 갈 수 있도록 돕는다.

유아교육은 이러한 인간상을 토대로 유아가 놀이를 통해 심신의 건강과 조화로운 발달을 이루고 바른 인성과 민주 시민의 기초를 형성하도록 돕는 데 그 목적이 있다. 더불어 유아교육은 전인적 성장을 위한 기초교육이므로 유아의 일상생활에 필요한 기본 능력과 태도를 기르는 데 중점을 두고 교육목표를 설정하였다.

2019년 개정 누리과정에서 추구하는 인간상에 기초하여 영역별 교육목표를 살펴보면 다음과 같다(교육부, 보건복지부, 2019).

① 자신의 소중함을 알고, 건강하고 안전한 생활 습관을 기른다.

개정 누리과정은 유아가 자신의 소중함을 알고, 건강하고 안전하게 생활할 수 있도록 돕는 것을 목표로 한다. 유아는 놀이를 통해 몸을 마음껏 움직이며 자신의 감정과 욕구에 귀를 기울여 조절하는 경험을 한다. 또한 유아에게는 일상에서 환경의 변화에 적응하는 데 필요한 건강하고 안전한 생활을 지속적으로 경험하는 것이 중요하다. 유치원과 어린이집은 유아가 자신의 몸과 마음에 대한 긍정적인 생각을 키워, 자신을 소중히 여기는 사람으로 성장하도록 도와야 한다. 또한 유아가 자신의 신체 리듬에 맞게 생활하고, 위험한 상황에 대처하는 방법들을 배울 수 있도록 지원해야 한다. 누리과정을 통해 유아는 자신의 소중함을 알게 되고, 건강하고 안전한 생활 습관을 기르는 경험을 하며 건강한 사람으로 성장해 나간다.

② 자신의 일을 스스로 해결하는 기초능력을 기른다.

개정 누리과정은 유아가 자신의 생각과 능력을 알고, 자신감을 바탕으로 자신의 일을 스스로 결정하고 해결하기 위해 필요한 기초능력을 기르도록 돕는 것을 목표로 한다. 유아는 자신이 하고 싶은 놀이에 적극적으로 참여하고 다양한 시도를 통해 자신이 좋아하고 잘할 수 있는 일에 대해 알아 가며, 자신이 가진 여러 가지 능력을 확장하는 경험이 필요하다. 유치원과 어린이집은 유아가 자신을 이해하고 소중히 여기며 자신의 일을 주도적이고 자율적으로 해결해 나가는 사람으로 성장하도록 도와야 한다. 또한 유아가 다른 사람과 함께 생활하는 동안 자신의 생각을 자신 있게 표현하며, 주어진 일에 책임감을 가지고 해결해 나갈 수 있도록 지원해야 한다. 누리과정을 통해 유아는 자신의 일을 스스로 해결하는 기초능력을 길러 자주적인 사람으로 성장해 나간다.

③ 호기심과 탐구심을 가지고 상상력과 창의력을 기른다.

개정 누리과정은 유아가 주변 세계에 대해 호기심을 가지고 탐구하는 과정을 통해 풍부한 상상력과 창의력을 기를 수 있도록 돕는 것을 목표로 한다. 놀이를 통해 유아는 한 번도 해 보지 않은 독특한 상상을 하고 누구도 생각하지 못한 새로운 생각을 만들어 낸다. 유치원과 어린이집은 유아가 주변 세계에 대한 호기심을 가지고 자유롭게 상상하며, 융통성 있는 발상의 전환을 지원한다. 또한 새로운 일에 대한 열린 태도와 도전 정신을 가지고 미래에 필요한 독창적인 능력을 키울 수 있도록 도와야 한다. 누리과정을 통해 유아는 호기심과 탐구심을 가지고 상상력과 창의력을 길러 창의적인 사람으로 성장해 나간다.

④ 일상에서 아름다움을 느끼고 문화적 감수성을 기른다.

개정 누리과정은 유아가 자연과 문화에 대한 감수성을 바탕으로, 일상 속에서 아름다움을 느끼고 즐기는 마음을 가지도록 돕는 것을 목표로 한다. 유아는 자신이 느낀 아름다움과 경이로움, 시적인 감수성을 예술적으로 표현하는 과정을 즐기며, 자연과 문화에 대해 열린 마음을 가지고 향유하는 경험이 필요하다. 유치원과 어린이집은 유아가 놀이를 통하여 문화적 공감 능력과 심미적 감수성을 키워 갈 수 있도록 도와야 한다. 누리과정을 통해 유아는 일상에서 아름다움을 느끼고 문화적 감수성이 풍부한 사람으로 성장해 나간다.

⑤ 사람과 자연을 존중하고 배려하며 소통하는 태도를 기른다.

개정 누리과정은 유아가 자연을 사랑하고 다른 사람을 존중하고 배려하며 서로 소통할 수 있는 태도를 기르도록 돕는 것을 목표로 한다. 유아는 가족과 친구, 이웃과 관계를 맺고 필요할 때 도움을 주고받으며 살아간다. 또한 유아는 자신과 생각이 다른 사람들과 갈등을 겪을 수도 있으나 이를 원만하게 해결해 보는 경험도 필요하다. 유치원과 어린이집은 유아가 놀이를 통하여 자연을 소중히 여기고 다른 사람과 협력하며 소통하는 방법을 경험할 수 있는 기회를 제공하여, 공동체 의식과 민주 시민의 역량을 키워 갈 수 있도록 도와야 한다. 누리과정을 통해 유아는 사람과 자연을 존중하고 배려하며 소통하는 태도를 길러 더불어 사는 사람으로 성장해 나간다.

2) 교과 내용 선정의 조건

유아교육에서 다루는 교과교육의 내용은 누리과정의 각 영역에 내재되어 있다고 할 수 있다. 즉, 발달과 생활경험을 중심으로 신체운동 · 건강, 의사소통, 사회관계, 예술경험, 자연탐구 영역으로 편성되어 있으나, 유치원 현장에서는 다섯 가지 영역을 흥미 영역 안에 들어가도록 구성하여 하루 일과를 운영하고 있다. 이와 관련된 구체적인 내용은 제2부 교과교육의 실제에서 좀 더 구체적으로 다룬다.

일반적으로 교과내용은 교과에 포함되어 있는 지식 자체만이 아니라 그 지식을 탐구해 가는 과정까지도 포함되어야 한다. 박화윤 등(2002)과 이돈희 등(1994)이 제시한 교과내용 선정에 필요한 기준이 되는 내용을 바탕으로 교과내용 선정의 조건을 재구성하면 다음과 같다.

① 교과내용은 각 교과에 있어 필요한 기본적인 것이 선정되어야 한다.

교과내용이 해당 교과와 관계없는 내용이라면 의미가 없다. 해당 교과에서 기본이 되는 내용과 중요하게 다루어져야 할 내용을 포함하여야 한다.

② 교과내용은 제시한 목표에 도달할 수 있는 것이어야 한다.

교육목표에 부합하는 교육내용이 아니라면 체계적이고 조직적인 교육이 이루어지기 어렵다. 또한 필요로 하는 지력을 계발하고 있는 것인지, 유용한 것을 가르치는 것인지, 관련 교과에서 도달하고자 하는 목표가 바람직한 것인지조차 파악하지 못하고 교육이 이루어질 것이다. 따라서 교육목표에 도달할 수 있는 충실한 내용이 선정되어야 한다.

③ 유용하고 활용 범위가 넓은 것이어야 한다.

교과내용이 일상생활이나 앞으로의 사회생활에 필요하고 다양하게 활용될 수 있는 것이어야 한다. 또한 그 내용이 다각적인 측면에서 활용 가능할 뿐만 아니라 실제 생활에 바로 적용할 수 있는 내용이어야 한다.

④ 참신성과 신뢰성이 있는 것이어야 한다.

과거의 지식이라 하더라도 유용한 것이 있는 반면에 현재의 지식이라도 유용하지 않은 것이 있다. 오래되어 더 이상 가치가 없고 소용이 없는 지식이나 기술, 또는 새롭기는 하지만 활용에 어려움이 있거나 적절하지 않은 지식이나 기술은 교과내용으로 적절하지 않다. 따라서 가능하면 과거의 것에서 현실에 적용 가능하고 유용한 것, 현재의 것에서 활용 가능하고 전이가 높은 지식이나 기술을 선정하여야 한다.

⑤ 교과내용이 만족을 주고 동기를 유발할 수 있는 것이어야 한다.

교과내용을 다루는 과정 혹은 끝난 후 만족감이나 성취감을 느낄 수 있는 내용이 선정되어야 한다. 활동을 통해 유아에게 동기를 유발하고 만족감을 끌어낼 수 있어야 하는데, 그렇지 못하다면 교과 내용 및 방법에 대하여 다시 한 번 반성해 보아야 한다. 흔히 교사 주도, 교사중심의 학습보다는 유아 주도, 유아중심의 학습이 동기나 만족감을 더 끌어낼 수 있다.

⑥ 동시에 여러 가지 학습 효과를 올릴 수 있는 내용이어야 한다.

유아교육은 전인교육 · 통합교육이므로 하나의 활동에서 하나의 목표를 추구하기보다는 하나의 활동을 통해 여러 가지 목표에 도달할 수 있는 내용을 선정하는 것이 좋다.

⑦ 발달에 적합하고 학습 가능성이 있는 것을 선정하여야 한다.

선정된 교과내용이 유아의 발달에 적합하고 흥미가 있는 활동일 때 그 효과는 극대화될 수 있다. 따라서 활동 선정 시 유아의 흥미와 발달 수준이 고려되어야 한다.

⑧ 교과내용이 균형 있게 조직되어야 한다.

교과내용은 일반적인 것과 특수한 것, 기본적인 것과 실제적인 것, 동적인 것과 정적인 것, 인지적인 것과 정의적인 것, 개별 활동과 소집단 · 대집단 활동이 골고루 균형 있게 다루어져야 한다. 균형성을 유지함에 있어서는 유아의 흥미와 주의집중 시간까지 고려하여 선정하여야 한다.

⑨ 교과내용은 수직적·수평적으로 연계되어야 한다.

수직적 · 수평적 연계란 교수 · 학습은 내용의 계속성, 계열성, 통합성이 있어야 한다는 의미다. 내용의 조직은 단순 반복이 아니라 점진적으로 심화 · 확대되어야 한다. 또한 선수학습의 내용을 기초로 점차 깊이와 넓이가 더해져야 한다. 하나의 영역이 다른 여러 영역과 상호 관련되도록 조직하여 경험 간의 통합이 이루어지도록 하여야 학습의 성장과 발달을 촉진할 수 있기 때문이다.

⑩ 사회와 국가 그리고 인류의 발전에 도움이 되는 것이어야 한다.

교육은 인간의 삶에 유용한 것을 다루어야 한다. 인간은 교육을 통해 자신의 삶에서 자아실현을 할 수도 있지만 그를 통해 전 인류에 유익한 것을 창출해 낸다면 더 가치 있을 것이다. 그러므로 활동 내용도 자신이 속한 사회가 요구하는 방향과 부합되어야 하며, 개인의 자아실현에도 도움되는 내용이어야 한다.

3) 교과교육의 연관성

(1) 유치원 교육과 초등학교 교육의 차이

교과교육의 내용은 유아교육부터 초 · 중 · 고등교육에 이르기까지 연관성을 띠고 있으며, 각 연령의 발달 특성을 고려하여 학제와 교과가 구분되어 있다. 유아교육은 발달 특성상 교육(education)과 보호(care)라는 양면성을 가지고 있으며, 이 점이 초등교육과 다른 점이다.

유아교육은 개별적 인간으로서 유아 자신에 초점을 두고 유아 나름의 자아실현을 돕는다. 반면, 초등교육은 각 아동의 개인적 관심이나 창의적 표현보다는 미리 준비되어 제시되는 지식 체계가 교육의 중심적 역할을 한다. 교육내용에 있어서도 유아교육은 유아가 경험하는 모든 것을 교육내용으로 간주하지만, 초등교육은 지식 체계에 따라 구분된 교과목에서 교육내용이 다루어진다. 교육방법 면에서도 현저한 차이가 있는데, 유아교육에서는 개별학습, 구체적 조작학습, 놀이 활동을 통한 교육, 흥미 영역, 자유선택활동, 대 · 소집단 학습의 융통성 있는 운영, 단위활동 시간의 다양성 등이 주된 개념이다. 그러나 초등교육은 고정된 교탁 위치, 칠판, 시설물의 고정적 배치, 지정된 아동의 자리, 40분 단위 수업 시간 등을 특징으로 한다(박찬옥, 1994). 초등학교 저학년의 경우에는 통합적 교과를 부분적으로 적용하고 있지만 유아교육과는 기본적인 개념부터 다르다.

(2) 누리과정의 이해

누리과정은 2011년 5월 2일 만 5세 누리과정 도입을 발표하고, 9월 5일 만 5세 누리과정을 고시하고, 9월 30일 만 5세 누리과정 도입 관련 법령을 개정 공포하여 2012년 3월 1일부터 만 5세 유아를 대상으로 누리과정을 우선 적용하였다. 또한 2012년 7월 10일 만 3~5세 누리과정을 고시하여 다음해인 2013년 3월 1일부터 적용하였다.

2013년 3월 1일부터 적용된 만 3~5세 누리과정은 어린이집 표준보육과정과 유치원 교육과정을 통합한 만 3~5세 유아 대상의 공통 보육 · 교육과정이다([그림

1-3] 참조). 이는 유아기 단계에서 교육의 질과 연관성을 제고하고, 생애 초기 출발 선상에서 공정한 기회를 보장받으며, 건강한 성장 발달을 지원하여 만 3~5세 보육 · 교육에 대한 국가의 책임을 강화한다는 측면에서 통합되었다. 2020년 3월 1일부터 적용되는 개정 누리과정은 3~5세 유아를 위한 국가 수준의 공통 교육과정으로 놀이 중심으로 운영되고 있다.

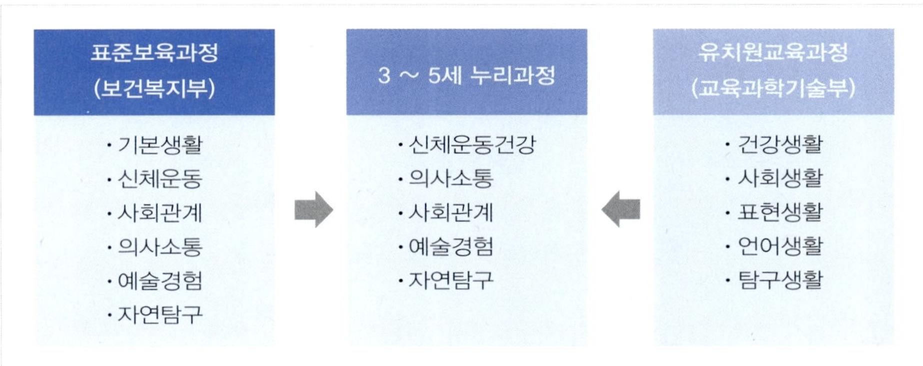

[그림 1-3] 표준보육과정과 유치원교육과정의 누리과정 연관성

누리과정은 신체운동 · 건강, 의사소통, 사회관계, 예술경험, 자연탐구의 다섯 가지 영역 중심으로 편성되어 있다. 그러나 초등학교는 교과, 특별활동, 학교 재량 시간으로 편성하고, 교과는 1학년과 2학년의 경우 바른 생활, 슬기로운 생활, 즐거운 생활, 국어, 수학으로 나누어져 있다. 그리고 3학년 이상은 국어, 수학, 사회, 과학, 도덕, 실과, 체육, 음악, 미술, 외국어(영어)의 교과로 편성되어 있다. [그림 1-4]에서 보여 주듯이, 유아교육에서는 교과가 아닌 다섯 가지 영역으로 되어 있으며, 각 영역들은 통합적 성격을 띠고 있다. 초등학교 1, 2학년의 경우에도 부분적으로 통합되어 있으나, 고학년으로 올라가면서 교과가 점차 분리된다. 이는 인간이 성장함에 따라 흥미나 능력이 달라지기 때문이다

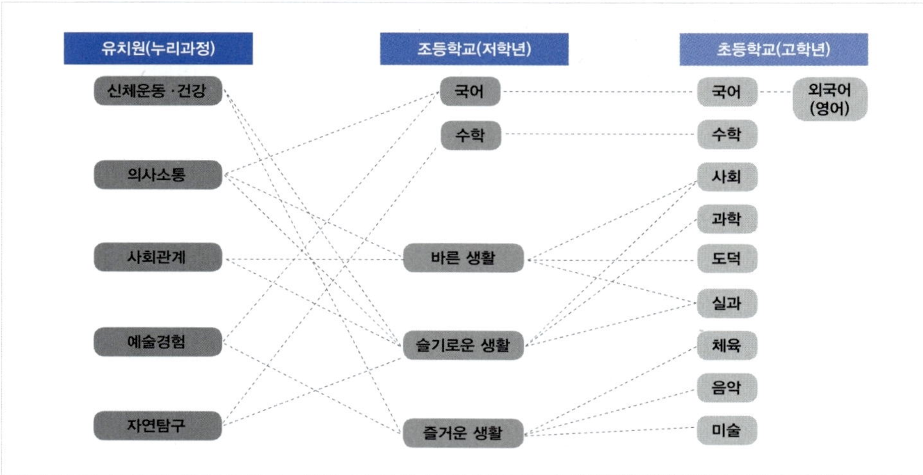

[그림 1-4] 유치원과 초등학교 교육과정의 관계

제2장 교수·학습 방법

버큰헤이드호를 기억하라

영국에는 국민 모두가 긍지를 가지고 지켜 내려오는 전통들이 있다. 그중 하나가 '버큰헤이드호를 기억하라.'는 말이다. 영국인들은 항해 도중 재난을 만나면 선원이나 승객 모두가 서로서로 상대방의 귀에 대고 조용하고 침착한 음성으로 '버큰헤이드호를 기억하라.'고 속삭인다. 이 전통 덕분에 오늘날까지 헤아릴 수 없는 많은 생명이 죽음을 모면해 왔다.

1852년 영국 해군의 자랑으로 일컬어지던 수송선 '버큰헤이드호'가 사병들과 그 가족을 태우고 남아프리카를 향해 항해하는 중이었다. 배에 타고 있던 사람은 모두 630명으로 그 가운데 130명이 부녀자였다. 그런데 배가 아프리카 남단 케이프타운으로부터 약 65km 떨어진 해상을 지날 때 커다란 바위에 부딪치는 사고가 일어났다. 사람들이 곤한 잠에 빠져 있던 새벽 2시의 일이었다. 선실과 갑판은 아수라장이 되었고 배는 허리통이 끊겨 침몰하고 있었다. 사람들은 배꼬리 쪽으로 피신했지만 목숨은 경각에 달려 있었다.

구명정은 3척밖에 없었는데 1척당 정원이 60명이니 구조될 수 있는 사람은 180명이 고작이었다. 사령관 시드니 세튼 대령은 전 병사들에게 갑판 위에 집합하도록 명령을 했고 수백 명의 병사들은 집합하여 부동자세를 취했다. 그동안 다른 한편에서는 횃불을 밝히고 부녀자들을 3척의 구명정으로 하선시키는 작업이 진행되었다. 마지막 구명정이 떠날 때까지 갑판 위의 사병들은 꼼짝 않고 서 있었다. 구명정에 옮겨 탄 부녀자들은 갑판 위의 병사들을 바라보며 흐느껴 울었다. 마침내 배는 침몰했다.

이 사건은 영국은 물론 전 세계 사람들에게 큰 충격을 주었다. 버큰헤이드호에서 죽어간 사람들의 명복을 비는 기념비가 각지에 세워졌다. 이 사건이 있기 전까지는 배가 해상에서 조난할 경우 제 목숨부터 구하려는 소동이 벌어졌었다. 힘센 자들이 구명정을 먼저 타고 연약한 어린이와 아녀자들이 남아 죽어야 했다. 하지만 이 사건 이후 '여자와 어린이가 먼저'라는 훌륭한 전통이 이루어졌다.

연용호, 『세상에서 가장 아름다운 이야기』(2006) 中에서

- 사람들은 이러한 경험을 통해서 학습이 이루어진다. 훌륭한 교수·학습은 좋은 이론과 경험을 통해서 완성될 수 있다.

1 교수·학습 이론 및 원리

1) 교수 · 학습 이론 및 원리

교수 · 학습을 논하면서 발달 이론을 떼어 놓고 생각할 수는 없다. 발달 이론에 따라 적합한 학습을 적용하여 교육적 효과를 가져오기 때문이다. 일반적으로 구분되는 발달의 세 가지 관점, 즉 성숙주의, 행동주의, 구성주의 이론으로 구분하여 살펴보면 다음과 같다(김진영, 백혜리, 최윤정, 2006; 박화윤, 김영애, 이선원, 이희자, 안라리, 2002).

(1) 성숙주의

① 이론적 배경

성숙주의 이론은 철학적으로는 Rousseau에 근원을 두며, 심리학적으로는 인간 발달이 예정된 패턴대로 전개되어 나간다는 Darwin, Hall, Gesell의 이론에 기초를 둔다. 이들은 발달을 개인 내에서 구조가 성숙되는 결과로 보며, 인간 행동의 변화를 유전자에 의해 조절되는 신경계의 신체적 성숙이라고 설명한다. 성숙된 준비에 맞춰 동기화가 일어나므로 유아가 무엇을 배울 준비가 되었을 때 배우고자 하는 열망을 느끼게 된다는 것이다. 다시 말해, 환경이 유아의 발달 과정에 영향을 줄 수는 있지만 발달을 초래하지는 않으며, 발달의 가장 중요한 힘은 바로 유아 내부로부터 나온다는 것이다.

② 교수·학습에의 시사점

성숙주의 관점에서는 유아가 어떤 것을 배울 수 있는 준비도(readiness)의 개념을 중시한다. 학습동기는 준비도 수준에 이르렀을 때 발생하므로 특정 학습은 성숙 수준이 학습 준비도에 이르렀을 때 제시된다. 따라서 학습 환경은 몇 개의 영역으로 구분하여 유아가 이동할 수 있는 자유를 최대한 수용할 수 있게 한다. 교육적 활동은 유아의 흥미를 기초로 단원과 광범위한 주제로 이루어지며, 교사의 제시보다는 유아가 자발적으로 원하는 활동으로 행해진다. 유아의 평가는 주로 자연적 관찰 방법을 사용하여 이루어진다.

집단 구성은 주로 혼합연령 집단이지만, 연령별로 집단을 구성하기도 한다. 미국에서는 혼합연령으로 구성했을 때 유아의 사회적 · 인지적 발달에 유익하며 유아의 협동심과 친사회적 행동을 증가시킨다는 연구결과가 보고되어 혼합연령 집단에 대한 관심이 높아졌다(Roopnarine & Johnson, 2000). 그러나 어떤 집단 구성을 하건 성숙주의 이론을 지지하는 교육자는 유아의 성숙 수준과 준비도 개념을 강조한다.

③ 교사의 역할

성숙주의 이론을 지지하는 교사는 교육현장에서 다음과 같은 역할을 한다.

- 유아가 자신의 욕구와 흥미에 따르도록 지지적이고 수용적인 환경을 제공한다.
- 유아 스스로 문제 해결을 할 수 있도록 격려한다.
- 준비된 환경과 제한이 적은 자유놀이를 많이 제공한다.
- 인지 발달보다는 사회 · 정서 발달을 강조하므로, 따뜻하고 안정된 환경을 제공한다.
- 교사의 의도적이며 계획적인 교수활동은 최소화한다.

(2) 행동주의

① 이론적 배경

행동주의 이론은 철학적으로는 Locke에 근원을 두고 있으며, 심리학적으로는 Thorndike, Watson, Skinner의 이론에 의해 형성되었다. 이 이론은 인간의 모든 행동은 자극과 반응의 연합으로 외적 조건과 경험에 의해 형성된다고 본다. 행동주의 이론에 기초한 유아교육자는 유아의 발달과 학습은 외부 환경에 의해 영향을 받으므로 외적 경험을 적절히 조직하고 변화시켜 단계적으로 배열함으로써 유아의 발달이 바람직한 방향으로 나아가도록 해야 한다고 주장한다. 따라서 유아의 자아 개념이나 신체적 성숙, 그리고 내적 사고과정의 요소에는 관심을 두지 않고 외적으로 관찰 가능한 인간의 행동만이 가치가 있다고 생각한다(이기숙, 2003).

② 교수·학습에의 시사점

성숙주의 이론과는 달리 준비도와 능력은 경험에 의한다고 본다. 지식은 유아 내부의 성숙에 의해 형성되는 것이 아니라 외부 환경에 의해 복잡한 개념이 유아에게 체계적이고 연속적으로 전달되기 때문에 학습은 작은 단계로 미리 계획되어야 한다는 것이다. 또한 유아의 바람직한 행동을 강화하기 위해 반복과 연습을 강조하며, 사회적 · 언어적 칭찬, 미소, 끌어안기, 사탕, 토큰 등으로 보상한다. 특히 유아 초기에 특별한 기술을 많이 학습시켜야 한다는 입장이므로 의사전달, 사고기술, 읽기와 산수 등의 학문 기초 기술에 집중적인 관심을 갖는다.

계획된 학습목표에 따라 일정 시간에 효과를 보려고 하기 때문에 우리나라 유아교육현장에서 이야기 나누기나 작업 활동에서 일방적 지식 전달과 세부적 작업 지시를 하는 지식주입형으로 많이 나타나고 있다. 따라서 교수 단위는 하위 단위로 구성하고 단계적으로 구분하여 순서화된 교육으로 이루어진다. 교육활동은 학문적 성격의 문화적 학습을 위해 설계된 목표중심 활동으로 이루어지며, 모든 유아는 같은 학습을 하도록 기대되므로 교사의 직접적 교수에 의해서 이루어지는 경향이 강하다.

③ 교사의 역할

행동주의 이론을 지지하는 교사는 교육현장에서 다음과 같은 역할을 한다.

- 학습 환경 구성은 제한적으로 하고, 각 영역은 명확하게 구분한다.
- 교육활동에 있어 목표를 단순화, 단계화, 순서화하여 구체적인 행동 목표를 제시한다.
- 유아의 행동을 바람직한 방향으로 지시하고, 수정하며, 강화해 주는 역할을 한다.
- 유아의 집단 구성은 대부분 동일한 능력 중심으로 구성한다.
- 유아의 평가는 초기에는 형식적 평가를 실시하여 교수 단계 중 어디에 속하는지 파악하여 유아를 배치한다.
- 유아에게 주어진 활동이 끝나면 목표 수준에 도달했는지 평가하여 다음 단계로 진행한다.

(3) 구성주의

① 이론적 배경

구성주의 이론은 철학적으로는 Kant와 Dewey에 근원을 두며, 심리학적으로는 Hunt와 Bloom의 이론에 기초하여 Piaget, Vygotsky에 의해 전개된 이론이다. 이 이론은 발달을 유기체와 환경 요소의 상호작용의 결과로 본다. Piaget의 인지발달 이론은 유아를 자신이 속한 세계를 조작하고 탐색함으로써 동화와 조절이라는 적응과정을 통해 적극적으로 지식을 구성하는 존재로 본다. Vygotsky의 사회적 구성주의에서는 인간을 역사적 · 문화적 존재로 보기 때문에 유아를 이해하기 위해서는 유아가 성장한 사회 · 문화 그리고 관습적 맥락을 함께 이해해야 한다고 보았다.

② 교수·학습에의 시사점

인간 발달은 고정된 것이지만, 발달 속도와 시간은 개인에 따라 다르며 다양하다. 지식이란 어느 곳에도 존재하지 않으며 인간이 주위 환경과의 상호작용을 통해 구성해 간다. 따라서 이전의 경험을 기초로 새로운 경험을 해 나가므로 흥미나 지속적인 참여에 의하여 동기화가 나타난다. 교사는 유아가 자발적으로 참여하게 하고, 실험학습의 기회를 주며, 자원을 이용하여 풍부한 환경을 제공하는 등 유아와 환경의 상호작용이 이루어지도록 조성해 주어야 한다. 이러한 환경 속에서 인지 · 사회 · 정서 발달이 자연스럽게 일어날 수 있기 때문이다.

③ 교사의 역할

구성주의 이론을 지지하는 교사는 교육현장에서 다음과 같은 역할을 한다.

- 인지 발달을 강조하고 바람직한 행동에 대해 칭찬보다는 인지적 조망과 자기만족을 갖도록 돕는다.
- 유아 스스로 발견하고 학습할 수 있도록 구체적인 자료와 직접적인 활동을 유아중심적으로 계획한다.
- 학습 환경은 명확하게 활동 영역으로 구분한다.
- 교육활동은 유아가 능동적으로 참여할 수 있고, 스스로 활동을 선정하며, 호기심과 같은 내적 동기 유발에 의해 이루어질 수 있도록 돕는다.
- 유아의 개별 특성을 인정하고, 사고와 느낌을 표현할 수 있는 기회를 제공한다.
- 교사는 토의자, 촉진자, 참여자의 역할을 한다.

Seefeldt(2001)는 유아교사가 교수 · 학습 방법에 대한 이론적 근거나 이해 없이 본 대로 따라만 하는 경향이 있다고 하였다. 흔히 교사는 좋은 교수 · 학습 방법을 적용하고자 할 때, 교사의 철학이나 신념과 연결 짓기보다는 기술적이고 단편적인 전략만으로 생각하기도 한다. 중요한 것은 교수 · 학습 방법이 교사의 철학적 · 심리적 · 사회적 배경으로부터 나오며, 이러한 이론들은 교수 · 학습에 직접적으로 영향을 미친다. 따라서 어떠한 이론보다도 교사의 철학적 신념이 중요하다고 볼 수 있다.

〈표 2-1〉 교수 · 학습 이론

구분	성숙주의	행동주의	구성주의
이론적 기초	Rousseau, Darwin, Hall, Gesell	Locke, Thorndike, Watson, Skinner	Kant, Dewey, Hunt, Bloom, Piaget, Vygotsky
목적	인본적 자아 이해	행동 변화	인지 발달, 사회적 상호작용
발달 및 지식관	내적 성숙, 준비도	외부 환경에 의한 경험이 중요	유전과 환경의 상호작용, 개인차, 구성적 지식, 반성적 지식
학습 형태 및 방법	흥미와 준비도 고려, 자유놀이 형태의 경험 제공	계획적 · 구조적 · 체계적 전달 지도, 강화 · 반복 · 연습, 대집단 통제학습	자발적 참여, 상호작용, 실험학습, 탐구학습
교사의 역할	준비된 환경, 따뜻하고 안정된 분위기 제공자, 안내자	능동적, 지시적, 지식 전달자	풍부한 환경 제공, 다양한 교사 역할 (토의자, 촉진자, 참여자)
교육의 중점	사회 · 정서 영역 강조	학문 기초 기술, 기능 중심	지적 목표 강조 및 사회 · 정서 발달과 연결된 개념, 통합교육 과정
교사중심	준비된 환경 구성	직접 교수법	개념 학습법, 발문교수법
유아중심	비지시적 교수(자유놀이)	개별학습법, 컴퓨터 보조 수업	협동학습법, 토의학습법, 사회극놀이

2) 교수 · 학습 원리

일반적으로 학습이란 경험이나 연습의 결과로 발생되는 비교적 영속적이고 지속적인 행동의 변화를 의미한다. 대부분의 교육에서는 교육이 계획적이고 체계적으로 운영되기 때문에 교수에 따른 결과로서 학습이 나타난다. 즉, 학습자 행동의 변화가 일어나도록 가르치는 것이 교수이고, 이를 통해 학습자 자신의 행동이 변화하는 것은 교수로 인해 학습이 이루어졌다는 것이다.

유아교육에서의 교수 · 학습은 교사가 유아의 효과적인 학습을 위하여 교수 · 학습 과정에서 일어나는 양상을 어떻게 이해하고 접근하느냐 하는 것이 매우 중요하다. 따라서 교사는 유아의 흥미, 요구, 발달 수준 및 학급 형태 등을 고려하여 적절한 교수 · 학습 방법을 선택하고 활용하여야 한다. 이를 위한 교수 · 학습 원리는 다음과 같다.

(1) 개별성의 원리

학습이란 개인의 능력을 최대한으로 발휘시켜 생활에 잘 적응하도록 하는 것이다. 이는 활동 속에서 개인을 존중하고 특성을 살려 주어야 함을 의미한다. 유아들을 수용하고 있는 각 학급은 각각 개성이 다양한 유아들이 모여서 학급을 형성하고 있다는 것을 늘 기억해야 한다. 그러므로 각 유아의 다른 개성을 존중해 주어야 한다. 교사는 각 유아의 성격, 능력의 차이에 따라 적절한 방법으로 다르게 지도해야 한다.

각 유아의 발달 상태에 따라서 지도해야 하므로 게임을 할 때도 무리한 경쟁을 시켜서는 안 된다. 또한 교재 · 교구도 개개인이 가지고 활동할 수 있도록 다양한 종류를 준비하며, 난이도도 다양하게 제시하여 개별 유아의 발달 수준에 적합하게 활용될 수 있도록 한다(이정환, 1997a).

(2) 자발성의 원리

자발성의 원리는 유아가 활동에 의욕을 가지고 능동적으로 참여하도록 하는 원리다. 모든 학습은 학습자 내부에서 일어나는 의욕과 동기가 중요한 변인이 된다. 그러므로 학습이란 자기 발전이며, 자기 발전을 위한 자기 활동이다. 이와 같이 학습자를 변화시키는 것은 교사가 아니라 학습자이며 학습자는 자신의 행동에 변화가 나타나지 않으면 안 되는 것이다. 학습자가 교사로부터 수동적으로 지식을 전수받기만 하는 것이 아니라 자발적으로 학습과제를 수행할 때 그 교육내용은 학습자의 것이 되며 학습자의 내적 변화에 충실하게 되는 것이다. 따라서 자발성의 원리는 학습자 자신이 스스로 자발적으로 학습에 참여하는 데 중점을 두는 것이다(임창재, 1998).

유아를 대상으로 하는 교육이 교사에 의해서 구체적으로 계획되어 진행된다 할지라도 유아 자신의 자발적인 활동이 있어야 교육의 효과를 얻을 수 있다. 모든 활동에 유아 스스로 선택하고 결정할 수 있도록 환경을 준비하였을 때 그 효력이 발생된다. 교사가 동기 유발을 어떻게 하느냐 하는 점도 유아의 자발성에 많은 영향을 미친다. 일반적으로 동기 유발을 위한 방법에 많이 사용되는 것이 주제에 적절한 환경 구성이다. 환경 구성은 유아로 하여금 자발적인 활동을 하도록 동기 유발을 하고 흥미를 지속시키며 유아가 활동에 참여하도록 하는 등 큰 역할을 한다.

예를 들면, 주제가 '전통놀이'인 경우, 우리나라 전통놀이인 투호놀이, 윷놀이, 팽이치기, 제기차기, 딱지치기, 비석치기 등을 준비하고, 환경 구성은 전통놀이와 관련된 다양한 그림(민화, 병풍, 부채, 달력 등을 이용)이나 사진, 동화책, 컴퓨터 자료 등을 준비해 두어 교사의 지시 없이도 놀이 방법을 터득할 수 있도록 준비한다.

이와 같은 환경 구성은 유아를 자발적으로 놀이 속에 참여하게 할 수 있다. 즉, 자발적으로 하고 싶은 생각을 갖도록 유도하며 자유롭게 할 수 있다는 생각까지도 들게 한다. 또한 놀이가 진행되었을 때 유아의 흥미 지속을 위해 그 활동을 하나의 행사가 되도록 유아들과 함께 계획해 보는 방법은 자발적인 창작의 원리를 수용하는 방법이 되기도 한다(이정환, 1997a).

(3) 놀이중심 체험의 원리

놀이는 유아에게 있어 삶 그 자체이며, 학습의 본질이라고 할 수 있다. 유아는 놀이를 통해 주변의 사물을 탐색하고 상황을 이해하며, 지식이나 기술, 태도 등을 학습하게 된다. 유아에게 주입식으로 전달하는 것은 학습 효과가 떨어진다. 유아가 직접 경험하면서 확실한 지식을 알게 되고 실천적으로 응용할 수 있게 된다.

놀이중심의 학습은 구체적인 것에서 추상적인 것으로 체험학습이 될 수 있도록 해야 한다. 구체적이란 현재 보이는 사물과 사건의 세계를 뜻하며, 추상적이란 실물에 대한 상징과 사물, 사건을 표상 또는 제안하는 아이디어를 뜻한다. 예를 들면, 유아가 돌과 스펀지를 실제로 만져 봄으로써 단단하고 부드러움을 비교하는 것이 단순히 기억에 의해 물질을 비교하는 것보다 더 쉬운 것이다(이기숙, 2003).

유아를 위한 교수 · 학습 전략으로 적합하지 않은 내용은 유아가 구체적인 조작 없이 시험지, 색칠공부, 학습지와 유사한 활동지 그리고 성인이 만든 여러 미술 작품을 보고 모방하게 하는 것 등이다(Bredekamp, 1986).

Comenius는 직관의 원리를 감각기관에 의한 직접경험이라 하고 이것을 지식의 유일한 기초로 생각하였다. Pestalozzi는 감각을 모든 인식의 기초로 하여 주체적으로 파악해야 한다고 했다. 이는 능동적인 인식체계를 강조할 때 정확한 개념을 형성할 수 있다는 것을 의미한다. Dewey는 "행함으로써 배운다(learning by doing)."라고 하여 진정한 학습은 실제의 경험을 통하여 이를 재구성하는 일이며, 이와 같은 경험을 기초로 성취된 행동이 확실한 지식이라고 하였다. 이와 같이 직접경험의 원리는 어떤 사물에 대한 개념을 인식시키는 데 있어서 언어로 설명하는 것보다 구체적인 사물을 직접 제시하거나 경험하게 함으로써 학습 효과를 얻을 수 있다는 원리를 말한다(임창재, 1998).

따라서 교사는 실내 · 외에서의 놀이를 통한 여러 활동 속에서 유아가 많은 것을 직접 체험할 수 있도록 해 주어야 한다. 예를 들면, 실내에서는 미술활동 시간에 나무, 잎, 열매, 꽃, 흙 등의 자연물을 가지고 만들기도 하고 그림도 그리는 기회를 갖게 한다. 또한 실외에서는 미술관, 박물관, 소방서, 은행, 슈퍼마켓, 재래시장 등의 견학이나 야외학습을 통해 직접 가서 보고, 듣고, 생각하고, 느낄 수 있는 경험을 할 수 있도록 한다.

유아교육기관의 모든 활동은 직접 체험하고 경험하는 것을 제외하면 아무런 효과를 얻을 수 없다고 해도 과언이 아니다. 즉, 음률, 게임, 신체 표현, 요리, 노래, 미술 등 모든 활동이 유아가 직접 해 보는 활동이다. 따라서 교사는 유아의 발달수준에 적합한 놀이중심의 체험활동을 다양하게 준비해야 할 것이다.

(4) 생활중심 흥미의 원리

흥미의 원리란 활동목표를 달성하기 위한 활동내용에 흥미를 가지도록 해야 한다는 것이다. 흥미는 모든 활동의 원동력이므로 흥미가 없는 활동은 유아에게 아무런 의미가 없다. 흥미를 가지고 있다는 것은 어떤 활동이나 대상에 대해 더 많은 관심과 주의를 가지고 열중하는 데서 어떤 심리적 만족을 느끼는 것을 의미한다. 흥미가 유아의 활동에 중요한 이유는 흥미는 어떤 분야에 대한 동기 작용을 하며, 이러한 흥미의 정도가 활동에 영향을 주기 때문이다(임창재, 1998).

따라서 유아가 흥미를 가지고 있지 않은 내용을 가르치는 것은 주입식이 될 수밖에 없다. 유아의 일상생활 속에서 흥미를 가질 수 있는 내용들을 활동으로 끌어낼 수 있어야 한다. 생활중심적인 요소가 강할수록 유아가 접해 보았거나, 알고 있는 것일 가능성이 높으므로 훨씬 더 흥미를 가지고 접근하게 된다.

결과적으로, 모든 활동은 유아의 흥미를 중심으로 해서 전체적인 계획을 세우는 것이 필요하다. 유아의 활동을 지속시키는 요소는 유아의 흥미뿐이며, 흥미 없이는 좋은 결과를 가져올 수 없기 때문이다. 더불어 흥미를 갖게 하는 것도 중요하지만 그 흥미를 지속적으로 유지시키는 것도 중요하다. 따라서 모든 활동은 각 유아의 발달단계에 적절해야 한다. 또 유아의 흥미는 일시적인 동시에 일반적이기 때문에 교사는 다양한 방면에서 흥미를 갖도록 배려한 환경 구성과 다양한 방법의 놀이를 할 수 있도록 여러 가지 교재 · 교구를 준비해 주어야 한다(이정환, 1997a).

(5) 통합성의 원리

유아교육은 전인교육과 통합교육을 지향하므로 지식이나 기능의 어느 한쪽이 지나치게 발달하는 불균형을 초래하는 교육보다는 모든 영역이 골고루 발달할 수 있도록 하는 통합교육을 바람직한 교육으로 보고 있다. 즉, 유아교육기관에서 운영되는 모든 활동이 유아의 신체적 · 사회적 · 인지적 · 정서적 · 언어적 측면과 조화를 이루면서 통합적 발달이 이루어지도록 계획하여야 한다는 것이다.

따라서 활동에서의 통합과정은 동화를 듣고 난 후에 동극 하기, 신체 표현하기, 조형활동 하기, 동화의 내용을 바꾸어 창작동화 엮어 보기 등의 활동들 모두에 적용된다.

(6) 균형성의 원리

하루 일과 속에서 다루어지는 유아의 활동은 균형을 이루어 다양하게 계획되어야 한다. 정적 활동과 동적 활동, 실내 활동과 실외 활동, 개별 활동과 대·소집단 활동, 교사주도 활동과 유아주도 활동 간에 균형을 이루어야 한다. 유아의 신체리듬과 흥미를 고려하지 않고 활동을 계획한다면 활동의 비균형으로 인해 효율적인 하루 일과를 이룰 수 없다.

그러나 이와 같이 활동을 균형 있게 하려면 교사 대 유아의 비율이 적절해야 한다. Weikart와 Schweinhart(2000)는 교육의 질적 수준을 고려하여 교사 대 유아 비율을 가능하면 1대 10을 넘지 말 것을 제안하고 있다. 하지만 우리나라의 현실에서는 아직 이루어지지 않고 있다. 멀지 않은 미래에 우리나라도 유아교육에 대한 행정적·재정적 지원으로 교사 대 유아 비율이 적정 수준으로 유지될 수 있을 것이라 본다.

(7) 다양성 및 융통성의 원리

유아의 주의집중 시간을 고려하여 교수방법, 교수매체, 교재·교구 등이 다양하고 융통성이 있어야 한다. 이를 고려하지 않는다면 효과적인 교육을 기대하기 어렵다. 한 가지 교수방법으로 일관하거나 다양하지 않은 교재·교구로 환경을 구성하면, 유아는 활동에 흥미를 보이지 않을뿐더러 교실 전체 분위기도 산만해진다. 따라서 교사는 생활 주제와 발달 수준에 맞는 다양한 환경을 마련해 주어야 한다.

과거에 비해 현대의 유아는 제품화된 학습자료나 대중매체를 통해 더 다양하고 풍부한 경험을 하고 있다. 유아의 이러한 개별 차는 과거에 비해 더 크게 나타나므로 이를 충족할 수 있어야 한다. 따라서 교사가 유아를 대상으로 접근하는 데 충분한 교수자료와 교수방법을 선정하여야 한다.

이와 같이 개별성, 자발성, 체험중심, 흥미중심, 통합성, 균형성, 다양성 및 융통성의 원리 등을 기초로 한 교육방법은 유아에게 유아교육기관이 즐겁고 행복하게 보낼 수 있는 곳임을 느끼게 해 준다. 즉, 유아교육기관은, 재미있고 흥미로운 활동이 많이 있어 가고 싶은 곳이고, 교사는 자애롭고 친절하며 유아 모두를 사랑하는 마음이 가득하고 공평하다는 것을 느끼게 할 수 있을 것이다.

지금까지 살펴본 유아교육 방법의 기본 원리는 유아교육의 각 활동에서 통합적으로 적용된다. 다음의 '팽이 돌리기 대회'는 유아가 스스로 흥미를 갖고 계획하고 실시하는 과정에서 이 모든 원리가 활동에 그대로 적용된 예다.

활동의 예: 팽이 돌리기 대회

① 팽이 돌리기 대회의 진행과정

- 팽이의 종류를 다양하게 준비한다.
- 팽이를 돌릴 수 있는 장소를 준비한다(합판으로 만든 커다란 원 모양이 팽이가 떨어지지 않아서 좋다).
- 마당에서도 할 수 있도록 단단한 바닥(시멘트 또는 아스팔트 위)에 분필로 돌릴 수 있는 범위를 그려 준다(유아가 할 수 있다).
- 교사는 누가 잘하는지, 어떻게 하는지에 관심을 가진다.
- 이야기 나누기 시간을 활용하여 팽이놀이에 관해 어떻게 하면 더 재미있게 할 수 있는지 토의한다.
- 유아들과 함께 대회 날짜와 시간, 방법, 준비물 등을 결정한다.
- 교사는 유아들과 토의한 것을 함께 준비한다.
  - 팽이 돌리는 판(순서의 수에 따라서 개수를 정함), 호루라기, 선수들의 경기 일정판, 추첨함(선수들의 대진을 정하기 위하여), 태극기, 단상, 상장 등을 준비한다.
- 대회장의 질서를 위해 선수와 관람객의 위치를 정한다. 선수들의 위치는 팽이판 옆으로 정하고, 관람객의 위치는 팽이판에서 50cm 떨어진 곳에 분필이나 색 테이프로 표시를 하여 관람객은 그 밖에서 관람하도록 한다.
- 대회를 위해서 서로가 지켜야 할 주의점들에 대해 토의할 시간을 준다.
- 유아들과 의논해서 상으로 무엇을 줄 것인지 의논한 뒤 만든다(승리관 혹은 우승 메달 등).
- 대회 진행을 누가 어떻게 맡을 것인지 정한다.
- 대회 식순을 정한다.

② 팽이 돌리기 대회의 평가

- 상장을 준비하여 유아들이 선의의 경쟁을 통해서 느낄 수 있는 즐거움과 기쁨, 자신의 노력에 정당한 상이 주어진다는 결과를 알게 한다.
- 상장에는 성명, 생년월일, 상의 뚜렷한 뜻이 내포되어야 하고, 날짜, 기관명, 원장명, 담임명을 정확히 기입하여 오래도록 보관할 때 기념이 되도록 한다. 붓글씨체로 권위를 나타낼 수 있으면 더욱 좋다.
- 또한 경기 중의 진지한 모습이나 시상대 위에서 함께 기뻐하는 모습들의 사진을 준비하여 상장에 붙여 주면 더욱 뜻이 있다.
- 경기가 모두 끝난 후에 함께 기쁨을 나눌 수 있는 방법에 대해 의논한다(악수, 선물을 만들어 주는 것 등).

2 교수·학습 방법

1) 일반적인 교수 · 학습 방법

교수 · 학습 방법은 교수방법 그 자체가 교수 · 학습의 과정이 되기도 하지만, 넓은 의미로는 학습자, 교수자, 교육목표, 학습방법, 교육내용, 교육환경 등이 모두 포함된다.

유아를 위한 교수 · 학습 방법은 학습해야 할 내용을 어떻게 가르칠 것인가에 해당되며, 교육내용은 교육대상, 교육목적이나 목표, 발달 수준, 환경 등을 고려하여 선정된다.

특히 유아교육의 경우 국가 수준의 교육과정이 있지만 그 교육과정으로 교수 · 학습을 주도하는 교사가 중요한 변수가 된다. 교사의 태도와 인성, 교육기관의 철학과 환경, 조직 풍토 등이 교수 · 학습에 많은 영향을 미치며, 이것으로 교수 · 학습의 성공 여부가 결정되기도 한다.

일반적으로 교수 · 학습 방법은 다음과 같이 크게 세 가지로 나뉜다.

(1) 유아중심 교수·학습 방법

유아는 자신의 흥미에 따라 활동을 선택하고 스스로 학습을 주도해 나간다. 유아의 학습과 발달은 자발적으로 이루어진다고 보기 때문에 학습의 대부분은 자유선택활동 형태로 이루어진다. 따라서 교사는 유아의 연령에 따라 나타나는 행동에 적절한 환경을 제공한다.

여기에서 교사는 유아의 행동이나 사고, 감정 등 개인차를 인정해 주어 수용적이기는 하지만 소극적이므로 교사와 유아의 활발한 상호작용은 이루어지기 어렵다. 이와 관계되는 학습 방법으로는 개별학습법, 개념학습법, 탐구학습법, 협동학습법, 토의학습법 등이 있다.

유아중심 교수 · 학습 방법의 장점과 단점은 다음과 같다(김진영 외, 2006).

■ 장 점

첫째, 유아의 흥미, 능력, 욕구 등의 개인차를 고려하므로 발달의 적합성을 살리기가 용이하다.

둘째, 여러 가지 사회적 상호작용이 활발하게 일어남으로써 자기표현 및 사회적 관계가 개발된다.

셋째, 직접경험, 탐구활동 그리고 발견적 과정의 활동에 적합하고 효과적이다.

■ 단 점

첫째, 탐구나 발견학습의 과정은 시간이 오래 걸린다.

둘째, 교사 대 유아의 비율이 높으면 지도, 관찰, 평가 등에 어려움이 있다.

(2) 교사중심 교수·학습 방법

교사중심 교수 · 학습 방법에서 교사는 유아를 계획된 학습목표 수행을 위한 학습으로 이끌기 위하여 통제적인 학습 분위기를 유지한다. 이 방법은 교사가 중심이 되어 능동적인 역할을 하고, 유아는 수동적인 수용자 역할을 하게 된다. 과거에는 교사중심 교수 · 학습 방법이 대부분이었으나 현대에 와서는 아동중심, 학습자 중심의 교육이 강조되면서 교사중심 방법이 무조건 배척되기도 하였다. 그러나 교사중심 교수 · 학습 방법의 장점을 안다면 무조건 배척할 수만은 없을 것이다.

교사중심 교수 · 학습 방법의 장점과 단점은 다음과 같다(김진영 외, 2006).

■ 장 점

첫째, 사실적 정보나 개념, 기술을 정확하게 전달할 수 있다. 예를 들어, 사회적 지식은 탐구적 방법보다 설명식 강의법으로 가르치는 것이 효과적이다.

둘째, 짧은 시간 안에 효과적으로 가르칠 수 있다.

셋째, 동시에 많은 인원을 대상으로 편리하게 가르칠 수 있다.

■ 단 점

첫째, 교사가 모든 교수 · 학습 과정에서 주도적이므로 교사의 흥미, 편견, 인성 등이 교사의 능력과 기술에 반영되고, 유아의 학습 상황에 영향을 미칠 수 있다.

둘째, 교사가 계획한 지식을 일방적으로 전달하기 때문에 주입식 수업이 되기 쉽고, 높은 수준의 토의와 능동적인 참여가 이루어지기 어렵다.

셋째, 유아는 개별적인 흥미와 요구가 달라서 개인의 특수한 여건이나 어려움, 개인차를 고려해야 하기 때문에 유아에게는 전적으로 적용되기 어렵다.

(3) 교사-유아 상호중심 교수·학습 방법

교사-유아 상호중심 교수 · 학습 방법에서 교사는 유아의 학습을 적극적으로 중재하며 다양한 학습 전략을 사용할 교수계획을 세운다. 교사와 유아의 상호작용 수준은 상당히 높은 편으로 유아 스스로 문제를 해결하도록 장려한다. 학습 상황에 따라 대화, 질문, 토의 등을 주요 교수 전략으로 사용하며, 모든 상황에서 유아의 선택을 존중한다(김영희, 유영애, 이옥섭, 2002).

〈표 2-2〉 교사중심 교수 · 학습 방법과 유아중심 교수 · 학습 방법의 차이

준거	교사중심	유아중심
중심 인물의 행동	• 교사가 능동적 주도자이다. • 교사가 목적, 내용, 방법, 절차 등 모든 것을 결정한다. • 교사의 사고, 가치, 태도, 흥미 등이 수업을 지배한다. • 교사의 강력한 자아상이 수립되고 제시된다. • 교사가 수업활동의 거의 전부를 차지한다.	• 유아가 능동적 참여자이다. • 유아가 개인 또는 집단 방법과 절차를 결정하는 경우가 많다. • 유아의 사고, 가치, 태도, 흥미 등이 수업에 적극 반영된다. • 유아 개개인의 자아상 확립을 존중한다. • 유아들이 수업활동의 많은 부분을 차지한다.
교수 · 학습의 목적	• 교사가 설정한 목표대로 유아를 변화시키는 데 있다. • 실제적 지식, 태도, 기능을 강조한다.	• 유아의 지적 · 정서적 · 기능적 자아 개발에 있다. • 행동적 지식, 태도, 기능을 강조한다.
교수절차	• 교사가 수업목표를 제시해 주고 학습 내용을 개관해 준다. • 교사는 유아의 발달 수준, 능력, 흥미에 대한 큰 배려 없이 목표와 내용, 방법을 선정한다. • 교수 · 학습 과정에서 교사–유아, 유아–유아 간의 상호작용 기회가 별로 많지 않다. • 교사가 유아의 인지구조나 사전 지식 및 경험을 정리해 준다. • 교사는 중요한 정보를 선택해 주고 강조해 준다. • 교사는 유아의 기억을 돕기 위한 다양한 전략을 동원한다. • 교사는 질문에서 자신이 생각하는 정답을 유아가 맞히기를 기대한다. • 교사는 유아의 표현이나 느낌을 경청하거나 해석하거나 반응을 보이지 않는다. • 교사는 자신이 선정한 기준에 따라 학습 성패를 획일적으로 진단한다. • 측정 평가는 교사의 고유 권한이다.	• 유아가 학습목표를 인식하고 학습 내용을 계획한다. • 교사는 학습자의 발달 수준, 능력, 흥미 그리고 개인차를 고려하여 목표, 내용, 방법을 선정한다. • 교수 · 학습 과정에서 교사–유아, 유아–유아 간의 상호작용 기회가 풍부하다. • 유아 스스로 자신의 인지구조와 사전 지식 및 경험을 활성화한다. • 유아는 무엇이 중요한지를 자기 스스로 발견한다. • 유아는 자신의 기억을 높이기 위해 자기에게 적절한 방법을 탐색한다. • 유아 개개인이 생각하는 문제해결 방식이나 만들어 내는 답을 존중한다. • 유아는 자신의 표현이나 느낌을 존중하고 반응을 기꺼이 내보인다. • 유아는 자기 스스로 자신의 학습의 성패를 가늠하는 방법을 찾고, 또 성패 기준도 각기 정할 수 있는 기회를 부여받는다. • 유아도 측정평가에 교수자와 함께 참여한다.

출처: 이성호(2006)참조.

2) 일과 활동에서의 교수 · 학습 방법

교육활동은 유아의 발달 수준과 흥미뿐만 아니라 유아교육기관의 철학과 부모의 요구 그리고 지역사회의 특성까지 고려되어야 한다. 또한 교사 대 유아의 비율에 따라 다양하게 계획하고, 유아의 연령도 일과 활동에 영향을 주는 요인이므로 이를 고려하여야 한다.

유치원은 대부분 1일 3~5시간의 기본 교육을 위한 과정 운영과 그 이후 시간은 종일제(방과후 과정)로 운영되고 있다. 현재는 종일제를 실시하는 유치원이 많은데 그 이유는 다음과 같다.

첫째, 1993년 유치원에서 종일제가 시범 운영된 이래 교육인적자원부(현 교육부)에서도 유치원 종일반 운영에 대한 지속적인 관심과 지원을 하고 있기 때문이다.

둘째, 여성의 사회 참여가 높아지고 핵가족화되면서 가족과 사회구조가 변화함에 따라 유아에게 다양한 집단 경험을 제공하고자 하는 부모의 요구가 증가했기 때문이다(정미라, 홍용희, 엄정애, 이순영, 2000; Gullo, 1990).

셋째, 시간 연장제와 종일제를 의무적으로 실시하는 어린이집의 영향 때문이다. 이러한 이유들로 기본 교육과정 운영만 실시하는 유치원은 거의 찾아보기 어렵게 되었다.

(1) 등 원

유아교육기관에서의 하루 일과는 유아의 등원에서부터 시작된다. 교사는 유아가 등원하기 전 하루 일과 활동을 다시 한 번 점검하고, 교재 · 교구와 실내 · 외의 시설 및 설비도 점검한다. 일반적으로 유아가 도착하면 교사는 교실이나 현관 입구에서 유아를 맞이하거나 도착한 차에서 내리는 유아를 맞이한다.

유아가 등원을 하면 교사는 반갑게 인사를 나누고, 개별 유아의 기분, 심리 상태와 건강 등을 살핀다. 도보나 개인 차량을 이용하여 등원하는 유아의 경우에는 보호자와 함께 유아의 상태에 대하여 간단히 의견을 교환하기도 한다. 교사는 등원 시 점검한 유아의 상태를 하루 일과 속에 반영한다. 건강 상태나 심리 상태가 좋지 않은 유아의 경우 지속적인 관심을 가지고 개별 및 대 · 소집단 활동 시 교사가 개입하거나 활동에 참여할 수 있도록 돕는다.

유아는 현관 입구에서 신발을 벗어 자신의 신발장에 넣어 둔다. 실내화를 착용하는 시설인 경우에는 실내화로 갈아 신는다. 교실에 도착한 후 출석카드에 도장을 찍고, 겉옷은 옷걸이 또는 사물함에 넣는다. 또한 개별 사물함에 장갑, 모자, 가방, 도시락 등의 소지품을 정리해서 넣고 친구들과 인사를 나눈다.

학기 초의 경우 또는 나이가 어린 유아의 경우, 보호자와 떨어지기 싫어하기도 한다. 이때 교사는 유아가 또래와 어울릴 수 있는 재미있는 활동을 할 수 있도록 도와주거나, 애정과 관심을 보여 새로운 환경에 빨리 적응할 수 있도록 도와주어야 한다.

신발장

(2) 자유선택활동

자유선택활동이란 자유놀이(free play)라는 용어에서 비롯되었다. 양옥승(2003)은 자유선택활동을 유아가 개별적인 흥미와 요구 및 발달 수준에 따라 유아 개인의 학습 내용과 속도를 조절하여 스스로 놀이를 선택하여 활동하는 것이라고 하였다. 유아의 개별적인 요구를 고려한 활동은 유아의 자존감, 자기 훈련, 사회적인 기술 그리고 감각적인 반응의 기초를 형성해 준다(Petersen, 2003). 이러한 자유선택활동은 실내 · 외에서 경험할 수 있는 다양한 종류의 흥미 영역별 활동을 유아가 자신의 요구와 흥미에 따라 선택하고 계획하며 수행해 본 후 평가해 보는 시간이다.

자유선택활동 시간은 유아가 마음대로 놀이하는 자유방임의 시간이 아니므로 교사는 유아의 흥미와 능력을 분석하여 개별 유아에게 적합한 개별화 교육을 실시하여야 한다. 자유선택활동 시간은 하루 일과 중의 많은 시간을 차지하고 큰 비중을 갖는 중요한 시간이다. 따라서 교사나 유아에게 가장 활동적이고 핵심이 되는 시간으로 교사의 철저한 계획과 준비, 예리한 관찰력과 민첩성 그리고 순발력이 요구되는 시간이다(이기숙, 2003).

자유선택활동을 하기 전 유아는 각자 그날 하고 싶은 활동을 선택한다. 그러나 학기 초 또는 나이가 어린 유아의 경우에는 스스로 놀이를 선택하는 것을 어려워하기도 한다. 따라서 교사는 그런 유아를 위하여 자유선택활동에 대한 적절한 안내와 도움을 주어야 한다. 또한 글을 모르는 유아를 위하여 자유선택활동 계획안에 각 흥미 영역에 대한 그림과 글을 함께 제시해야 하며, 그렇더라도 선택에 어려움이 있을 수 있다. 그러므로 이러한 유아를 위하여 교사는 유아와 함께 교실에 준비되어 있는 흥미 영역의 활동들을 둘러본 후 어느 영역에서 어떤 활동을 하고 싶은지 말로 표현하게 하여 자유선택활동을 계획하게 하는 것이 좋다.

자유선택활동은 일반적으로 유아가 등원하는 시간부터 1시간 정도로 배정한다. 각 흥미 영역에는 진행 중인 생활 주제와 교육목표 그리고 유아의 흥미와 발달 정도를 고려하여 다양하게 교재 · 교구를 준비해 둔다. 또한 생활 주제의 변화에 따라 교재 · 교구와 환경은 수시로 교체하여 유아의 흥미를 지속시킨다. 실외 활동도 실내 자유선택활동만큼 중요한 시간이다. 동적인 활동이 주를 이루는 이 시간을 통하여 유아의 대근육 및 신체운동 능력을 기를 수 있기 때문이다. 또한 동식물의 사육과 재배, 주변의 꽃과 나무에 대한 관심, 자연 현상에 대한 관찰과 탐색 등의 정적 활동도 마련한다.

특히 각 흥미 영역에서 활동할 수 있는 유아의 수를 제한하여 활동이 원활하게 이루어질 수 있도록 해야 한다. 이를 위해 유아들과 사전에 규칙을 만들어 지킬 수 있도록 한다. 유아교육기관에서 지켜야 할 여러 가지 규칙을 교사가 임의로 정할 수도 있지만 유아들과 토론하여 정한다면 스스로 결정한 것이기 때문에 더욱더 잘 지키게 된다.

이름표

자유선택활동의 교육적 가치는 다음과 같다.

첫째, 자유선택활동은 지적 능력, 문제해결 능력, 탐색 능력의 발달을 도와주고 자기 조절력을 길러 주어(양옥승, 2003; Kessler & Hauser, 2003) 유아 스스로 선택한 활동을 계획하고 수행할 수 있게 한다.

둘째, 자유선택활동에 대한 계획과 결정을 할 수 있는 능력 및 책임감을 기른다.

셋째, 자유선택활동은 각 흥미 영역(적목놀이, 가상놀이, 게임, 언어활동, 미술활동, 물리적 지식활동 등)을 유아가 선택하고 결정하게 함으로써 유아가 존중받고 있음을 느끼게 한다(Petersen, 2003; Seefeldt, 2001).

넷째, 자유선택활동은 자신의 권리를 주장하는 동시에 다른 사람의 권리를 인정하고 존중해 주는 방법을 배우며, 자신이나 다른 사람을 위하여 현명한 선택을 할 수 있다(교육부, 2000).

영역 날짜	3(월)	4(화)	5(수)	6(목)	7(금)	비고
언어 영역						
조형 영역						
수 영역						
과학 영역						
역할 영역						
: :						

[그림 2-1] 자유선택활동 계획표

① 언어 영역

언어 영역은 흔히 도서 영역이라고 불리기도 한다. 기관의 유형과 형태에 따라 언어 영역과 도서 영역을 분리하여 흥미 영역을 구성하는 곳도 있고, 언어 영역에 도서를 포함하여 구성하는 것도 있다. 언어 영역에서는 듣기, 말하기, 읽기, 쓰기에 대한 관심을 가질 수 있도록 이와 관련된 활동을 제시하여 언어 발달을 촉진하고 언어 능력을 향상시킬 수 있도록 교재 · 교구를 준비한다.

언어 영역

언어 영역은 교실 내에서 조용한 영역과 인접하여 배치하여야 하고, 밝고 따뜻하며, 안정감을 느낄 수 있도록 배려해야 한다. 바닥에 카펫을 깔고 쿠션으로 등

받침을 할 수 있게 준비하거나, 낮은 의자나 유아용 소파를 준비하거나, 소음 및 충격 방지용 매트를 깔아 두어 가정과 같이 아늑하고 편안한 분위기에서 독서를 할 수 있도록 한다. 또한 언어 영역이 창문 옆에 위치하여 자연 조명이 되도록 하는 것이 이상적이지만 그렇지 않은 경우에는 불을 켜서 밝게 해 준다.

언어 영역과 관련된 대 · 소집단 활동으로는 주말 지낸 이야기하기, 동시 및 동화 읽고 · 듣기, 동극 하기 등이 있다. 이러한 활동은 유아가 잘 듣고 바르게 이해하는 능력과 태도를 길러 주기 위한 것이다. 더불어 유아가 대상이나 상황에 따라 자신의 경험이나 생각을 말로 바르게 표현할 수 있도록 돕는다. 적절한 어휘와 문장을 사용하여 정확하게 발음하고 알맞은 크기의 목소리로 말할 수 있는 것, 즉 소리를 효과적으로 조절하고 명확하게 발음할 수 있는 것도 언어의 중요한 부분이다.

② 수 영역

교육기관의 흥미 영역 구성에서는 일반적으로 수 영역과 조작 영역은 같이 두는 경우가 많다. 교실 공간의 여유가 있어 분리해도 무방하다면 수 영역과 조작 영역을 구분하기도 한다.

수 영역에서는 유아기에 다루어야 할 수의 기초 개념인 분류하기, 순서 짓기, 수 개념, 시간 개념, 공간과 도형, 통계 등의 내용과 관련된 활동을 제시하여야 한다. 수와 관련된 어휘들은 유아의 수학적 개념 학습에 도움을 준다. 수 영역은 언어 영역과 조작 영역 등과 인접한 조용하고 안정된 공간에 배치하여야 한다. 교구나 게임판 등을 놓도록 책상을 준비하거나, 바닥에 카펫이나 매트를 깔아 활동할 수 있도록 준비할 수도 있다. 특히 통계활동(조사활동) 등의 결과물을 제시하기 위한 벽면 공간도 제공되어야 한다.

수 영역과 관련된 대 · 소집단 활동으로는 조사활동이 있다. 조사활동으로는 '유아들이 좋아하는 TV 프로그램', '좋아하는 과일', '여행 가고 싶은 나라', '우리 집의 가족 수' 등이 있다. 관련 활동을 조금 더 광범위한 차원에서 보면 집단 게임과 전통놀이도 수 개념을 학습할 수 있는 활동에 포함할 수 있다.

수조작 영역

③ 조작 영역

조작 영역은 수 영역과 언어 영역에서 가까운 조용한 공간에 배치한다. 조작 영역에서는 주로 유아가 개별적으로 교구를 통한 탐색활동을 하게 된다. 유아는 교구와의 상호작용을 통해 집중력과 지구력을 증진하며, 문제 상황을 탐색하고 극복해 가는 과정 속에서 자신감과 자율성의 발달이 이루어진다.

조작 영역에 많이 제시되는 교구 중의 하나에는 '퍼즐 맞추기'가 있다. '퍼즐 맞추기'의 경우, 어린 유아를 위해서는 퍼즐의 조각 수가 적은 것을 준비하고, 나이가 많아질수록 퍼즐의 조각 수가 많은 것으로 준비한다.

④ 과학 영역

과학 영역에서는 주변의 여러 가지 물체나 현상을 보고, 관찰하고 탐구하면서 과학적 개념을 형성하게 된다. 호기심과 탐구심이 많은 유아에게 관찰력과 탐구력, 객관적 사고력을 길러 주기 위한 영역이다. 따라서 생활 주변에서 흔히 접하거나 볼 수 있는 자료들을 직접 만져 보고 실험하여 볼 수 있는 자료들을 준비한다. 예를 들면, 양파, 고구마, 당근 등의 관상용 식물 기르기와 물고기 기르기, 개구리 알 기르기, 과일 씨 · 곡식 · 나뭇잎 관찰하기 등을 해 볼 수 있다.

과학 영역은 실내에서 동식물 기르기도 할 수 있으므로 햇빛이 잘 들고 조용하며 물 공급이 쉬운 곳이어야 한다. 또한 도구(전기 기구, 실험 기구, 기계와 도구) 등의 작동 및 관찰 그리고 탐색을 위해 카펫 등을 깔고 낮은 책상을 준비하여 안전하게 사용할 수 있도록 유아의 왕래가 많지 않은 장소에 배치한다. 관찰한 변화과정과 성장과정, 실험 및 탐색 결과 등을 기록할 수 있는 기록 용지와 쓰기 도구도 준비해야 한다.

과학 영역과 관련된 대 · 소집단 활동으로는 산책 또는 실외놀이에서 주변 관찰하기, 실험을 통해 자연 현상과 물리적 현상의 이해를 돕는 소집단 활동 등이 포함된다.

과학 영역

⑤ 조형 영역

조형 영역은 흔히 그리기, 만들기, 꾸미기 등의 평면 및 입체 조형활동을 모두 포함하는데, 이는 미술활동을 의미하기도 한다. 유아는 다양한 자료와 매체를 가지고 조형활동을 한다. 그림물감을 사용하여 그림을 그리기도 하고, 불기, 번지기, 데칼코마니, 마블링을 하기도 한다. 색종이 접기와 붙이기, 자르기와 찢기 등을 통한 콜라주, 요리활동을 하고 남은 야채로 다양한 모양을 만들어 도장 찍기 등의 활동이 있다. 또한 열처리로 줄어든 요구르트 병, OHP 필름 자투리에 그림 그리기를 한 활동으로 모빌 만들기, 재활용품을 이용하여 만들기 등의 입체 조형활동도 한다. 점토 등을 활용한 모형 빚기, 바느질하기, 색칠하기, 구성하기 등 거의 모든 조형활동이 유아의 눈과 손의 협응과 같은 신체 발달을 돕는다.

조형활동에 사용되는 자료의 종류와 다양성은 유아의 창의적인 조형활동에 직접적인 영향력을 행사한다. 교사가 준비한 자료의 종류가 다양하지 않으면 유아가 자신의 생각과 느낌 그리고 상상력을 발휘하는 데 제한을 받게 된다. 반면에 지나치게 많은 자료가 제시되어도 유아의 선택을 어렵고 혼란스럽게 할 수 있다. 따라서 유아의 발달 수준과 요구에 적합한 자료가 무엇보다 중요하다.

조형활동은 매우 활동적인 작업이므로 소음이 많이 발생한다. 따라서 언어 영역이나 수 영역과 같은 조용한 영역과는 조금 떨어져서 배치하는 것이 좋다. 여기에는 작업을 할 수 있도록 책상과 의자, 이젤 등이 있어야 하며, 작업 후 손을 씻을 때나 물이 필요한 경우 쉽게 이용할 수 있도록 수도시설이 가까이 있어야 한다. 바닥은 물이나 물감이 흘렀을 때 쉽게 닦을 수 있는 재질로 된 것이 적당하다.

조형 영역과 관련된 대 · 소집단 활동에는 공동으로 구조물 만들기, 행사를 알리기 위한 안내판 만들기, 현수막 만들기 등이 있다.

조형 영역

⑥ 음률 영역

유아가 노래를 부르기도 하고, 부른 노래를 녹음하여 들어 보고, 음악을 감상하고, 여러 가지 악기를 다루고, 음악이나 악기 연주에 맞추어 율동을 경험해 볼 수 있는 곳이 음률 영역이다. 특히 음악 감상에서는 동요, 고전 음악, 민요, 왈츠, 종교 음악, 전자 음악 등 다양한 장르의 음악을 감상할 수 있는 기회를 가질 수 있도록 배려해야 한다.

음률 영역에는 소음이 있으므로 다른 영역에 방해가 되지 않도록 쌓기 영역이나 역할 영역 가까이에 배치하는 것이 바람직하다. 바닥에는 카펫을 깔아 유아의 신체 움직임을 통한 소음을 흡수할 수 있도록 해야 한다. 신체 표현을 위해서 다양한 도구를 준비해 두어 자유롭게 신체 활동을 할 수 있도록 배려해야 한다.

음률 영역과 관련된 대 · 소집단 활동에는 악기 연주하기, 합창하기, 집단으로 신체 표현하기 등이 있다.

음률 영역

⑦ 역할 영역

역할 영역은 유아의 작은 세계를 담아내는 공간이다. 일상생활 속에서 느꼈던 감정이나 희망, 요구를 흥미롭게 느꼈던 사건이나 경험을 통해 재현해 보거나 상상으로 표현해 내는 것이 역할 영역이다. 역할 영역은 타인의 역할을 가정하여 경험해 봄으로써 문제해결 능력과 조망수용 능력을 기를 수 있다. 이보다 더 중요한 것은 역할놀이를 통해 유아의 내면에 잠재해 있는 부정적인 감정을 발산시켜 정서 순화가 이루어짐으로써 정서적인 안정을 찾을 수 있다.

일반적으로 역할 영역에는 가정을 축소해 놓은 것과 같은 분위기를 자아낸다. 그러나 역할 영역이 가족 구성원의 역할뿐만 아니라 여러 가지 상황과 그 상황에 따른 역할도 할 수 있도록 소도구나 복장을 마련해 두어야 한다. 교사는 유아가 자발적으로 역할놀이에 참여할 수 있도록 돕는 역할자임과 동시에 유아의 놀이가 잘 진행될 수 있도록 놀이의 한 구성원으로 자연스럽게 참여하는 참여자가 될 수 있다. 교사는 유아의 역할을 정해 주거나 이야기를 꾸며 주기보다는 유아 스스로 탐색할 수 있도록 돕는다. 또한 성역할에 대한 고정관념에서 탈피하여 남아와 여아의 역할을 고정적으로 정하여 장려하는 일이 없어야 한다.

역할 영역은 그 자체가 대 · 소집단 활동이다. 예를 들면, 가정놀이, 병원놀이, 미장원놀이, 방송국놀이, 은행놀이, 학교놀이 등이 있다.

⑧ 쌓기 영역

유아교육기관에 따라서 쌓기 영역을 블록 영역, 적목 영역이라 하기도 한다. 쌓기 영역에는 다양한 종류의 모양과 색, 크기, 형태를 가진 블록들이 준비되어야 한다. 크기와 모양이 다양할수록 유아의 상상력 폭은 넓어진다. 유아는 다양한 종류의 블록을 이용하여 일상생활에서 본 것이나 상상한 것을 마음껏 구성할 수 있기 때문이다. 따라서 유아교육기관에서 블록은 중요한 교구 중의 하나다. 유아는 블록으로 조작하는 과정을 통해 시각적 · 지각적 인식과 더불어 눈과 손의 협응력 그리고 대 · 소근육의 협응력 등 신체 발달을 증진하게 된다.

쌓기 영역은 동적인 활동이 이루어지는 영역이므로 일반적으로 역할 영역 옆에 위치한다. 바닥에는 소음을 흡수하기 위한 카펫이나 부분 깔개를 블록 교구장 옆에 깔아 준다. 유아는 쌓기놀이를 통해 어떤 구조물을 어떻게 만들 것인지에 대한 구성력과 공간 감각, 측정 능력 등을 기르게 된다. 블록을 쌓고 무너뜨리는 과정에서 부정적인 감정과 정서를 해소하여 긍정적인 자아개념이 형성된다. 이 영역은 혼자놀이보다 협동놀이가 더 많이 이루어지므로 또래 유아들과 함께 쌓기 놀이를 하면서 언어 발달과 사회성 발달이 촉진된다.

실내 흥미 영역 중에서 안전사고가 많이 발생하는 곳이 쌓기 영역이다. 따라서 안전 관리를 철저히 하여 사고가 발생하지 않도록 예방한다. 예를 들면, 높게 쌓은 블록으로 인해 블록이 무너지면서 유아가 다치거나, 블록을 옮기는 과정에서 떨어뜨려 다치거나, 다른 유아에게 블록을 던져서 해를 가하는 경우 등이 있다. 그러므로 이를 미연에 방지하기 위해 유아들과 사전에 약속을 정한다. 블록을 유아의 키 이상으로 쌓지 않도록 하고, 블록을 옮길 때는 두 손으로 잡고 하나씩 옮기게 하며, 놀이 과정에서 블록을 던지지 않게 한다. 또한 구조물을 정리할 때는 블록을 쌓은 순서대로, 즉 위에서부터 차례대로 블록을 내려 주변의 유아가 다치지 않도록 한다.

쌓기 영역

교사는 유아가 만든 구조물에 대해 많은 질문을 하고 칭찬을 아끼지 않아야 한다. 그 칭찬이 유아에게는 자신감이 되고 만족감을 느끼게 하기 때문이다. 유아가 이상한 모양을 만들었다 하더라도 그 나름대로 의미를 가지고 있으므로 교사는 유아가 만들어 놓은 구조물에 대해 '틀렸다' 혹은 '이상하게 생겼다' 등의 표현은 하지 않는 것이 좋다. 유아가 상상력을 발휘하여 만든 것이므로 어떤 생각으로 그 구조물을 만들었는지 질문하는 것이 바람직하다.

⑨ 컴퓨터 영역

유아교육기관의 시설 환경에 따라 컴퓨터 영역을 다른 공간에 분리하여 설치하기도 한다. 그러나 컴퓨터 학습 활동이 교육 실제와 부합되기 위해서는 별도의 컴퓨터실에 설치하기보다는 학급 내에 설치하는 것이 바람직하고 효율적이다(Davis & Shade, 1994; NAEYC, 1996). 컴퓨터에 대한 사전 경험이 없는 유아의 경우에는 개별적으로 기본적인 사용법에 대해 이해하도록 도와주어야 한다. 컴퓨터실이 분리되어 있는 상황에서는 컴퓨터 활용에 있어 유아가 개별 지도의 기회를 제공받기가 어렵다.

컴퓨터 영역

이 영역은 비교적 조용한 영역에 설치하는 것이 바람직하므로 쌓기 영역과 역할 영역과는 떨어진 곳에 설치하도록 한다. 설치 장소는 직사광선이 닿는 곳이나 습기가 많은 곳 그리고 난방 시설이 있는 곳은 피하는 것이 좋다. 컴퓨터 설치 방향은 모니터가 조명이나 햇빛에 의해 눈부심 현상이 일어나지 않는 곳이어야 한다. 또한 컴퓨터와 주변 기기 등의 전원을 공급할 콘센트의 위치가 가까워야 한다. 콘센트가 멀리 있어 전기 코드를 연결하여 사용할 경우, 교실 바닥에 전기선이 늘어져 있어 유아가 걸려 넘어지거나 코드를 가지고 장난하는 등의 위험 요소가 될 수 있다.

컴퓨터 영역은 유아가 흥미를 가지는 영역이어서 자유선택활동 시간에 이 영역으로의 쏠림 현상이 나타나기도 한다. 그러므로 유아가 컴퓨터 활동을 하기 위하여 자신의 이름을 기록할 수 있는 순서표를 만들어 두면 다툼을 줄일 수 있다.

⑩ 물·모래 영역

물놀이와 모래놀이 영역은 실내 · 외에 모두 설치할 수 있지만 대체로 실외에 설치한다. 실내 수영장을 만들기도 하지만 일반적으로 물놀이 활동은 실외에서 이루어지는 경우가 대부분이다. 실외놀이터에는 물과 모래놀이 영역이 인접해 있는데, 그 이유는 유아가 물놀이만 하기도 하고 모래에 물을 부어 놀이를 하는 경우도 있기 때문이다. 따라서 물놀이와 모래놀이는 병행해서 진행되는 경우가 많으므로 수도 시설이 가까운 곳에 설치하는 것이 편리하다.

유아는 모래로 집을 짓고, 성을 쌓으며, 터널을 만든다. 모래에 물을 섞어 다양한 용기로 여러 가지 모양을 찍어 내기도 하고 모래에 물을 섞었을 때와 톱밥이나 진흙 등을 섞었을 때 느낌이 어떻게 다른지도 알게 된다. 이러한 물과 모래의 변화, 혼합 시의 촉감과 성질 등을 통한 다양한 탐색활동 속에서 인지 발달을 촉진하게 되고 과학적 개념과 지식을 습득하게 된다. 물과 모래를 다양한 용기로 옮기는 과정에서 수학적 형태나 양에 대한 경험을 하게 되고, 손과 눈의 협응력과 대 · 소근육 발달을 촉진하게 된다.

물 · 모래놀이는 역할놀이와 마찬가지로 유아의 정서 발달에 많은 영향을 끼친다. 다른 영역의 구조화된 교구들에 비해 물과 모래는 구조화가 되어 있지 않다. 따라서 유아는 원하는 모양을 만들어 내는 과정을 통해 내면에 잠재해 있던 부정적 감정과 긴장감 등을 해소하게 된다. 모래 조각이나 구조물들은 개별 혹은 집단의 협동 작업으로 진행할 수 있다. 협동으로 작업을 할 경우, 작업에 대한 탐색 과정과 서로의 올바른 의사소통을 통해 양보와 타협을 할 수 있어 언어 발달과 사회성 발달, 창의성 발달에도 도움을 주게 된다.

교사는 유아가 사용하는 삽, 계량컵, 호스 등의 도구 사용 방법과 모래나 물을 던지거나 뿌리는 일이 없도록 사전에 규칙을 정하여 안전사고를 예방할 수 있어야 한다. 특히 유아가 상대 유아의 얼굴에 모래를 뿌려 눈을 상하게 하는 경우가 발생하지 않도록 주의하여야 한다.

⑪ 목공 영역

목공 영역은 유아가 흥미와 관심을 많이 보이는 영역임에도 준비해야 할 도구들이 많고 안전사고가 발생할 확률도 높아 대다수의 유아교육기관에서 설치하지 않고 있다. 나이가 어린 유아의 경우나 학기 초인 경우에는 나무를 다루기보다 작은 나무망치로 스티로폼에 못이나 나무못을 박아 볼 수 있다. 또한 톱을 사용하는 대신 케이크를 자르는 플라스틱 칼로 스티로폼을 잘라 보는 활동을 할 수 있다. 유아는 대 · 소근육 조절 능력이나 눈과 손의 협응력이 발달해 감에 따라 망치나 톱 등을 사용하여 다루기 쉬운 부드러운 나무를 활용하여 작업을 시도한다. 도구는 서두르지 말고 천천히 사용하여 작업함으로써 작은 것이라도 유아가 완성해 볼 수 있도록 충분히 시간을 준다.

목공 영역은 활동성이 높은 영역이므로 안전을 위해 통행량이 많은 곳은 피한다. 이 영역에는 튼튼하고 안전한 탁자를 준비하고 놀이하는 유아의 수를 3~5명으로 제한한다. 또한 못, 망치, 톱 등의 도구를 활용해야 하므로 올바르고 안전하게 사용할 수 있도록 한다. 그리고 교사나 보조교사가 항상 가까이 있어 활동 중에 발생할 수 있는 안전사고를 예방하여야 한다.

목공 영역

⑫ 실외 영역

실외놀이 영역은 유아의 신체운동 발달에 중요한 영역이다. 실내에서의 정적인 활동으로 인한 긴장으로부터 해방감을 느끼게 하는 데 도움을 주는 영역이다. 실외놀이 공간으로는 동식물 관찰하기, 독서하기, 휴식하기, 산책하기 등의 정적인 활동을 하는 공간과 물 · 모래놀이와 놀이기구 중심의 동적인 활동을 하는 공간이 있다. 독서나 휴식 공간에는 그늘을 만들어 주어 유아가 조용히 휴식을 취하거나 독서를 할 수 있게 해 준다. 이렇게 동적 공간과 정적 공간은 서로 떨어지게 배치하여 서로의 활동이 방해받지 않도록 해야 한다.

유아의 연령이나 발달 수준에 맞추어 종류별 놀이기구에 대한 접근을 허용하거나 통제하는 방법을 사용할 수도 있다. 학기 초가 지나 유아가 놀이기구에 익숙해지거나 발달에 적합하다고 느낄 때 제한되어 있던 놀이기구를 사용할 수 있게 한다. 또한 놀이기구를 바르고 안전하게 이용하는 방법에 대해서 알려 주거나 토론을 통해 실외 놀이기구 사용 시 지켜야 할 약속을 만들어 볼 수도 있다.

민감한 교사는 실외놀이 영역에서도 유아와 활발한 상호작용을 한다. 이를 위해 유아의 놀이 속에 참여자가 되기도 하고, 놀이가 더 풍성해지도록 격려하고 지지하는 역할을 하기도 한다. 다른 친구들과 잘 어울리지 못하고 운동장을 배회하는 유아에게는 또래 유아와 어울릴 수 있도록 도와주어야 한다.

실외놀이 공간은 실내보다 위험한 요소가 더 많다. 유아는 발달 특성상 주변의 사물이나 환경에 대한 호기심이 높고 탐구하려는 충동이 강하므로 안전사고의 위험성이 높다. 전반적인 신체기능과 운동기능 발달이 미숙하여 균형을 유지하거나 주변을 돌아보며 주의를 기울여 위험 요소를 파악하는 능력이 부족하다.

10세 미만 아동의 국내외 사망원인 1위는 안전사고다(통계청, 2004). 국제아동보호단체인 유니세프의 2001년 ‘부유국 아동 사망사고’ 보고서는 경제협력개발기구(OECD) 가입국(26개국) 중 우리나라 어린이 상해사망률이 가장 높다고 발표했다. 이는 우리나라 어린이가 다른 선진국 어린이에 비해 각종사고 위험으로부터 보호받지 못하고 있는 것을 의미한다(한국산업안전공단, 2003).

유아교육기관의 실외 활동에서 주로 발생할 수 있는 상해는 그네를 타는 유아의 앞과 뒤쪽을 왕래하는 유아에게서 일어나는 사고, 미끄럼틀에서 순서대로 타고 내려오지 않고 서로 밀치다가 다치거나 거꾸로 타고 내려오다 다치는 경우, 놀이기구에 대한 안전 미점검으로 발생하는 사고 등이다. 즉, 조금만 조심하면 발생하지 않을 안전사고들이 일어나는 것이다. 따라서 교사는 전체 유아가 한눈에 들어오는 곳에서 감독하면서 유아가 어떤 활동을 하고 있으며 위험한 상황이 일어날 수 있음을 예측하여 사고를 방지할 수 있어야 한다.

⑬ 기타 영역

요리 영역과 식사 및 낮잠 자는 영역은 소수의 유아교육기관이 공간을 따로 두기도 한다. 그러나 대다수의 기관들이 주로 대집단 영역에서 이러한 활동들을 한다. 유아교육기관의 공간이 충분하다면 각 영역을 따로 두는 것도 좋지만, 그러한 공간 활용이 어려운 기관의 경우에는 각 교실 내에서 해결해야 한다.

(3) 정리정돈 및 전이활동

정리정돈은 하루 일과 중 자유선택활동이나 대 · 소집단 활동 등을 마무리하는 시간에 반드시 필요한 부분이다. 자유선택활동에서 하나의 활동을 끝내고 다른 활동을 선택할 때 활동이 끝난 교구들을 제자리에 정리해 두어야 한다. 따라서 자유선택활동이 진행되는 중에도 정리정돈은 수시로 이루어진다. 정리정돈은 개별적인 것과 전체적인 것으로 나누어 볼 수 있다. 자유선택활동 시간에 자신이 하던 활동을 정리하고 다른 활동으로 전이하는 것은 개별적인 정리정돈이다. 전체적인 정리정돈은 모든 유아가 동시에 참여하는 것으로 실내 · 외 자유선택활동이 끝나고 이루어지는 것을 말한다.

전체 정리정돈 시간은 잘 계획되어야 한다. 시간을 너무 짧게 잡을 경우 유아들이 교구를 제자리에 바르게 정리하지 못한 채 모이게 된다. 특히 쌓기, 역할, 조형, 목공, 물 · 모래 영역의 경우 정리하는 시간이 더 많이 걸리므로 활동을 마무리하기 전에 미리 유아에게 신호를 보내야 한다. 그렇지 않을 경우 교구를 정리하는 과정에서 던지거나 장난을 치거나 제자리가 아닌 다른 곳에 두게 된다. 특히 물 · 모래놀이의 경우 사용하던 도구들의 보관 장소에 가져다 두어야 하는데, 교실로 들어가려는 급한 마음에 도구를 놀이하던 곳에 그냥 두고 모래가 묻은 손을 씻지 않고 교실로 들어갈 수 있다. 보통 정리정돈은 10~20분 정도가 적당하지만, 상황에 따라 융통성 있게 조절한다. 교사는 정리정돈을 지나치게 강조하기보다는 유아가 자발적으로 정리정돈하는 습관을 형성할 수 있도록 칭찬과 격려를 통한 지도를 한다.

한편, 전이활동은 한 활동이 끝나고 다른 활동을 시작하기 전에 잠시 생기는 공백 시간을 자연스럽게 연결해 주는 활동이다. 다음 활동 시 장소나 집단 형태의 변화가 있을 경우 유아가 명확하게 이해하도록 설명해 주어 이동을 원활하게 할 수 있도록 돕는다. 전이활동은 짧은 시간이지만 유아에게 무의미한 시간이 되지 않도록 하는 것이 중요하다. 예를 들면, 정리정돈을 하고 대집단으로 모이는 경우 빨리 정리한 유아가 조금 늦은 유아를 기다리는 데 무의미하게 시간을 보낼 것이 아니라 간단한 게임이나 기억 놀이 혹은 생활 주제와 관련 있는 음악 감상과 율동 등과 같은 활동을 한다.

다음 활동을 위하여 계단을 이용하여 장소를 옮겨야 하는 경우 유아가 뛰거나 빨리 걷다가 넘어져 다치기도 한다. 이때 교사들이 "만약 지금 우리가 지구보다 가벼운 달에 있다면 어떻게 걸어야 할까? 자신의 신체가 매우 가벼운 것처럼 걸을 수 있겠니? 만약 지구보다 무거운 우주 안의 한 유성에 있다면 어떻게 걸어야 할까? 자신의 신체가 지금보다 몇 배 무거운 것처럼 걸어볼 수 있겠니?"라고 유도하여 지도할 수 있다.

(4) 대·소집단 활동

대집단 활동은 일반적으로 한 반 전체 유아를 말하지만, 전체를 정확히 반으로 나누어 구성한 집단을 의미하기도 한다. 대집단 활동은 주로 교사 주도에 의한 학습 방법이 활용되지만 지나치게 언어에 의존해서는 안 된다. 대집단은 많은 유아들이 함께하므로 다양한 교수매체를 활용하여 진행하고 모든 유아가 참여할 수 있도록 교사가 배려하여야 한다.

소집단 활동은 한 반을 2~3개의 집단으로 나누어 보조교사가 돕거나 한 교사가 시간대별로 집단을 달리하여 활동을 진행하기도 한다. 주제나 활동에 따라 유아들끼리만 활동이 이루어질 수도 있다. 소집단 활동에서는 개별 유아의 특성과 발달 수준을 고려하여 집단을 구성한다. 즉, 소극적이고 적극적인 유아를 혼합하는 것도 좋다. 소극적인 유아들을 적극적으로 참여할 수 있게 끌어내기 위하여 유아 각자에게 역할을 부여한다. 이러한 사회적 상호작용을 통하여 발달을 도모할 수 있다.

대 · 소집단 활동에는 이야기 나누기, 신체 및 음률, 게임, 동화, 동시, 동극, 과학, 요리, 현장 학습, 간식과 점심, 휴식과 낮잠 등이 있다.

① 이야기 나누기

놀이중심 활동을 운영하다 이야기 나누기가 필요한 경우, 한 반 전체 유아가 모두 모이기도 하고, 전체를 반으로 나누어 진행하기도 한다. 이야기 나누기 시간에는 원이나 반원, 'ㄷ' 자 등 교실 공간에 따라 진행하기 수월한 형태로 유아들과 앉는다. 도입부에서는 결석한 친구가 누구인지 왜 오지 않는지에 대해 이야기 나누고, 하루 일과에서 계획된 순서표대로 어떤 활동들을 하게 되는지, 그리고 그날의 날짜와 날씨에 대해서 알아본다. 이야기 나누기 내용은 계절의 변화, 주변 사물이나 사회 현상, 사람들의 활동 등과 관련된 다양한 생활 주제들을 선정한다. 주제 선정은 교사가 제안하거나 정할 수도 있으나 유아들이 주변 환경이나 문제 상황을 인식하여 제안할 수도 있고, 예상하지 못했던 상황이 발생하여 그와 관련된 주제가 선정될 수도 있다.

교사는 이야기 나누기 시간을 통하여 선정된 주제와 관련된 내용을 유아들에게 주입식, 암기식으로 전달하고 가르쳐야 한다는 고정관념에서 탈피해야 한다. 즉, 교사와 유아의 이야기 나누기가 아닌 교사의 일방적인 이야기하기가 되어서는 안 된다는 것이다. 따라서 교사는 수렴적 질문과 확산적 질문을 적절히 병행하여 대화를 촉진할 필요가 있다. 교사의 질문에 유아가 반응하지 못하거나 잘못 답했을 때에는 유아가 주의를 기울이지 않아 질문을 듣지 못해 반응을 못하는 경우도 있고, 때로는 교사가 질문을 명확하게 하지 못해서 유아가 잘못된 답을 하는 경우도 있다. 이때는 질문을 반복하기보다는 다른 말로 질문을 바꾸어 다시 말해 준다. 또한 교사는 이야기 나누기가 지루하지 않게 전개될 수 있도록 시청각 자료나 다양한 매체를 활용하는 것도 좋다. 이야기 나누기 시간은 20~40분 정도로 유아의 발달과 흥미 그리고 관심 정도에 따라 융통성 있게 진행할 수 있다.

이 시간은 선정된 주제에 대하여 자유롭게 의견을 교환하는 시간이므로 이를 통하여 유아의 지식과 흥미의 범위를 넓혀 주게 된다. 또한 유아가 새로운 소식이나 주말을 지낸 이야기 등 자신이 경험한 것을 다른 친구들과 이야기 나누는 과정에서 자신의 생각이나 느낌 등을 적절한 언어로 표현하게 되고, 다른 친구의 이야기를 경청할 수 있는 태도를 기르게 된다.

② 신체 및 음률

신체 활동은 유아가 대 · 소근육을 활용하여 할 수 있는 기본 운동 능력과 관계된 것으로 신체와 정신의 조화로운 발달을 돕는다. 신체를 통한 움직임은 인간의 본질이며 자연 발생적인 행동이다. 신체의 움직임이나 체육활동을 포괄하는 개념인 신체 활동은 유아기에 매우 중요하다. 이러한 신체 활동을 통해 성장과 발육을 촉진하고, 운동 기능과 안전에 대처하는 능력을 향상하며, 정서 발달을 돕기 때문이다.

최근 유아기 신체 움직임에 대한 관심이 고조되면서 유아교육기관에서 체육교사를 따로 초빙하여 체육활동을 하기도 한다. 반면, 체육전담교사를 초빙하지 않는 곳에서는 교사가 강당이나 실외놀이터에서 놀이를 중심으로 체육활동을 통합하여 실시하기도 한다. 전문적인 체육활동을 체육전담교사가 실시할 수도 있지만 동작이나 신체 표현 등과 관련된 활동들은 교사들이 지도하고 있다. 동작과 신체 표현 등은 활동을 독립적으로 진행하기도 하고, 다른 영역 활동 후 연계하여 통합적으로 지도하기도 한다. 교사는 유아가 신체를 움직일 수 있는 충분한 공간과 기회를 마련해 주어야 한다. 신체 활동을 위한 집단의 구성은 소집단이 적절하며, 연령이 낮을수록 집단의 규모를 작게 하는 것이 효과적이다.

음률활동은 음악교육이라는 학문적 범주 안에서 그 대상이 유아이므로 유아기의 발달적 독특성이 고려되어야 한다. 따라서 기능 연마를 통한 전문 음악인을 양성하려는 목적이 아니라 유아교육이 지향하는 전인적이고 통합적인 발달을 돕기 위한 것이다. 과거보다는 유아교육기관에서 음률활동에 대한 질적 향상이 있었음에도 불구하고, 아직도 일부 교사는 음률활동이 노래 배우기와 그에 따른 율동, 손유희라는 제한된 범위로 개념 짓고 있다.

음률활동 시 교사는 유아에게 노래 부르기, 노래가사 바꾸어 부르기, 노래에 따른 율동하기, 악기 다루기, 다양한 장르의 음악 듣기, 음악 듣고 신체로 표현하기 등의 다양한 경험을 제공해야 한다. 유아가 음악을 즐겁게 감상하고 표현하는 심미적 체험을 할 수 있도록 계획적이고 체계적으로 준비해야 한다.

③ 게 임

대 · 소집단 활동으로 진행 가능한 게임의 유형은 편 게임과 원 게임이 있다. 편 게임은 유아를 두 집단으로 나누어 게임을 실시하고 이기고 지는 승과 패에 대한 결과가 있다. 그러나 원 게임은 모든 유아가 둥글게 모여 앉아 하는 것으로 이기고 지는 결과가 없는 것이 특징이다.

학기 초에는 단순한 내용이나 규칙, 지시가 적힌 원 게임을 계획하고, 유아가 게임의 규칙을 이해하고 이 규칙을 지킬 수 있는 능력이 발달해 감에 따라 점차 편 게임을 계획한다. 게임의 방법과 규칙은 교사가 정하여 설명해 줄 수도 있으나 유아와 함께 정할 수도 있다. 게임이 끝난 후에는 반드시 평가 시간을 가져 게임의 결과보다는 과정에 관심을 가지도록 함으로써 유아가 협동하고 규칙을 잘 지키는 능력을 기르게 한다. 즉, 어느 팀이 규칙을 잘 지켰으며 응원을 열심히 했는지 생각해 보고, 어떻게 해서 이길 수 있었는지, 왜 졌는지, 게임을 마친 후의 기분은 어떠했는지 등에 대해서도 이야기해 본다(교육부, 2000).

④ 동화, 동시, 동극

동화는 서정적이고 환상적인 내용과 사실적 이야기를 통해 유아에게 예술적인 심미감과 풍부한 상상력을 길러 주고, 모국어에 대한 아름다움을 느낄 수 있게 해 준다. 동화를 들려주는 시간대는 다르지만 특별한 경우를 제외하고는 하루 일과 안에 한 편 정도 계획한다. 동화책을 선정할 때는 진행하고 있는 생활 주제와 일치하는 것이 좋다. 또한 동화를 가장 효과적으로 들려줄 수 있도록 동화의 내용 특성에 따라 전달 매체를 선택할 수 있다.

동시를 읽어 줄 때는 다양한 주제와 내용으로 접근하되 리듬과 운율이 있는 것으로 한다. 이때 적절한 음악을 배경으로 들려주어 시가 지니고 있는 느낌을 더 부각할 수 있게 하는 것이 좋다. 동시를 듣고 난 후에는 그 느낌을 이야기해 보고, 유아가 동시의 내용을 바꿔서 지어 보는 기회를 가진다.

동극은 교사가 동화를 들려주고 그 내용을 극화해 보는 활동이다. 유아의 역할을 정하고 재미있게 내용을 재구성하여 진행하기도 한다. 극화하는 데 필요한 소품은 유아가 직접 만들어 활용할 수도 있다. 이러한 과정을 통하여 유아는 자신의 생각이나 느낌 등을 충분히 표현할 수 있다.

(5) 평가 및 귀가

평가는 귀가하기 전에 하루 일과 전체에 대한 평가를 하기도 하고, 각 대 · 소집단 활동 후에 필요한 경우 언제든지 평가를 하기도 한다. 주로 하루 일과를 마치고 귀가하기 전에 반 전체 유아가 모여 하루 활동에 대한 평가와 귀가 지도 활동을 한다. 이때에는 하루 일과 중에서 유아가 재미있었던 일이나 힘들었던 일들을 회상하면서 그 이유와 대책에 대해서도 이야기해 본다.

귀가 지도는 다음 날 준비물 등 수업과 관련된 전달 사항이나 귀가 시 안전 등에 대한 이야기 그리고 다음 날의 활동에 대한 예고를 할 수도 있다. 교사는 유아가 가정통신문이나 만든 작품, 도시락, 유아가 복용하는 약, 외투, 우산 등의 소지품을 빠뜨리지 않고 가져갈 수 있도록 지도한다.

평가 및 귀가 시간은 보통 10~20분 정도이나 평가하거나 전달할 내용의 양에 따라 융통성 있게 조절할 수 있다.

3 교수·학습 활동

1) 유아교육의 목적 및 목표

유아교육은 인간 생애에 있어서 처음으로 경험하는 형식적 교육이다. 무한한 잠재적 가능성을 가지고 있는 유아의 잠재능력이 개발될 수 있도록 돕는 데 그 의의가 있다. 누리과정에서의 교육 목적은 만 3~5세 유아의 심신의 건강과 조화로운 발달을 도와 바른 인성과 민주시민의 기초를 형성하는 것을 목적으로 한다.

이에 따라 다음과 같은 목표를 설정하였다(교육부, 보건복지부, 2019).

(1) 자신의 소중함을 알고, 건강하고 안전한 생활 습관을 기른다.

유아는 놀이를 통해 몸을 마음껏 움직이며 자신의 감정과 욕구에 귀를 기울여 조절하는 경험을 한다. 또한 유아에게는 일상에서 환경의 변화에 적응하는 데 필요한 건강하고 안전한 생활을 지속적으로 경험하는 것이 중요하다. 유치원과 어린이집은 유아가 자신의 몸과 마음에 대한 긍정적인 생각을 키워, 자신을 소중히 여기는 사람으로 성장하도록 도와야 한다. 또한 유아가 자신의 신체 리듬에 맞게 생활하고, 위험한 상황에 대처하는 방법들을 배울 수 있도록 지원해야 한다. 누리과정을 통해 유아는 자신의 소중함을 알게 되고, 건강하고 안전한 생활 습관을 기르는 경험을 하며 건강한 사람으로 성장해 나간다.

(2) 자신의 일을 스스로 해결하는 기초능력을 기른다.

유아가 자신의 생각과 능력을 알고, 자신감을 바탕으로 자신의 일을 스스로 결정하고 해결하기 위해 필요한 기초능력을 기르도록 돕는다. 유아는 자신이 하고 싶은 놀이에 적극적으로 참여하고 다양한 시도를 통해 자신이 좋아하고 잘할 수 있는 일에 대해 알아 가며, 자신이 가진 여러 가지 능력을 확장하는 경험이 필요하다. 유치원과 어린이집은 유아가 자신을 이해하고 소중히 여기며 자신의 일을 주도적이고 자율적으로 해결해 나가는 사람으로 성장하도록 도와야 한다. 또한 유아가 다른 사람과 함께 생활하는 동안 자신의 생각을 자신 있게 표현하며, 주어진 일에 책임감을 가지고 해결해 나갈 수 있도록 지원해야 한다. 누리과정을 통해 유아는 자신의 일을 스스로 해결하는 기초능력을 길러 자주적인 사람으로 성장해 나간다.

(3) 호기심과 탐구심을 가지고 상상력과 창의력을 기른다.

유아가 주변 세계에 대해 호기심을 가지고 탐구하는 과정을 통해 풍부한 상상력과 창의력을 기를 수 있도록 돕는다. 놀이를 통해 유아는 한 번도 해 보지 않은 독특한 상상을 하고 누구도 생각하지 못한 새로운 생각을 만들어 낸다. 유치원과 어린이집은 유아가 주변 세계에 대한 호기심을 가지고 자유롭게 상상하며, 융통성 있는 발상의 전환을 지원한다. 또한 새로운 일에 대한 열린 태도와 도전 정신을 가지고 미래에 필요한 독창적인 능력을 키울 수 있도록 도와야 한다. 누리과정을 통해 유아는 호기심과 탐구심을 가지고 상상력과 창의력을 길러 창의적인 사람으로 성장해 나간다.

(4) 일상에서 아름다움을 느끼고 문화적 감수성을 기른다.

유아가 자연과 문화에 대한 감수성을 바탕으로, 일상 속에서 아름다움을 느끼고 즐기는 마음을 가지도록 돕는다. 유아는 자신이 느낀 아름다움과 경이로움, 시적인 감수성을 예술적으로 표현하는 과정을 즐기며, 자연과 문화에 대해 열린 마음을 가지고 향유하는 경험이 필요하다. 유치원과 어린이집은 유아가 놀이를 통하여 문화적 공감 능력과 심미적 감수성을 키워 갈 수 있도록 도와야 한다. 누리과정을 통해 유아는 일상에서 아름다움을 느끼고 문화적 감수성이 풍부한 사람으로 성장해 나간다.

(5) 사람과 자연을 존중하고 배려하며 소통하는 태도를 기른다.

유아가 자연을 사랑하고 다른 사람을 존중하고 배려하며 서로 소통할 수 있는 태도를 기르도록 돕는다. 유아는 가족과 친구, 이웃과 관계를 맺고 필요할 때 도움을 주고받으며 살아간다. 또한 유아는 자신과 생각이 다른 사람들과 갈등을 겪을 수도 있으나 이를 원만하게 해결해 보는 경험도 필요하다. 유치원과 어린이집은 유아가 놀이를 통하여 자연을 소중히 여기고 다른 사람과 협력하며 소통하는 방법을 경험할 수 있는 기회를 제공하여, 공동체 의식과 민주 시민의 역량을 키워 갈 수 있도록 도와야 한다. 누리과정을 통해 유아는 사람과 자연을 존중하고 배려하며 소통하는 태도를 길러 더불어 사는 사람으로 성장해 나간다.

우리나라 유치원 교육과정은 1969년 제정 이래 사회 변화와 요구에 따라 개정되어 왔다. 그 변천과정을 간략하게 정리하면 〈표 2-3〉과 같다(유민임, 2006).

〈표 2-3〉 유치원 교육과정의 변천과정

구분	공포(고시)	특징
1차	1969.2.19.	• 구체적인 교육내용을 제시함으로써 전국의 유치원 교육에 중요한 지침이 됨 • 목표: 튼튼한 몸과 마음, 기초적인 생활 습관, 올바른 사회적 태도와 도덕성, 과학적이고 민주적인 사고력, 심미적 태도, 창조적인 표현 능력을 기름, 자연 및 사회의 제 현상에 관심을 가짐 • 생활영역으로 구성: 건강, 사회, 자연, 언어, 예능 • 교육일수: 연간 200일 이상, 하루 3시간 기준 • 교육방법: 흥미중심, 놀이중심, 개인차에 따른 교육 강조
2차	1979.3.1.	• 국민교육헌장 이념과 유신 이념을 기초로 함 • 목표: 남과 잘 사귀고, 남과 더불어 생활하는 것을 즐기게 하며, 표현하는 능력과 습관 · 태도를 기르고, 탐구능력 · 언어 구사력 · 기초적인 운동 능력 · 건강 및 안전 생활 습관을 기르는 것 • 특징: 인지 발달을 강조 • 발달영역으로 구성: 사회 · 정서, 인지, 언어, 신체 및 건강 • 교육일수: 연간 200일, 하루 3~4시간 • 교육방법: 흥미중심, 놀이중심, 개인차 학습, 가정과 연계
3차	1981.12.31.	• 2년 만에 개정, 처음으로 초 · 중등학교 교육과정의 개정과 함께 상호 연계성 속에서 이루기 위함 • 목표: 유아에게 알맞은 교육환경을 마련해 주어 전인적으로 성장하도록 돕는 것 • 발달영역으로 구성: 신체, 정서, 언어, 인지, 사회성 • 교육일수: 연간 180일, 하루 3~4시간 • 교육방법: 개인차와 흥미에 따른 놀이중심 교육

구분	공포(고시)	특징
4차	1987.6.30	• 건강한 사람, 자주적인 사람, 창조적인 사람, 도덕적인 사람을 기르는 데 역점 • 목표: 건강과 안전에 대한 올바른 생활 습관과 신체의 조화로운 발달을 도모하고, 다른 사람의 말을 이해하며, 주변 현상에 대한 느낌을 표현할 수 있고, 자부심 및 가족과 이웃을 사랑할 줄 아는 마음씨를 지니게 하는 것 • 발달영역으로 구성: 신체, 정서, 언어, 인지, 사회성(3차와 동일) • 교육일수: 연간 180일, 하루 3~4시간 • 교육방법: 흥미중심, 놀이중심, 각 영역의 통합적 운영
5차	1992.9.30	• 특징 – 1991년 「교육법」 개정으로 유치원 입학 연령이 만 4~5세에서 만 3~5세로 조정됨 – 이에 따라 교육내용이 Ⅰ수준, Ⅱ수준, 공통 수준으로 구분 – 1995년부터 지방자치제에 의한 교육자치가 실시됨 – 읽기, 쓰기 교육에 관한 지침을 구체적으로 제시 • 목표 – 「교육법」에 명시된 유치원 교육목표를 기본으로 함 – 기본생활 교육의 강조, 유아의 흥미 · 요구 · 개별성 존중, 놀이 중심 교육, 유아의 전인적 성장 발달 등을 중점으로 구성 • 생활영역으로 구성: 건강, 사회, 표현, 언어, 탐구 • 교육일수: 연간 180일, 하루 3시간을 기준으로 하되 조정 운영 가능 • 교육방법: 통합적 운영, 균형있는 일과, 실물을 통한 직접 경험, 부모와의 연계
6차	1998.6.30	• 특징 – 교육내용이 Ⅰ수준, Ⅱ수준, 공통 수준으로 구분 – 개정의 기본 방향은 초 · 중등과 동일하게 '21세기의 세계화, 정보화 시대를 주도할 자율적이고 창의적인 한국인 육성'에 중점 – 교육과정에 교육목표가 제시됨 • 목표: 전인적 성장을 위한 기초 교육으로서 일상생활에 필요한 기본 능력과 태도 육성 • 생활영역으로 구성: 건강, 사회, 표현, 언어, 탐구(5차와 동일) • 교육일수: 연간 180일, 하루 3시간을 기준으로 하되 조정 운영 가능(3~5시간 미만의 반일제, 5~8시간 미만의 시간연장제, 8시간 이상의 종일제 프로그램) • 교육방법: 생활주제 중심의 통합적 운영, 수준별 교육내용 운영, 기본 생활 습관과 협동적인 생활 태도 강조, 세계화에 대비한 전통 문화 강조, 감성 계발 교육의 강조, 교육시간 운영의 다양화, 특수 유아의 교육, 창의성과 정보 능력 함양 교육의 강화

구분	공포(고시)	특징
2007 개정 유치원 교육과정	2007.12.19	• 특징: 교육내용의 적정화, 수준별 교육내용의 현장 적용성 강화, 개념 및 지식 위주의 교수방법과 인성 함양을 위한 교수방법의 조화 · 확충, 영역별 지도상의 유의점 신설 • 목표: 유아에게 알맞은 교육환경을 제공하여 심신의 조화로운 발달을 조장 • 생활영역으로 구성: 건강, 사회, 표현, 언어, 탐구(6차와 동일) • 교육일수: 연간 180일, 하루의 교육과정 운영은 반일제, 시간연장제 및 종일제 등 다양한 교육시간 운영 • 교육방법: 통합적이고 균형 있는 교육활동, 다양한 상호작용, 창의적 사고 유도, 직접적 · 구체적인 경험, 유아 개인별 관찰과 지원, 흥미 영역의 재구성, 시간연장제 및 종일 교육활동의 원칙
누리과정	2011.5.2 (5세 누리과정) 2012.7.10 (3–5세 연령별 누리과정: 5세 누리과정 일부 개정 포함)	• 2012. 2. 만5세 누리과정 운영 • 2013. 2. 만3세 ~만5세 누리과정 운영 • 특징: 교육부 소관의 유치원과 보건복지부 소관의 어린이집 관리 체제를 유지하면서 만3세 ~만5세 유아의 교육과 보육 내용을 통합하여 공통적으로 적용할 수 있는 공통과정을 개발, 기본 생활 습관과 창의 · 인성 교육을 전 영역에서 강조 • 목적: 만3~5세 유아의 심신의 건강과 조화로운 발달을 도와 민주 시민의 기초를 형성 • 5개 영역으로 구성: 신체운동 · 건강, 의사소통, 사회관계, 예술경험, 자연탐구 • 교육일수: 연간 180일 이상 기준, 기본교육과정 운영 이후 방과후 과정 운영 가능(1일 8시간 이상 운영 가능) • 교육방법: 놀이 중심 교수 · 학습활동, 흥미중심 활동 선택, 생활 속 경험을 소재로 학습, 다양하고 능동적인 상호작용, 주제중심 통합적 운영, 균형있는 교수 · 학습활동, 개인차 고려한 교수 · 학습활동
누리과정 (2015 개정)	2015.2.24	• 2015년 3월 1일부터 1일 3~5시간 되어 있던 교육과정 편성을 4~5시간 기준으로 변경함
2019 개정 누리과정	2019.7.24	• 특징: 유아중심, 놀이중심으로 개정, 누리과정의 구성방향에 추구하는 인간상을 신설함, 누리과정 5개 영역 내용 및 평가의 간략화 • 목적: 유아가 놀이를 통해 심신의 건강과 조화로운 발달을 이루고 인성을 바르게 하며 민주시민의 기초를 형성하는 것이 목적 • 5개 영역으로 구성: 신체운동 · 건강, 의사소통, 사회관계, 예술경험, 자연탐구 • 교육일수: 연간 180일 이상 기준, 1일 4~5시간 기준으로 편성 • 교육방법: 유아의 흥미와 관심에 따라 놀이에 자유롭게 참여하도록 하고, 5개 영역의 내용을 통합하여 유아의 경험과 연계되도록 함

2) 영역별 목표

2020년 3월 1일부터 적용되는 개정 누리과정의 각 영역별 목표 및 내용 체계는 〈표 2-4〉, 〈표 2-5〉와 같다. 이와 같은 다섯 가지 영역별 교육목표와 내용 체계에 기초하여 교육계획안이 작성된다.

〈표 2-4〉 영역별 목표

영역	목표
신체운동 · 건강	실내외에서 신체활동을 즐기고, 건강하고 안전한 생활을 한다. 1) 신체활동에 즐겁게 참여한다. 2) 건강한 생활습관을 기른다 3) 안전한 생활습관을 기른다.
의사소통	일상생활에 필요한 의사소통 능력과 상상력을 기른다. 1) 일상생활에서 듣고 말하기를 즐긴다. 2) 읽기와 쓰기에 관심을 가진다. 3) 책이나 이야기를 통해 상상하기를 즐긴다.
사회관계	자신을 존중하고 더불어 생활하는 태도를 가진다. 1) 자신을 이해하고 존중한다. 2) 다른 사람과 사이좋게 지낸다. 3) 우리가 사는 사회와 다양한 문화에 관심을 가진다.
예술경험	아름다움과 예술에 관심을 가지고 창의적 표현을 즐긴다. 1) 자연과 생활 및 예술에서 아름다움을 느낀다. 2) 예술을 통해 창의적으로 표현하는 과정을 즐긴다. 3) 다양한 예술 표현을 존중한다.
자연탐구	탐구하는 과정을 즐기고, 자연과 더불어 살아가는 태도를 가진다. 1) 일상에서 호기심을 가지고 탐구하는 과정을 즐긴다. 2) 생활 속의 문제를 수학적, 과학적으로 탐구한다. 3) 생명과 자연을 존중한다.

〈표 2-5〉 영역별 내용 체계

영역	내용 범주	내용
신체운동 · 건강	신체활동 즐기기	신체를 인식하고 움직인다.
		신체 움직임을 조절한다.
		기초적인 이동운동, 제자리 운동, 도구를 이용한 운동을 한다.
		실내외 신체활동에 자발적으로 참여한다.
	건강하게 생활하기	자신의 몸과 주변을 깨끗이 한다.
		몸에 좋은 음식에 관심을 가지고 바른 태도로 즐겁게 먹는다.
		하루 일과에서 적당한 휴식을 취한다.
		질병을 예방하는 방법을 알고 실천한다.
	안전하게 생활하기	일상에서 안전하게 놀이하고 생활한다.
		TV, 컴퓨터, 스마트폰 등을 바르게 사용한다.
		교통안전 규칙을 지킨다.
		안전사고, 화재, 재난, 학대, 유괴 등에 대처하는 방법을 경험한다.
의사소통	듣기와 말하기	말이나 이야기를 관심 있게 듣는다.
		자신의 경험, 느낌, 생각을 말한다.
		상황에 적절한 단어를 사용하여 말한다.
		상대방이 하는 이야기를 듣고 관련해서 말한다.
		바른 태도로 듣고 말한다.
		고운 말을 사용한다.
	읽기와 쓰기에 관심 가지기	말과 글의 관계에 관심을 가진다.
		주변의 상징, 글자 등의 읽기에 관심을 가진다.
		자신의 생각을 글자와 비슷한 형태로 표현한다.
	책과 이야기 즐기기	책에 관심을 가지고 상상하기를 즐긴다.
		동화, 동시에서 말의 재미를 느낀다.
		말놀이와 이야기 짓기를 즐긴다.
사회관계	나를 알고 존중하기	나를 알고 소중히 여긴다.
		나의 감정을 알고 상황에 맞게 표현한다.
		내가 할 수 있는 것을 스스로 한다.

영역	내용 범주	내용
사회관계	더불어 생활하기	가족의 의미를 알고 화목하게 지낸다.
		친구와 서로 도우며 사이좋게 지낸다.
		친구와의 갈등을 긍정적인 방법으로 해결한다.
		서로 다른 감정, 생각, 행동을 존중한다.
		친구와 어른께 예의바르게 행동한다.
		약속과 규칙의 필요성을 알고 지킨다.
	사회에 관심 가지기	내가 살고 있는 곳에 대해 궁금한 것을 알아본다.
		우리나라에 대해 자부심을 가진다.
		다양한 문화에 관심을 가진다.
예술경험	아름다움 찾아보기	자연과 생활에서 아름다움을 느끼고 즐긴다.
		예술적 요소에 관심을 갖고 찾아본다.
	창의적으로 표현하기	노래를 즐겨 부른다.
		신체, 사물, 악기로 간단한 소리와 리듬을 만들어 본다.
		신체나 도구를 활용하여 움직임과 춤으로 자유롭게 표현한다.
		다양한 미술 재료와 도구로 자신의 생각과 느낌을 표현한다.
		극놀이로 경험이나 이야기를 표현한다.
	예술 감상하기	다양한 예술을 감상하며 상상하기를 즐긴다.
		서로 다른 예술 표현을 존중한다.
		우리나라 전통 예술에 관심을 갖고 친숙해진다.
자연탐구	탐구과정 즐기기	주변 세계와 자연에 대해 지속적으로 호기심을 가진다.
		궁금한 것을 탐구하는 과정에 즐겁게 참여한다.
		탐구과정에서 서로 다른 생각에 관심을 가진다.
	생활 속에서 탐구하기	물체의 특성과 변화를 여러 가지 방법으로 탐색한다.
		물체를 세어 수량을 알아본다.
		물체의 위치와 방향, 모양을 알고 구별한다.
		일상에서 길이, 무게 등의 속성을 비교한다.
		주변에서 반복되는 규칙을 찾는다.
		일상에서 모은 자료를 기준에 따라 분류한다.
		도구와 기계에 대해 관심을 가진다.
	자연과 더불어 살기	주변의 동식물에 관심을 가진다.
		생명과 자연환경을 소중히 여긴다.
		날씨와 계절의 변화를 생활과 관련짓는다.

3) 교육계획 및 운영

교사의 가장 중요한 역할 중의 하나가 교육 프로그램을 계획하고 운영하는 것이다. 교육계획은 유아교육기관의 교육철학과 교사의 교육철학 및 신념을 반영한다. 이렇게 반영된 철학으로 교육이 의도하는 교육목표를 효과적으로 달성하기 위해서는 연간교육계획, 월간교육계획, 주간교육계획, 일일교육계획, 부분수업계획 등이 선행되어야 한다. 교육계획은 유아교육의 실제에 있어서 매우 중요한 부분을 차지한다. 왜냐하면 이러한 계획이 유아교육기관의 '교육 청사진'이라고 볼 수 있기 때문이다.

이와 같은 계획들은 유아의 발달과 흥미, 유아교육기관과 지역의 특성을 고려하여 계획하여야 한다. 유아교육기관에서 경험하는 모든 활동은 개별적으로 분리된 내용이 아니라 전체 활동과 경험 속에서 통합적으로 이루어질 때 학습이 더 잘 이루어진다.

유아의 발달에 적합하고 효율적인 교육이 이루어지도록 교육을 계획하고 운영하기 위하여 고려해야 할 점은 다음과 같다.

① 유아교육기관에서 지향하는 교육목표를 설정하고 이에 따른 교육계획을 수립한다. 국가 수준의 교육과정에서 추구하는 교육이념, 인간상, 교육목표를 바탕으로 유아교육기관에서 지향하는 교육 프로그램을 계획하여야 한다.

② 연령과 발달에 적합한 교육계획을 하여야 한다. 교육의 계획과 운영은 유아의 연령과 발달에 적합하고, 모든 영역을 균형 있게 다루도록 선정하여야 한다. 유아의 발달 수준을 고려하지 않는 교육계획은 좋은 교육 프로그램이라고 할 수 없다.

③ 교육계획은 융통성이 있어야 한다. 연간과 월간 교육계획안은 상황과 환경에 따라 융통성 있게 변화할 수 있어야 한다. 그러나 주간과 일일 교육계획안은 보다 구체적으로 수립하여 계획대로 실행될 수 있도록 해야 한다.

(1) 연간교육계획

연간교육계획안은 유아교육기관에서 1년 동안 이루어지는 교육 프로그램을 말한다. 이는 전체 교육에 대한 내용이 담겨 있으므로 유아교육기관의 교육 운영 전반에 대한 윤곽이라고 볼 수 있다. 학부모 상담 시에는 기관의 교육내용을 전달할 수 있고, 교사에게는 1년 동안의 교육내용과 전체적인 흐름을 쉽게 파악할 수 있게 해 준다. 1년의 계획이 있어야 필요한 사항을 미리 준비할 수 있어 안정되고 충실한 교육 운영이 될 수 있다.

연간교육계획안을 작성할 때 고려해야 할 점은 다음과 같다(교육부, 2000).

① 연간교육계획은 신학년이 시작되기 전인 2월 중순경 전체 교사 회의에서 결정하도록 한다. 이에 앞서, 전(前) 학년도 연간교육의 계획과 결과에 대한 총괄적 평가를 해야 한다. 전 학년도 연간교육계획안과 실행 사항을 비교하고 평가하여 신학년도 연간교육 프로그램에 반영할 사항들을 찾는다. 다음에 신학년도 교육의 목표를 정립하고, 전 학년도 교육에 대한 평가를 참고로 하여 신학년도 연간교육계획 및 행사 계획을 수립한다.

② 연간교육계획안에 기초하여 월간교육계획안과 주간교육계획안을 작성하도록 한다. 따라서 연간교육계획안, 월간교육계획안과 주간교육계획안은 계열성과 연계성이 유지되어야 한다. 특히 특별행사는 월, 일까지 구체적으로 결정하여 연간교육계획안에 명시하고, 이를 월간 및 주간 교육계획안에 반영한다.

때때로 예측하지 못한 일이 발생하여 연간교육계획을 수정해야 하는 경우가 있으므로, 월간교육계획이나 주간교육계획은 임시성을 띠고 있다. 그러나 대부분 전 학년도에 실행된 교육평가를 토대로 하여 신학년도 연간교육계획을 수립하므로, 유치원에서 학년 중간에 의도적으로 큰 변화를 주거나, 특별한 사태가 발생한 경우를 제외하고는 전면적으로 수정하는 일은 거의 없다.

③ 연간교육활동은 생활 주제를 중심으로 작성한다. 이러한 주제들은 유아의 발달 수준에 맞고, 경험 가능한 것으로 구성되어 있어야 한다. 그러나 유아의 흥미와 요구, 유아교육기관 및 지역사회의 실정에 따라 관련되는 주제를 첨가할 수도 있다.

생활 주제들은 일반적으로 유아교육기관에서 설정하고 있는 연간교육내용들이며, 이러한 생활 주제는 1년에 걸쳐 적절하게 구성할 수 있다. 즉, 생활 주제들은 엄격한 순서에 따라 제시되는 것이 아니라, 유아의 연령, 흥미, 계절 등에 따라 다양하게 제시될 수 있다.

④ 생활 주제를 배열할 때에는 유아가 친숙하게 접하고 있는 환경에서 구체적인 것을 선정하여 교육활동으로 구성하여 제공하고, 점차 멀리 떨어져 있는 환경 및 추상적인 개념으로 확대시켜 나간다. 예를 들면, 유아 자신, 유치원, 가족, 이웃, 우리나라, 세계 여러 나라, 지구와 환경 등과 같이 유아와 직접적으로 관계가 있는 것에서부터 간접적인 것으로, 현재 유아에게 영향을 주는 요인으로부터 장래 유아에게 영향을 줄 요인으로 생활 주제의 범위를 확장시켜 나갈 수 있다. 처음에는 구체적인 것으로 주제를 정하고, 점차 개념적이며 언어적인 것으로 발전시켜 나간다. 또한 학습내용과 연계성 있는 유아의 생활과 경험, 활동이나 놀이를 통하여 통합적으로 학습할 수 있도록 전개시켜 나간다.

⑤ 유아의 연령, 발달 정도, 유아교육기관 경험 유무 등 유아의 특성을 고려하여 적응 기간을 가늠하고, 이를 연간교육계획에 반영한다. 예를 들면, 어린 유아가 발달의 정도가 낮거나, 가정을 떠나 유아교육기관에서 처음으로 집단교육을 받는 유아의 경우, 생활 주제 '나와 유치원(어린이집)'에 대한 소요 시간을 보다 길게 잡아야 할 것이다. 반면, 동일한 유아교육기관에 다녔던 재원 원아들로 구성된 학급이라면, 생활 주제 '나와 유치원(어린이집)'은 짧은 기간에 이루어지도록 계획해야 한다.

⑥ 국가나 지역사회에서 이루어지는 각종 행사의 교육적 가치를 평가하여 생활 주제로 연간교육계획에 포함시킨다. 예를 들면, 각 지역에서 열리는 민속제, 전시회, 박람회와 축제 등을 생활 주제로 선정하여 연간교육계획에 포함시킨다. 연간교육계획에 이러한 생활 주제들을 포함시킴으로써 유아교육기관과 지역사회를 더욱 밀접하게 연결시킬 수 있다.

⑦ 생활 주제와 관련하여 견학, 부모 참여 등의 특별활동을 연계성 있게 계획하도록 한다. 또한 생활 주제와 관련하여 참관 또는 견학 시기를 결정하여 연간교육계획안에 반영한다. 생활 주제가 '동물'인 경우에는 동물원이나 농장 등을 견학하는 활동을 계획하고, 생활 주제가 '교통기관'인 경우에는 자동차 정비소, 전철역, 비행장, 중고차 판매소 등을 견학하는 활동을 계획할 수도 있다. 이때 부모의 협조를 요청할 수 있다.

⑧ 연간교육계획안을 부모에게 배부하여 유치원의 교육계획을 알린다. 이는 부모에게 유치원 교육에 대한 이해와 협조를 구하고, 1년 동안의 각종 행사에 계획적으로 많이 참여할 수 있도록 하기 위한 사전 안내라고 할 수 있다.

다음은 생활 주제만 제시한 연간교육계획안(예시1), 생활 주제와 행사를 함께 작성한 연간교육계획안(예시2), 그리고 생활 주제와 행사를 따로 작성한 연간교육계획안(예시3)이다.

〈표 2-6〉 연간교육계획안 예시1

생활 주제	주제	생활 주제	주제
나와 유치원	유치원에서의 적응	가족과 이웃	가족의 구성원과 역할
	유치원에서의 즐거운 하루		우리 집과 이웃
	유치원에서 지켜야 할 약속과 규칙		가족과 이웃
	유치원에서의 친구		가족과 이웃의 문화
계절	봄의 생활	건강한 몸과 마음	건강한 생활
	여름의 생활		안전한 생활
	가을의 생활		깨끗한 생활
	겨울의 생활		즐거운 생활
동물	애완동물	지구와 환경	우리가 사는 지구
	농장동물		지구와 우주
	동물원 동물		우리 생활과 사는 환경
	현재 살고 있지 않은 동물		환경문제와 환경보호
	그 밖에 궁금한 동물		
교통기관	교통수단	도구와 기계	편리한 도구와 기계
	교통발달		즐거운 도구와 기계
	교통안전과 규칙		도구와 기계를 움직이는 힘
우리나라와 다른나라	다양한 나라 다양한 사람들	특별한 날들	기념일
	사는 모습		국경일
	문화유산		명절 및 절기
	함께 사는 세계		행사

〈표 2-7〉 연간교육계획안 예시2

학기	월	단원(생활 주제)	주	주제	일(요일): 행사 내용
1학기	3월	즐거운 유치원	1	만나서 반가워요	3(목): 신입원아 부모 오리엔테이션 4(금): OO학년도 1학기 개원일 21(금): 생일잔치
			2	바르게 인사해요	
			3	놀이 영역	
			4	안전하게 지내요	
	4월	봄 · 동물	1	봄이 왔어요	5(화): 식목일 16(토): 가족 참여수업 22(금): 생일잔치 28(목): 연구수업(믿음반)
			2	봄의 식물	
			3	봄의 곤충	
			4	봄의 동물	
	5월	나 · 친구 · 가족	1	어린이 세상	3(화): 연구수업(소망반) 13(금): 봄소풍 27(금): 생일잔치
			2	나와 친구	
			3	우리 가족을 소개해요	
			4	서로 사랑해요	
	6월	이웃과 고장(부산)	1	내가 살고 있는 곳	6(월): 현충일 10(금): 동사무소 견학 11(토): 연구수업(사랑반) 24(금): 생일잔치 25(토): 연구수업(희망반)
			2	우리를 도와주시는 분들	
			3	우리 동네의 여러 기관	
			4	우리 고장, 부산	
	7월	여름	1	여름이 왔어요	4(월): 소방서 견학 22(금): 생일잔치 23(토): 여름캠프 25(월): 1학기 종업일
			2	재미있는 여름	
			3	건강하게 생활해요	
			4	여름방학	
	8월	여행을 떠나요 · 환경보호	1	바다로 가요	1(월): 2학기 개원일 15(월): 광복절 26(금): 생일잔치
			2	산으로 가요	
			3	깨끗한 환경	
			4	즐거웠던 여름방학	

학기	월	단원(생활 주제)	주	주제	일(요일): 행사 내용
2학기	9월	우리나라 · 세계 여러 나라	1	우리나라를 나타내는 것	2(금): 야외학습 16(금): 민속의 날 23(금): 생일잔치 30(금): 운동회
			2	우리 것, 우리 문화	
			3	다양한 나라, 다양한 사람들	
			4	어울려 살아요	
	10월	지구와 우주 · 가을	1	우리가 사는 지구	15(토): 연극관람 21(금): 생일잔치
			2	지구와 우주여행	
			3	가을이 왔어요	
			4	가을의 꽃과 벌레	
	11월	기계와 도구	1	여러 가지 탈것들	17(목): 교통나라 견학 22(토): 가족 참여수업 26(월): 겨울방학일
			2	교통규칙을 지켜요	
			3	편리해졌어요	
			4	다시 쓸 수 있어요	
	12월	겨울	1	겨울이 왔어요	20(화): 김장하기 23(목): 생일잔치 26(월): 겨울방학일
			2	겨울 준비	
			3	겨울철 놀이	
			4	겨울방학	
	1월	궁금한 것이 있어요	1	새해가 왔어요	2(월): 개원일 25(수): 생일잔치
			2	민속놀이	
			3	숫자놀이	
			4	모양놀이	
	2월	이만큼 자랐어요	1	몸과 마음이 자랐어요	20(화): 초등학교 견학 26(월): 종업일 27(화): 수료일
			2	즐거웠던 유치원	
			3	선생님 고맙습니다	
			4	유치원을 마치며	

〈표 2-8〉 연간교육계획안 예시3

<table>
<tr><th colspan="3">1학기</th><th colspan="3">2학기</th></tr>
<tr><th>생활 주제</th><th>주</th><th>주제</th><th>생활 주제</th><th>주</th><th>주제</th></tr>
<tr><td rowspan="5">3월
새로운 시작</td><td>1</td><td>우리 유치원과 교실</td><td rowspan="5">9월
우리나라
•
세계
여러 나라</td><td>1</td><td>우리나라가 자랑스러워요</td></tr>
<tr><td>2</td><td>새로운 우리 반</td><td>2</td><td>소중한 우리 문화</td></tr>
<tr><td>3</td><td>유치원 생활과 약속</td><td>3</td><td>우리 고유의 명절 ‘한가위’</td></tr>
<tr><td>4</td><td>부활을 준비해요</td><td>4</td><td>다양한 나라와 사람들</td></tr>
<tr><td>5</td><td>내가 좋아하는 것</td><td>5</td><td>세계는 하나</td></tr>
<tr><td rowspan="4">4월
나와 친구
•
봄의 소식</td><td>1</td><td>나는 소중해요</td><td rowspan="4">10월
운동과 경기
•
풍성한 가을</td><td>1</td><td>운동의 종류</td></tr>
<tr><td>2</td><td>친구를 사랑해요</td><td>2</td><td>내가 좋아하는 운동</td></tr>
<tr><td>3</td><td>봄에는 이렇게 변해요</td><td>3</td><td>여러 가지 운동경기</td></tr>
<tr><td>4</td><td>봄의 곤충과 식물</td><td>4</td><td>가을이 왔어요</td></tr>
<tr><td rowspan="5">5월
가족과 이웃</td><td>1</td><td>소중한 우리 가족</td><td rowspan="5">11월
편리한 세상
•
지구와 우주</td><td>1</td><td>기계와 도구는 편리해요</td></tr>
<tr><td>2</td><td>우리 동네의 기관</td><td>2</td><td>기계와 도구를 움직이는 힘</td></tr>
<tr><td>3</td><td>이웃의 고마운 사람들</td><td>3</td><td>우리가 살고 있는 지구</td></tr>
<tr><td rowspan="2">4</td><td rowspan="2">우리 부산</td><td>4</td><td>넓은 우주여행</td></tr>
<tr><td>5</td><td>별자리 이야기</td></tr>
<tr><td rowspan="5">6월
동물이 좋아요</td><td>1</td><td>애완동물이 궁금해요</td><td rowspan="5">12월
우리들의
겨울 준비</td><td>1</td><td>겨울에는 이렇게 변해요</td></tr>
<tr><td>2</td><td>농장 동물이 궁금해요</td><td>2</td><td>겨울 준비</td></tr>
<tr><td>3</td><td>동물원 동물이 궁금해요</td><td>3</td><td>기쁜 성탄</td></tr>
<tr><td>4</td><td>공룡 이야기</td><td rowspan="2">4</td><td rowspan="2">신나는 겨울방학</td></tr>
<tr><td>5</td><td>그 밖의 궁금한 동물</td></tr>
<tr><td rowspan="4">7월
햇볕은 쨍쨍</td><td>1</td><td>날씨가 더워져요</td><td rowspan="4">1월
겨울방학을
지내고</td><td>1</td><td>신나는 겨울방학</td></tr>
<tr><td>2</td><td>건강하게 지내요</td><td>2</td><td>신나는 겨울방학</td></tr>
<tr><td>3</td><td>바다로 떠나요</td><td>3</td><td>겨울방학을 지내고</td></tr>
<tr><td>4</td><td>신나는 캠프</td><td>4</td><td>새해가 되었어요</td></tr>
<tr><td rowspan="4">8월 방학이
즐거웠어요</td><td>1</td><td>여름 방학</td><td rowspan="4">2월
의젓해졌어요</td><td>1</td><td>즐거웠던 유치원</td></tr>
<tr><td>2</td><td>여름 방학</td><td>2</td><td>이제 우리는 초등학생</td></tr>
<tr><td>3</td><td>물놀이를 해요</td><td rowspan="2">3</td><td rowspan="2">선생님, 친구들 안녕! ~~</td></tr>
<tr><td>4</td><td>친구들을 만나요</td></tr>
</table>

〈표 2-9〉 연간 행사 및 현장학습

월	내용
3월	입학식, 부모님 오리엔테이션, 부활절 행사, 3월 생일잔치
4월	씨앗 심기, 봄동산 돌아보기, 봄소풍, 신체검사 및 구강검진, 4월 생일잔치
5월	어린이날, 가족마라톤 대회, 졸업생 모임, 어버이날, 시장놀이 MBC방송국 견학, 동사무소 견학, 소방서 견학, 5월 생일잔치
6월	공룡 박물관 견학, 동물원 견학, 아버지 참여수업, 오감 체험전(벡스코), 6월 생일잔치
7월	바닷가 견학, 학부모 면담, 여름캠프, 여름방학식, 7월과 8월 생일잔치
8월	개학식
9월	부산박물관 견학, 송편 만들기, 9월 생일잔치
10월	가족 운동회, 가을소풍, 민속의 날, 10월 생일잔치
11월	천체 박물관 견학, 어머니 참여수업, 11월 생일잔치
12월	김장, 성탄연극제(동화, 동시, 발표회), 겨울방학, 고아원 방문, 12월과 1월 생일잔치
1월	개학식
2월	초등학교 견학, 졸업여행, 수료식, 졸업식

(2) 월간교육계획

교육기관의 운영 철학에 따라 월간교육계획안을 생략하고 주간교육계획안으로 대체하거나 주간교육계획안을 월간교육계획안에 포함시켜 주간교육계획안을 생략하는 경우도 있다. 월간교육계획안은 연간교육계획안보다 더 구체적으로 작성되기에 가급적 정해진 일정대로 진행한다.

특히 최근에는 견학하고자 하는 기관들이 ARS 예약 등을 통해 예약제로 운영하는 곳이 많아 한 달 혹은 그 이전에 사전 예약을 해 놓아야 하므로 부득이한 경우를 제외하고는 미리 계획을 세우고 그 계획대로 진행해야 한다. 교육내용 면에서는 미리 계획을 세우면 보다 더 일관성 있는 교육이 이루어질 수 있다. 또한 같은 연령의 다른 반 교사들과 교육활동에 필요한 교재 · 교구 사용의 중복으로 인한 실수를 줄일 수 있다.

이러한 월간교육계획안은 매월 셋째 주에 작성 · 검토하여 월말(28~30일 정도)에 유아를 통해 각 가정으로 배부하는 것이 효과적이다. 최근에는 유치원 홈페이지에 탑재하여 부모가 언제든지 볼 수 있도록 하기도 한다. 월간교육계획안을 통해 부모가 가정에서 교육기관의 교육내용을 알 수 있고, 가정에서 지도해야 할 교육내용을 전달함으로써 유아교육기관과 가정이 연계하여 유아를 지도할 수 있는 장점이 있다. 더불어 행사 내용을 미리 알게 하여 행사 준비에 따른 협조를 하도록 하기 위한 것이다.

〈표 2-10〉 월간교육계획안 예시(만 5세)

월	주	주제	활동목표	주요 개념	소주제
6월	1주	애완 동물이 궁금해요	• 애완동물의 종류, 특성, 생활에 대하여 관심을 가진다. • 동물을 사랑하는 마음을 가진다.	• 애완동물은 사랑스러워서 집에서 키우며 아끼는 동물이다. • 종류에는 개, 고양이, 물고기, 거북이 등이 있다. • 애완동물을 잘 보살펴야 하고, 타인에게 피해를 주지 말아야 한다.	• 애완동물의 종류 • 애완동물을 돌보는 방법 • 동물병원에 가요! • 내가 키우고 싶은 동물 • 애완동물을 사랑해요
	2주	농장 동물이 궁금해요	• 농장에서 기르는 동물의 종류를 알 수 있다. • 농장 동물은 각각 생김새, 먹이, 사는 곳, 성장 과정, 인간에게 주는 도움이 다름을 안다.	• 농장 동물은 주로 농장에서 키우고 사람에게 도움을 주는 동물이다. • 종류에는 닭, 소, 말, 돼지, 오리 등이 있다. • 농장동물은 생김새, 먹이, 사는 곳, 도움을 주는 것이 다르다. • 농장 동물은 잘 길러야 한다.	• 농장 동물이 우리에게 주는 도움 • 농장 동물에게 필요한 것들 • 농장 동물의 종류와 먹이 • 농장 주인이 되어요

월	주	주제	활동목표	주요 개념	소주제
6월	3주	동물원 동물이 궁금해요	• 동물원에서 동물을 관람할 때의 주의점 을 알아본다. • 사나운 동물에 대한 안전보호 방법을 안다. • 동물원에서 기를 수 있는 동물의 종류를 안다.	• 동물원의 동물은 연구와 관람을 위해 기르는 동물이다. • 종류에는 호랑이, 코끼리, 기린 등이 있다. • 먹이, 생김새, 성장과정이 다르며, 동물을 사랑하고 보호해야 한다. • 사나운 동물에 대해 안전보호 방법을 안다.	• 동물원 동물의 종류와 먹이 • 왜 동물원에 사나요? • 동물을 지켜 줘요 • 사나운 동물을 대하는 방법 • 동물원에 가요
	4주	공룡 이야기	• 공룡에는 여러 가지 종류가 있음을 안다. • 공룡은 종류에 따라 생김새와 생활이 다름을 안다. • 공룡이 사라진 이유를 안다. • 화석으로 공룡의 모습을 안다.	• 공룡에는 여러 가지 종류(이름)가 있다. • 공룡은 종류에 따라 생김새와 생활이 다르다. • 공룡이 사라진 이유를 안다. • 공룡이 살았던 흔적을 화석을 통해 알 수 있다.	• 공룡의 종류와 생김새 • 공룡이 살았던 세상과 먹이 • 공룡은 왜 사라졌을까? • 공룡화석은 이렇게 만들어져요 • 내가 좋아하는 공룡
	5주	그 밖의 궁금한 동물	• 그 밖의 궁금한 동물에 대해 관심을 가진다. • 그 밖의 궁금한 동물의 생김새와 먹이, 사는 곳과 성장과정이 각각 다름을 안다. • 우리에게 도움을 주는 동물과 해를 주는 동물이 있음을 안다. • 우리에게 해가 되는 동물로부터 자신을 보호하는 방법을 안다.	• 개구리, 오징어, 잠자리, 지렁이 등은 생김새, 먹이, 사는 곳, 성장과정이 각각 다르다. • 우리에게 도움을 주는 동물과 해를 주는 동물이 있다. • 우리에게 해가 되는 동물로부터 자신을 보호한다.	• 지렁이가 꿈틀거려요 • 개구리의 성장과정 • 우리에게 해를 주는 동물을 조심해요 • 우리에게 도움을 주는 동물과 그렇지 않은 동물

(3) 주간교육계획

교육기관에 따라 월간교육계획안은 생략하고 주간교육계획안만을 작성하기도 한다. 주간교육계획안은 한 주 동안 수행될 교육활동과 특별한 활동들이 세부적으로 포함된 교육계획이다. 교사는 한 주의 마무리 단계인 목요일이나 금요일에 주간교육계획안을 작성하면서 다음 주간에 할 모든 활동에 대하여 구체적으로 계획한다. 왜냐하면 주간교육계획안을 토대로 일일교육계획안이 조직되기 때문이다. 또한 주간교육계획안을 통해서 요일별로 다양한 활동들이 균형 있게 분포되었는지 쉽게 파악할 수 있기 때문이기도 하다.

주간교육계획안을 작성할 때 고려해야 할 점은 다음과 같다(교육부, 2000).

① 주간교육계획안은 매주 목요일 혹은 금요일에 전체 교사 회의를 통하여 작성하도록 한다. 주간교육계획을 수립할 때에는 먼저 전(前) 주의 교육 실제에 대한 평가를 하고, 다음 주의 교육계획을 의논한다. 전 주에 계획했던 활동 중에 활동 자체를 하지 못한 것이나 하였으나 충분하지 못한 활동이 있을 때, 다음 주까지 연장할 것인지, 종료할 것인지, 다른 생활 주제에 포함시킬 것인지를 결정한다. 또한 여러 학급이 같은 활동을 동시에 하면 교재 · 교구 및 기구 등을 충분히 확보할 수 없는 경우가 있으므로, 학급 간 활동이 중복되지 않도록 사전에 협의할 필요가 있다. 교사들은 주간교육계획을 수립할 때 생활 주제에 관한 활동 선정, 집단 구성, 영역 배정, 시간 할당, 교재 · 교구 선정 및 지도 방법 등에 대하여 정보를 나누고 협의하는 가운데 교수 · 학습에 대한 이해를 증진할 수 있다.

② 주간교육계획안은 연간교육계획안에 기초하여 작성한다. 연간교육계획안에 명시된 각 생활 주제의 시작과 종료, 특정 견학이나 행사가 있는 날짜와 일치하도록 주간교육계획안을 작성해야 한다. 또한 전 학년도 주간교육계획안 실행 결과에 대한 평가를 기초로 하여 주간교육계획을 수립해야 한다. 즉, 전 학년도 주간교육계획안과 실행 사항을 비교 · 평가하여 신학년도 주간교육 프로그램에 반영할 사항들을 찾는다. 또한 주간교육에 대해 평가할 때, 평가 내용을 자세히 기록하여 보관함으로써 교사가 참고자료로 활용할 수 있도록 한다.

③ 연간 생활 주제 및 주제를 중심으로 통합적 주간교육계획안을 작성하고 실행함으로써 유아의 전인 발달을 도모한다. 각 영역의 활동들이 골고루 안배된 통합적 주간교육계획을 세워, 유아의 신체 · 사회 · 인지 · 정서 · 언어 등의 모든 면에서 원만한 전인적 발달을 이룰 수 있도록 도와준다.

④ 주간교육계획안 작성 시 유아의 특성과 능력, 유치원 및 지역사회의 요구에 따라 필요한 생활 주제를 선정하고 다양한 활동을 골고루 안배해야 한다. 즉, 생활 주제와 활동은 유아의 발달과 수준에 적합하고, 그들이 자주 경험한 것이어야 한다. 또한 특정 지역 유아의 특성과 능력, 유치원 및 지역사회의 실정을 고려하여 교사가 적합한 생활 주제와 활동을 선정할 수도 있다. 국가 수준에서 제시된 생활 주제들을 일부 삭제하거나 변형하여 사용할 수 있고, 새로운 생활 주제와 활동을 개발하여 적용할 수도 있다.

⑤ 주간교육계획안에는 요일별로 자유선택활동 시간 동안에 각 흥미 영역에서 하는 활동들과 하루 일과 중에 이루어지는 집단활동들을 구체적으로 명시해야 한다. 예를 들면, 생활 주제와 관련하여 자유선택활동 시간에 각 흥미 영역에서 이루어질 개별 및 소집단 활동들과 이에 필요한 교재 · 교구를 기술한다. 또한 자유선택활동 시간을 제외한 나머지 하루 일과에서 포함될 이야기 나누기의 주제, 동화, 동극, 게임, 음악, 동작, 수 · 과학, 요리 등 다양한 활동들을 선정하고, 이에 적절한 환경 구성을 할 수 있도록 자세히 기록해야 한다. 생활 주제가 바뀌지 않고 몇 주간 계속되는 경우 생활 주제에 따른 기본 환경 구성은 그대로 두고 필요한 부분의 교재 · 교구만 교체하여 준다.

⑥ 주간교육계획안에는 교육활동뿐만 아니라, 교사나 보조교사(교직원, 부모 자원자)의 이름과 임무를 구체적으로 적어 놓도록 한다. 예를 들면, 조형 영역에서 '친구 얼굴 콜라주 만들기 활동'을 한다면, 누가 지도하고 뒷정리를 도와줄 것인지 정하고, 미리 부탁을 해 놓는다. 또한 요리와 같이 보다 많은 교사의 도움을 필요로 하는 활동은 사전에 보다 세심하게 계획해야 한다. 만일, 팬케이크를 만들어 간식으로 먹는 활동을 한다면, '누가 활동에 필요한 재료와 기구들을 준비하고, 사용하기에 적합한 상태에 있는지 점검할 것인가?', '누가 요리 영역에서 보조역할을 할 것인가?' 등을 의논하여 교사 간의 역할 분담을 하도록 한다.

〈표 2-11〉 주간교육계획안 예시(만 5세)

생활 주제		우리나라			기간	2021.9.13.~9.17
주제		우리나라의 문화유산				
목표		• 우리나라의 빛나는 문화유산에 대해 알고, 자랑스러운 마음을 가진다. • 우리나라 문화재를 소중하게 여긴다.				
활동 \ 날짜/요일		13(월)	14(화)	15(수)	16(목)	17(금)
소주제		우리나라를 빛내는 사람들	세계 속의 우리나라	문화재의 의미	문화재의 종류	문화재 보호
자유 선택 활동	쌓기놀이 영역	여러 가지 블록으로 우리나라의 탑 구성하기				
	역할놀이 영역	투표로 대통령을 뽑아요! / 문화재 지킴이				
	언어 영역	위인 이름 삼행시 짓기 / 자랑스러운 한국인 찾기(NIE)				
	수 · 조작 영역	내가 좋아하는 자랑스러운 한국인은? / 우리나라 문화재 기억 게임 / 문화재 퍼즐				
	컴퓨터 영역	어린이 문화재청 사이트 둘러보기(http://kids.cha.go.kr)				
	과학 영역	물방울로 찾아가는 문화재 / 우리나라 화폐 관찰하기				
	미술 영역	화폐 속의 인물 그리기 / 폐품으로 숭례문 만들기 / 신사임당의〈초충도〉감상하기				
	음률 영역	〈애국가〉반주에 맞춰서 지휘하기 / 〈나는 꽃이 좋아요〉 돌림노래				
대 · 소 집단 활동	이야기 나누기	우리나라를 빛내고 있는 사람들이 있어요	문화재란 무엇일까요?	문화재에는 여러 가지 종류가 있어요	우리나라 문화재를 보호해요	한국의 유네스코 유산
	동시, 동화, 동극		세상에서 가장 귀한 그림(동화)	우리 문화재(동시)		문화재를 지켜요!(동화)
	음악	행복넝쿨♪				
	신체, 게임		땅따먹기(게임)		만 5세를 위한 우리 체조(신체)	
	요리, 미술	자랑스러운 대한의 아들, 딸(콜라주)				우리나라 홍보 포스터
바깥놀이 활동		비석치기 / 제기차기 / 강강술래				
인성교육		• 바르고 고운 말 사용하기(기본생활습관) • 쓰레기는 쓰레기통에 버리기(생활예절교육)				
안전 생활		• 자동차가 멈추면 길 건너기(교통안전) • 어른과 함께 약 구입하기(약물오남용)				

※본 교육활동은 유아들의 흥미나 상황에 따라 융통성 있게 진행될 수 있습니다.

(4) 일일교육계획

일일교육계획은 주간교육계획을 기초로 작성되는데, 유아가 등원해서 귀가할 때까지 일어나는 모든 활동을 구체적으로 명시한 것이다(〈표 2-12〉 참조). 이는 도달하고자 하는 목표를 구체적으로 성취하는 데 가장 기초가 되는 교육계획이므로 일일교육계획에는 하루 일과의 구체적인 활동 내용이 제시되어 있다. 따라서 효과적인 교육 프로그램 운영에 가장 큰 영향을 끼치는 요소 중의 하나다. 여기에는 생활 주제는 물론 소주제와 교육목표, 활동명, 평가가 제시된다. 또한 각 활동과 관련된 준비물, 활동 전개 방법, 유의점, 활동 시간대, 소요 시간 등이 구체적으로 제시되어 담임교사는 물론 부담임교사에게도 유용한 자료가 된다. 일일교육계획은 유아의 흥미와 요구 그리고 상황을 고려하여 융통성 있게 계획하여야 한다.

일일교육계획에는 등원, 실내 · 외 자유선택활동(실내: 언어, 수 · 과학, 음률, 역할, 조형, 쌓기, 목공, 도서, 컴퓨터 등/ 실외: 대 · 소근육 활동을 위한 복합놀이기구, 텃밭, 물놀이, 모래놀이, 동물 기르기, 식물 기르기 등), 이야기 나누기, 간식, 대 · 소집단 활동(동화, 동시, 동극, 음률, 게임, 실험, 관찰, 요리 등), 점심, 바깥놀이, 휴식 및 낮잠, 평가 및 귀가 등으로 구성된다. 대체로 자유선택활동 시간은 1시간 정도, 대 · 소집단 활동은 15~30분 정도로 계획한다. 휴식이나 낮잠 시간은 만 3세 유아의 하루 일과에 주로 포함된다. 유아의 요구나 상황에 따라 짧게는 30분에서 길게는 2시간 정도까지 계획하기도 한다.

교육부(2000)는 일일교육계획안의 작성과 운영의 기본 원리를 다음과 같이 제시하였다.

① 일일교육계획안은 다음 날 활동 운영에 영향을 주는 요인들을 고려하여 상황에 적합한 계획이 되어야 한다. 영향을 주는 요인에는 프로그램의 유형, 인적 · 물적 환경 등이 있다. 같은 활동이라 할지라도 수업 시간, 인적 환경 요인, 물적 환경 요인, 시기에 따라 적합한 활동의 형태로 재구성해야 한다. 즉, 이와 같은 요인들을 고려하여 활동 집단의 크기, 활동 소요 시간, 모여 앉는 형태나 장소, 교재 · 교구의 종류, 양, 크기 등을 어떻게 할 것인가를 결정한 뒤 일일교육계획안을 수립하고, 필요한 교재 · 교구를 준비해야 한다.

② 하루 일과에는 일관성이 있어야 한다. 이는 일과에 일종의 패턴이 있음을 의미한다. 예를 들어, 등원하면 자유선택활동을 하고, 정리정돈을 하며, 일정한 장소에 함께 모여 앉아 동화를 듣거나 이야기를 나눈 뒤 간식을 먹는다. 다시 함께 모여서 노래를 부르거나 게임을 한 뒤 점심식사와 바깥놀이, 그리고 동화를 듣거나 다른 활동을 하고 귀가하는 등의 활동이 유사하게 반복되는 것이다. 일과의 패턴은 유아로 하여금 무엇을 언제, 어디서, 어떻게 해야 하는가를 알게 하므로, 유아가 안정감을 가지고 자신의 활동과 요구를 조절하며, 능동적으로 활동할 수 있게 해 준다. 따라서 하루 일과 순서도를 교실 입구에 걸어 놓아 유아가 등원하면서 그날의 활동을 볼 수 있게 해 준다.

③ 유아의 신체적 욕구나 리듬을 반영하여 주어야 한다. 일과 계획을 할 때에는 간식, 배변, 휴식 등 유아의 신체적 욕구를 해결하는 시간을 적절하게 배치해야 한다. 놀이에 열중하게 되면 유아는 자신의 신체적 욕구를 적절히 조절하는 것을 잊어버리기 쉽다. 화장실에 가는 것을 잊어버려 실수를 하거나, 신체적으로 지쳐 피곤이 쌓이거나, 배가 고파 짜증을 내기 쉽다. 따라서 이러한 유아의 신체적 욕구를 고려하여 일일교육계획안을 세워야 한다. 특히 어린 유아의 경우 수면 시간까지 고려하여야 한다.

④ 유아의 흥미와 요구를 반영한다. 교사는 자신이 세운 계획에 유아가 따라 가도록 하기보다는 유아의 흥미와 요구를 반영할 수 있는 기회를 주어 유아의 능동적 참여를 도출해 낼 수 있어야 한다. 자유선택활동 시간에 각 흥미 영역의 교재·교구는 유아의 흥미와 요구를 적극 반영하도록 하고, 또한 유아 스스로 자신의 활동을 선택할 수 있는 기회를 주어야 한다. 또한 집단활동을 선정할 때에도 유아가 개별적으로나 집단적으로 의사를 표명할 수 있는 기회를 주도록 한다. 교사는 유아의 경험을 풍부하게 하는 활동을 제공하되, 유아 스스로 자신의 활동을 선택할 수 있는 기회를 주어야 한다.

⑤ 활동 간 균형을 맞추어 배치한다. 일과 내에 동적 활동과 정적 활동, 실내 활동과 실외 활동, 개별 활동과 대 · 소집단 활동, 교사 선택 활동과 유아 선택 활동을 골고루 배치한다. 만일 이야기 나누기 활동을 하고 난 뒤, 그 자리에서 음악 감상 활동을 한다거나 게임을 한 뒤 신체 표현 활동을 한다면, 유아들의 주의를 집중시키기 어려울 것이다. 유아가 정신적으로나 신체적으로 긴장과 휴식을 취할 수 있도록 서로 대비되는 활동들을 번갈아 제공하는 것이 바람직하다. 예를 들어, 대집단으로 조용하게 동화를 듣는 시간 다음에는 신체적으로 활발한 움직임을 요하는 실외 활동이나 음률활동을 할 수 있다.

⑥ 여러 유형의 상호작용이 일어날 수 있도록 계획한다. 즉, 교사와 개별 유아의 상호작용, 교사와 대 · 소집단 유아의 상호작용, 유아와 유아 간의 상호작용, 유아와 교구의 상호작용 등의 기회가 골고루 제시될 수 있어야 한다. 다양한 유형의 상호작용을 경험하게 함으로써 유아의 사고와 언어 발달을 촉진하여 줄 수 있다.

⑦ 융통성 있게 운영되어야 한다. 일일교육계획안은 주간교육계획안에 기초하여 작성되나, 유아의 흥미나 요구, 우발적인 사건 등을 간과해서는 안 된다. 교사는 순발력 있게 그러한 요소들을 반영하여 계획을 수정할 수 있어야 한다. 예를 들어, 오랜만에 눈이 내린다면 일과 계획대로 실내에서 게임을 하기보다는 실외 활동으로 바꾸는 것이 바람직하다. 유아가 활동에 전혀 흥미를 보이지 않는다면 다른 활동으로 대체하고, 대단한 흥미를 보인다면 계획한 후속 활동은 다음 날로 미루고 시간을 연장할 수 있다. 단, 아무리 재미있는 활동이라도 너무 오래 하면 유아가 흥미를 잃게 되므로 적당한 시간에 마치도록 시간을 조절한다. 이와 같이 일일교육계획은 유아의 흥미 요구 등에 의하여 교사가 주간교육계획에 설정하지 않았던 활동이나 내용을 첨가할 수 있다.

⑧ 활동의 계획과 실행에 대한 평가를 한다. 효과적인 일일교육계획안은 실행 및 평가를 통하여 완성된다. 교사는 활동의 목표가 어느 정도 성취되었는지, 계획대로 실행되었는지, 차질이 있었다면 무엇 때문인지, 문제점은 무엇인지, 어떤 점이 수정 · 보완되어야 하는지 등에 대하여 반성하고, 반드시 이를 기록으로 남겨 후속 활동 계획에 평가 결과를 반영시키도록 한다. 일과 및 활동에 대한 평가는 유아들과 함께 할 수 있다.

〈표 2-12〉 일일교육계획안 예시(만 5세)

<table>
<tr><td>반 이름</td><td>사슴반</td><td>시기</td><td>2021년 6월 24일(목)</td><td>수업일수</td><td>78 / 187</td></tr>
<tr><td>생활 주제</td><td>동물이 좋아요</td><td>주제</td><td>공룡 이야기</td><td>소주제</td><td>공룡은 왜
사라졌을까?</td></tr>
<tr><td>목표</td><td colspan="5">• 여러 가지종류의 공룡이 있음을 안다.
• 공룡의 종류에 따라 생김새와 생활이 다름을 안다.
• 공룡이 사라진 이유에 대해 관심을 가진다.</td></tr>
<tr><td>일일
시간표</td><td colspan="3">• 09:00~09:10 등원 및 인사나누기
• 09:10~10:00 자유선택활동
• 10:00~10:20 정리 및 간식
• 10:20~10:30 아침모임
• 10:30~11:10 이야기 나누기</td><td colspan="2">• 11:10~11:40 신체표현
• 11:40~12:10 점심 식사
• 12:10~13:10 실외 활동
• 13:10~13:45 과학 활동
• 13:45~14:00 평가 및 귀가</td></tr>
<tr><td>시간/
활동명</td><td>활동목표</td><td colspan="3">활동내용</td><td>자료 및 유의점</td></tr>
<tr><td>09:00
~09:10
등원 및
인사
나누기</td><td>• 웃어른께 바르게 인사를 한다.
• 자기 물건을 바르게 정리한다.</td><td colspan="3">• 교사와 유아가 반갑게 인사를 나누고, 교사는 유아의 상태를 확인한다.
• 신발, 가방, 옷을 바르게 정리한다.
• 정리가 끝난 유아들은 자유선택활동을 하기 전 선상 걷기를 한다.</td><td>• 옷걸이
• 신발장
• 카세트
• 음악CD</td></tr>
<tr><td>09:10
~10:00
자유선택
활동</td><td>• 공룡의 특징과 생김새에 관심을 가진다.</td><td colspan="3">〈수 · 조작 영역-공룡 머리와 꼬리 짝짓기〉
• 규칙성에 대해 이야기 나눈다.
• 단순한 규칙성을 찾아보고, 다음을 예상해 본다.
• 카드를 보고 부분과 전체를 구별할 수 있는 방법을 알아본다.</td><td>• 여러 공룡의 머리 부분 카드와 꼬리 부분 카드</td></tr>
</table>

시간/ 활동명	활동목표	활동내용	자료 및 유의점
	• 공룡의 생김새와 뼈에 관심을 가진다. • OHP를 이용한 조형 활동을 경험한다.	〈조형 영역–OHP에 공룡 몸 그리기〉 • 도화지에 비치는 공룡의 모습에 대해 이야기 나누다. • 공룡의 모습을 따라 그린다. • 자기가 그린 것을 원본과 비교해 보면서 자세하게 그려본다.	• OHP 기기 • 공룡의 몸과 뼈 그림을 복사한 OHP 필름 • 종이, 싸인펜 • 매직 – 다양한 재료를 가지고 그림을 그려 보게 한다.
	• 눈에 보이지 않는 것을 손이나 여러 도구를 이용해서 찾아본다. • 모래놀이를 하면서 즐거움을 느낀다.	〈물 · 모래놀이 영역–모래에서 공룡 찾기〉 • 손으로 모래를 파헤치며 공룡 모형을 찾는다. • 여러 가지 다양한 도구를 이용하여 공룡 모형을 찾는다. • 공룡 모형을 보고 모래를 이용하여 공룡을 만들 수 있다.	• 여러 종류의 공룡모형 • 삽 • 그릇 • 대야 • 숟가락, 컵 등 – 유아가 모래로 장난을 치지 않도록 한다.
10:00 ~10:20 정리 및 간식	• 스스로 정리정돈을 할 수 있다. • 자기 스스로 손을 깨끗이 씻는다. • 간식을 먹고, 주변을 깨끗이 정리할 수 있다.	〈정리 및 간식〉 • 사용하던 교구를 정리한다. • 질서 지켜 화장실을 사용한다. • 화장실 사용 후 손을 씻고, 신발을 정리한 후 교실로 들어온다. • 손을 깨끗이 씻은 뒤 간식을 가지고 제자리에 앉아서 먹는다. • 간식을 먹고 난 뒤 주변 자리를 깨끗이 정리하고, 대집단 자리로 모여 앉는다.	• 정리 음악 • 휴지, 비누 • 수건 • 간식 • 간식 접시 • 포크
10:20 ~10:30 아침모임	• 하루 활동의 순서를 이해한다.	〈아침모임〉 • 교사의 피아노 반주에 맞추어 노래를 부른다. –〈안녕〉노래(율동과 함께), 튼튼이 체조 • 오늘의 날짜와 날씨를 알아본다. • 오늘의 활동과 도우미 친구를 알아본다.	• 피아노, 악보 • 카세트 • 활동 순서판 • 날짜와 날씨 그림판
10:30 ~11:10 이야기 나누기	• 공룡들이 사라진 이유를 안다.	〈이야기나누기–공룡은 왜 사라졌을까?〉 • 동물원 사진을 보며 공룡이 없는 것에 대해 호기심을 유발한다. • 공룡의 멸종 원인을 조사해 온 유아가 친구들 앞에서 발표하고 질문을 받는다.	

시간/ 활동명	활동목표	활동내용	자료 및 유의점
	• 이야기 듣고 궁금한 것에 대하여 묻는다.	• 공룡 동영상을 보며 공룡이 멸종된 여러 가설에 대해 이야기 나눈다(먹이 부족설, 기온하락설, 우주행성충돌설, 지각변동설 등) – 만약 공룡이 살아 있었다면 우리가 사는 세상은 어떻게 달라졌을까? – 만약 공룡이 살아 있다면 공룡을 어떻게 이용할 수 있을까? • 이야기 나눈 것을 회상하고, 자료는 게시판에 붙여놓는다.	• 실물 화상기 • 사진 • 공룡 동영상
11:10 ~11:40 신체표현	• 다양한 방법으로 신체를 움직여 공룡의 모습을 나타낸다. • 음악의 느낌과 리듬의 강약에 따라 신체를 움직여 본다.	〈신체표현–공룡이 되어보자〉 • 〈내가 좋아하는 공룡〉노래를 부른다. • 여러 공룡의 그림을 보여 주면서 활동방법에 대해 이야기 나눈다. • 음악을 들으며 교사의 이야기에 따라 자유롭게 신체를 움직인다. • 활동 모습을 담은 비디오테이프를 보며 평가한다.	• 피아노, 악보 • 그림 카드 • 음악: 〈쥐라기 공원〉OST • 그물, 신문지 • 랜턴, 캠코더
11:40 ~12:10 점심 식사	• 질서를 지킨다. • 손을 깨끗이 씻는다. • 음식을 골고루 먹는다. • 자기 주변을 정리정돈한다.	〈점심 식사〉 • 차례로 줄을 서서 손을 씻고 책상 위에 식사 준비를 한다. • 바르게 앉아서 음식을 골고루 먹는다. • 식사 후 자기 주변을 깨끗하게 정리하고 양치질을 한다.	• 식판, 수저 • 물 • 치약, 칫솔
12:10 ~13:10 실외 활동	• 몸을 다양하게 움직인다. • 차례를 지켜서 놀이기구를 이용한다.	〈실외 활동〉 • 놀이터에서 몸을 다양하게 움직이고 여러 가지 놀이기구를 탄다. • 친구들과 모래놀이를 한다. • 놀이가 끝나면 놀이기구 정리를 바르게 한다. • 신발과 옷에 묻은 모래를 털 후 손을 깨끗이 씻고 교실로 들어온다.	• 수건 • 비누 • 휴지통
13:10 ~13:45 과학 활동	• 화산 폭발은 공룡이 사라진 원인들 중 하나임을 안다.	〈과학활동–화산폭발〉 • '박사 할아버지' 손 인형을 가지고 활동에 대해 이야기를 나눈다. • 실험을 한다.	

시간/ 활동명	활동목표	활동내용	자료 및 유의점
	• 우리가 살고 있는 지구와 자연현상의 변화에 관심을 가진다. • 화산이 폭발할 때 빨간 마그마가 넘쳐 흘러내림을 이해한다.	– 화분받침 위에 유리병을 놓고 찰흙으로 산 모양을 만든 다음 그 안에 소다를 넣는다. – 물과 붉은 물감을 넣는다. – 식초를 병 속에 넣고 젓는다. – 붉은 색깔의 액체가 용암처럼 거품이 생기면서 흘러내린다. • 화산으로 사라진 공룡을 오늘날 우리가 어떻게 알게 되었는지에 대해 호기심을 유발하는 질문을 한다. (참고:http://www.dino.x–y.net)	• 손 인형 • 실험준비물 – 안전지도를 하고 약속을 정한다. – 소집단 활동과 대집단 활동을 겸한다.
13:45 ~14:00 평가 및 귀가	• 오늘 하루 활동에 대한 평가를 한다. • 바르게 인사한다. • 안전하게 귀가한다.	〈평가 및 귀가〉 〈평가〉 • 오늘 하루의 활동을 회상해 본다. • 내일 활동을 소개한다. • 귀가 시 지켜야 할 약속과 안전에 대해 이야기 나눈다. (안전지도–줄 서 있을 때 앞 친구 밀지 않기) (교통안전지도–버스 창밖으로 손이나 얼굴 내밀지 않기) • 교사는 유아들과 인사를 나누며 얼굴이나 머리, 옷이 바르게 되어 있는지 살핀다. • 안전하게 귀가한다.	• 유아 소지품
평가	• 여러 가지 종류의 공룡이 있음을 알았는가? – 자유선택활동 시간에 수 · 조작 영역의 공룡머리와 꼬리 짝짓기 카드, 물 · 모래놀이 영역에서 공룡을 찾아보는 활동과 신체 표현 활동 시 제시되는 공룡 그림 카드를 통해서 유아가 여러 종류의 공룡이 있음을 알게 되었다. • 공룡의 종류에 따라 생김새와 생활이 다름을 알았는가? – 수 · 조작 영역의 공룡 부분카드 짝짓기와 조형 영역의 OHP에 공룡 몸 그리기, 모래에서 공룡을 찾는 활동 및 신체 표현활동에서 공룡의 생활모습을 표현하는 등의 여러 활동을 통해서 유아가 공룡의 종류에 따라 생김새와 생활이 다름을 알게 되었다. • 공룡이 사라진 이유에 대해 관심을 가졌는가? – 모래에서 공룡을 찾으면서 미리 이에 대한 암시를 주었고, 이야기 나누기에서는 공룡이 멸종된 원인에 대한 다양한 가설을 흥미 있게 알아보았으며, 신체 표현 활동에서는 유아가 직접 공룡이 되어 경험해 보았다. 또한 과학 활동에서는 멸종 원인 중 하나인 화산폭발 실험을 통하여 공룡이 사라진 이유를 알게 되었다. 그리고 화석에 대한 관심으로 확장했다		

(5) 부분수업계획

부분수업계획안은 일일교육계획안의 여러 활동을 하나의 활동씩 따로 분리하여 교육계획안을 작성하는 것이다. 부분수업계획안은 유아교육기관에서 대체로 생략된다. 일일교육계획안에서 하루 일과 중에 다루게 되는 내용을 충분히 드러내 주고 있기 때문이다. 그러나 유아교육기관에 실습교사가 오면 부분수업계획안을 작성하게 하기도 하고, 연구 수업이나 지구 장학 수업 등의 공개 수업에서는 부분수업계획안까지 작성하기도 한다.

〈표 2-13〉 부분수업계획안 예시(만 5세)

<table>
<tr><th>생활 주제</th><th>동물이 좋아요</th><th colspan="2">주제</th><th colspan="3">공룡이야기</th></tr>
<tr><td>활동명</td><td>공룡이 되어 보아요</td><td colspan="2">집단형태</td><td>대집단</td><td>연령</td><td>만 5세</td></tr>
<tr><td>소요시간</td><td>40분</td><td colspan="2">활동형태</td><td colspan="3">신체 표현</td></tr>
<tr><td>활동목표</td><td colspan="6">• 다양한 방법으로 신체를 움직여 공룡의 모습을 표현할 수 있다.
• 음악의 느낌과 리듬의 강약에 따라 신체를 움직여 본다.</td></tr>
<tr><td>단계 및 절차</td><td colspan="4">활동내용</td><td colspan="2">자료 및 유의점</td></tr>
<tr><td>사전활동</td><td colspan="4">〈역할놀이 영역 – 쥐라기 시대〉
• 쥐라기 시대 공룡의 생활모습을 친구들과 역할을 나누어 표현해 본다.</td><td colspan="2">쥐라기 시대 공룡들의 생김새나 특징을 창의적으로 표현할 수 있다.</td></tr>
<tr><td rowspan="2">도입</td><td colspan="2">교사발문</td><td colspan="2">유아 예상 반응</td><td colspan="2" rowspan="2">• 피아노
• 악보
• 동기 유발을 위해 유아들이 직접 율동을 만들고 노래를 한다.</td></tr>
<tr><td colspan="2">(〈내가 좋아하는 공룡〉 노래를 부르며 율동을 한다.)
• 우리 친구들, 월요일에 배웠던 새 노래
〈내가 좋아하는 공룡〉노래를 다함께 불러보아요.

〈노래가사〉
내가 좋아하는 공료은
티라노사우르스 티라노사우르스
내가 좋아하는 공룡은
티라노사우르스 티라노사우르스
힘세고 사나운 무서운 공룡
땅에 사는 공룡 땅에 사는 공룡 티라노사우르스</td><td colspan="2">– 네.</td></tr>
</table>

<table>
<tr><th rowspan="2">단계 및
절차</th><th colspan="2">활동내용</th><th rowspan="2">자료 및
유의점</th></tr>
<tr><th>교사발문</th><th>유아 예상 반응</th></tr>
<tr><td rowspan="2">전개</td><td>(여러 공룡의 그림 카드를 보여 주며 활동방법에 대해 이야기 나눈다.)
• 우리 친구들, 티라노사우르스의 발소리는 어땠을까요?
• 왜 큰 목소리일 것 같니? 왜 천둥소리일 것 같니?</td><td>– 큰 북소리일 것 같아요.
– 천둥소리일 것 같아요.
– 몸이 크니까요.
– 천둥치는 소리가 날 때 공룡이 생각나요.</td><td>• 여러 공룡 그림 카드</td></tr>
<tr><td>• 그러면 브라키오사우르스 공룡이 커다란 나무에서 나뭇잎을 따 먹는 모습은 어땠을 것 같니?
• 아~그래. 정말 그럴 수도 있을 것 같아요.

• 공룡들이 재미있게 지내던 어느 날 이번에는 우리 귀여운 친구 아기 공룡 둘리의 걸음은 어땠을 것 같니?

• 공룡들이 재미있게 지내던 어느 날, 하늘에서 얼음이 떨어지고 날씨가 몹시 추워졌어요. 그럴 때 공룡들은 어떻게 움직였을까요?

• 이제부터는 우리 친구들이 공룡이 살던 시대로 돌아가서 내가 공룡이 되었다고 생각하고 몸을 공룡처럼 움직여 볼 거예요.
우리친구들, 신나고 재미있게 잘할 수 있겠니?

• 화산 역할을 맡은 친구들은 어떤 준비물이 필요하니?

• 얼음 역할을 맡은 친구들은 어떤 준비물이 필요하니?

(모두 모여서 교사의 이야기와 음악을 듣고 그에 대한 느낌을 자유롭게 신체로 표현한다.)
• 따사로운 햇살이 비치는 오후……공룡마을에서 여러 공룡들이 놀고 있었어요.
• 알에서 방금 깨어난 아기 공룡들은 총총총 가볍게 뛰어다녔어요.</td><td>– 목이 길어서 나무보다 키가 클 것 같아요. 그래서 고개를 숙여서 나뭇잎을 먹을 것 같아요.

– 아기니까 많이 못 걸을 것 같아요.
– 키가 작아서 아장아장 걸을 것 같아요.

– 굉장히 빨리 뛰어갔을 것 같아요.
– 날카로운 이빨을 보일 것 같아요.

– 네.

– 빨간 그물하고요, 빨간색 종잇조각이요.

– 저는 신문지만 있으면 돼요.</td><td>• 공룡모자
• 빨강 그물
• 빨간색 색종이
• 신문지
• 빨간색 한지
• 랜턴
• 가위
• 풀</td></tr>
</table>

단계 및 절차	활동내용		자료 및 유의점
	교사발문	유아 예상 반응	
	• 스테고사우르스는 긴 꼬리를 천천히 흔들며 걸어다녔어요. • 티라노사우르스는 앞발을 들고 쿵쿵거리며 소리를 질렀어요. • 브라키오사우르스는 목을 쭉 빼고 높은 나뭇가지의 잎을 따 먹었어요. • 그때 갑자기 '펑'하는 소리가 나더니 화산이 폭발하였어요. • 공룡들은 재빨리 달아났어요(빨간 그물 통과하기) • 조금 후에는 날씨가 너무 추워져서 하늘에서 얼음이 떨어졌어요(신문지 뭉친 것 던지기).공룡들은 너무너무 추워서 몸을 떨었어요. • 또 어느 날은 해가 너무 뜨겁게 비추어서(랜턴 비추기)공룡들이 하나둘씩 쓰러져 버렸어요. 그렇게 공룡들은 땅에 묻혀 버렸어요. (이번에는 음악만 듣고 신체 표현을 해본다.) • 이번에는 선생님이 들려주는 음악에 맞추어 우리 친구들이 움직여 볼 거예요. 잘할 수 있겠니?	– 네. 한 번 해볼래요.	• 음악 –영화〈쥬라기공원〉 OST중에서 • 보조교사의 도움을 받아 비디오 촬영을 한다. • 유아들이 자유롭게 신체를 움직일 수 있도록 공간을 마련하고 위험한 물건이 있는지 확인한다. • 음악의 느낌과 리듬의 강약에 맞추어 신체를 움직여 본다.
마무리	(〈아기공룡 둘리〉를 부르며 대집단 자리로 모여 앉는다.) (활동 모습을 담은 비디오테이프를 보고 평가해 본다.) • 공룡이 되어 보는 활동이 재미있었나요? • 선생님께서 너희들이 공룡으로 변한 모습을 비디오로 한번 찍어 보았어요. • 그래. 그럼 한번 보도록 하자. (비디오를 다 본 후) • 우리 선희는 어떤 공룡을 흉내낸거니? • 너희들이 공룡이 되어 움직인 모습을 보니 기분이 어떠니?	– 네. 또 하고 싶어요 – 비디오 빨리 봐요. 선생님~~ – 전 티라노사우루스 흉내냈어요. – 재미있어요. – 웃겨요.	

4) 누리과정에서의 교육 계획 수립

유치원과 어린이집은 국가 수준의 교육과정인 개정 누리과정을 바탕으로 각 기관의 실정에 따라 적합한 계획을 수립하여 운영하여야 한다. 계획안에는 교사가 기관과 학급(반) 수준에서 유아의 놀이를 지원하기 위해 필요한 사항을 미리 생각하여 준비하는 모든 과정이 포함될 수 있다. 개정 누리과정은 계획안 수립에 있어서 기관과 교사의 자율성을 강조하였다. 계획안을 작성할 때에는 교육과 보육 모두를 포괄하여 유아의 경험이 교육적 가치를 가지도록 놀이를 중심으로 기록하고 교사의 지원 방안을 기술할 필요가 있다.

(1) 자율적인 계획 수립

유치원과 어린이집은 각 기관의 교육철학, 가정과 지역사회의 특성, 유아의 요구 등을 반영하여 자율적으로 계획을 수립할 수 있다. 교사는 기존에 활용하였던 연간, 월간, 주간, 일일 계획안을 기관 및 학급(반)의 특성에 적합하게 변경하여 사용할 수 있다. 즉 계획안의 종류, 형식, 분량 등을 자율적으로 조정하여 작성할 수 있다. 예를 들어, 기관 수준에서 매년 작성하는 연간 계획 이외에 월간과 주간, 주간과 일일 계획을 통합하거나 기관과 담당 학급(반) 특성에 따라 간단한 일지 등을 활용하여 계획안을 작성할 수 있다. 또한 기관에서 배부하는 계획안은 유아가 활동할 내용을 미리 계획하여 안내하는 방식에서 유아가 실제 놀이한 내용과 배움에 대한 기록을 공유하는 방식으로 변화할 수도 있다.

(2) 유아의 놀이를 지원하는 계획안 작성

유아가 주도하는 놀이는 미리 계획하여 운영하기 어렵기 때문에 교사는 유아가 놀이하며 경험한 내용을 중심으로 계획안을 기술할 수 있다. 기존에 계획안을 자유선택활동, 대 · 소집단활동, 바깥 놀이 등을 포함하는 정해진 형식에 맞추어 기술해 왔다면 개정 누리과정에서의 계획안은 유아가 실제 놀이한 내용 및 놀이를 지원하는 내용을 포함하되 자율적인 형식으로 바꾸어 볼 수 있다. 이것은 유아가 실제 경험한 놀이 내용과 그에 따른 교사의 놀이 지원 계획을 기술하는 형식으로,

기존의 방식에 비해 사전 계획을 최소화하여 계획을 수립한다는 특징이 있다. 교사는 필요에 따라 안전과 관련된 사항, 유아 특성에 따라 개별적으로 지원해야 하는 사항 등을 계획할 수 있다.

계획안을 자율적으로 작성하고, 사전 계획을 최소화함으로써 교사는 유아가 주도하는 놀이를 적극적으로 지원할 수 있다. 단, 교사는 자율적인 계획 수립의 의미를 계획안을 작성하지 않아도 된다거나 단순히 업무를 줄이는 방식으로 이해하지 않도록 유의해야 한다.

(3) 융통성 있는 하루 일과 운영

유치원과 어린이집의 하루 일과는 유아가 주도하는 놀이를 중심으로 편성 · 운영하도록 한다. 유아는 하루 일과에서 놀이, 일상생활, 활동 등을 하면서 다양한 경험을 한다. 놀이는 바깥 놀이를 포함하여 하루 일과 중 가장 길게, 우선적으로 편성 · 운영하여 유아가 충분히 놀이할 수 있도록 한다. 일상생활에 포함되는 등원, 손 씻기, 화장실 다녀오기, 간식, 점심, 낮잠, 휴식 등은 유아의 신체적 리듬을 반영하여 편성 · 운영함으로써 유아들이 즐겁게 하루를 보낼 수 있도록 한다. 활동은 유아가 놀이를 통한 배움을 확장해 갈 수 있도록 돕는 교사의 지원이다. 교사는 유아가 주도하는 놀이를 지원하기 위해 필요에 따라 활동을 계획하여 운영할 수 있다. 교사는 미리 계획한 활동을 모두 해야 한다거나 정해진 순서대로 일과를 운영해야 한다는 부담을 내려놓고 유아가 주도하는 놀이의 흐름에 따라 융통성 있게 일과를 운영하도록 한다.

(4) 2시간 이상의 충분한 놀이시간 운영

놀이시간은 짧게 여러 번 제공하기보다 긴 시간으로 편성하여 놀이의 흐름이 끊기지 않고 유아가 충분히 놀이하고 몰입할 수 있도록 한다. 교사는 바깥 놀이를 포함하여 놀이시간을 2시간 이상 확보하되, 날씨와 계절, 기관의 상황, 유아의 관심사와 놀이 특성 등을 고려하여 융통성 있게 편성 · 운영한다. 예를 들어, 하루 일과에서 바깥 놀이는 미세먼지, 날씨 등을 고려하여 실내놀이로 편성 운영할 수 있고, 다른 날은 바깥 놀이를 길게 편성할 수도 있다.

제3장 교수·학습 유형과 교수 행동

성실한 정원사

옛날, 장원의 한 영주가 산책길에 자신이 고용하고 있는 젊은 정원사가 땀을 흘리면서 부지런히 정원 일을 하는 것을 보았다.

너무도 열심히 하는지라 걸음을 멈추고 살펴보니, 정원 손질뿐만 아니라 자기가 관리하는 나무 화분마다 꽃을 조각하고 있었다. 영주는 그 정원사가 기특하여 물어보았다.

"자네가 화분에다 꽃을 조각한다고 해서 품삯을 더 받을 것도 아닌데, 어째서 거기에다 그토록 정성을 기울이는가?"

이마에 밴 땀을 옷깃으로 닦으면서 정원사는 대답했다.

"나는 이 정원을 몹시 사랑합니다. 내가 맡은 일을 다 마치고 나서 시간이 남으면 더 아름답게 만들기 위해 이 나무통으로 된 화분에 꽃을 새겨 넣고 있습니다. 나는 이런 일이 한없이 즐겁습니다."

이 말을 들은 영주는 정원사가 너무 기특하고 또 손재주도 있는 것 같아 그에게 조각 공부를 시켰다. 정원사는 몇 년 동안 조각 공부를 한 끝에 크게 성공한다.

이 젊은 정원사가 바로 이탈리아 르네상스기 최대의 조각가요, 건축가이며 화가인 미켈란젤로다. 미켈란젤로는 자신이 하는 일에 열의와 기쁨을 가지고 품삯과는 상관없이 아름다움을 만들어 간 것이다. 그는 화분의 나무통에 꽃을 조각하는 과정에서 자신의 인생을 아름답게 꽃피울 수 있었던 것이다.

법정, 『맑고 향기롭게(2006)』 中에서

- 자신이 하는 일에 대해서 애착과 책임감을 가지고 전심전력을 다한다면 미켈란젤로 못지않은 훌륭한 사람이 될 수 있을 것이다.

1 교수·학습 유형

유아기의 발달적 특성으로 인해 유아교육에서의 교수 · 학습 유형은 명확하게 구분하기 어렵다. 대부분의 유아교육기관에서는 여러 가지 교수 · 학습 유형이 동시에 사용되거나 통합적으로 사용되는 경우가 많다. 이러한 교수 · 학습 유형에 대한 분류 기준은 기관이나 학자마다 다양하게 구분되고 있다.

1) 교수 · 학습 유형에 대한 분류

(1) 교육부(2000)의 분류

① 자기표현

유아가 자연적인 발달 또는 의도적인 교수 학습의 결과로 얻게 된 느낌과 생각을 다양한 활동 형태로 표현하는 것이다. 이러한 자기표현의 방식으로는 행동적 표현(역할놀이, 게임, 신체적 표현 등), 조형적 표현(그리기, 만들기, 꾸미기, 전시하기 등) 및 언어적 표현(감정을 말로 표현하기, 문제해결 방안을 말로 표현하기, 지식들을 이야기 나누기 등)이 있다.

② 토의하기

두 사람 이상이 어떠한 주제 또는 갈등 상황에 대하여 서로 의견을 나누고, 이 의견들 사이의 유사점이나 차이점을 살펴보며, 궁극적으로 상황을 해결하는 데 어떻게 해야 하는가를 논의해 보는 과정을 말한다. 토의 결과, 구성원들은 합의에 도달하거나 오히려 갈등 상황이 지속될 수 있다. 그러나 갈등 상황이 지속되더라도 다시 토의 과정을 거쳐 합의에 도달해야 한다. 토의의 질적 수준은 집단 크기, 구성원의 자질, 구성원 간 친밀도, 의사소통 형태, 교사의 지도력 등에 의하여 영향을 받는다.

③ 문제해결

학습자와 교사가 함께 문제 상황에 대하여 그 원인과 해결책을 모색해 보는 방법이다. 유아들이 부딪히는 문제 상황으로는 신체와 관련된 문제, 정서와 관련된 문제, 대인관계 문제, 물리적 문제 등이 있다. 이들을 해결하기까지의 전개과정은 문제의 정의, 문제해결과 관련된 정보 수집, 해결 방안의 선정 및 적용, 해결 방법에 대한 장단점의 평가 및 새로운 방법의 재적용 등으로 이루어진다.

④ 추론하기

가설적 딜레마와 상황에 대해 상황 속의 주인공이 어떻게 해야 할까와 왜 그렇게 해야 하는가를 이야기하도록 하는 방법이다.

예를 들면, 다음과 같은 딜레마 상황을 제시하고 유아의 의견을 물을 수 있다.

● 어느 날, 영희는 친구의 생일파티에 가고 있었다. 가는 도중에 넘어져서 다리를 다친 소녀를 보았다. 소녀는 영희에게 자기 집에까지 데려다 달라고 부탁했다. 만약 소녀의 부탁을 들어준다면, 영희는 생일파티에 늦게 되어 아이스크림과 케이크 그리고 재미있는 오락을 모두 놓치게 될 것이다. 이때 영희는 어떻게 해야 할까? 왜 그렇게 해야 하는가?

⑤ 모델링

유아는 직접 경험하지 않고도 관찰을 통해 많은 것을 학습할 수 있다. 영향력 있는 사회적 인물들, 즉 부모, 교사, 친구, TV 속의 등장인물 등의 행동을 관찰함으로써 성격, 유능감, 사회적 행동 및 세계에 대한 다양한 개념까지도 형성한다. 이와 같은 모델링이 어떤 개념이나 지식, 태도, 기술을 익히고자 하는 동기 유발 체제로 사용될 때 그 효과는 크다. 따라서 교사의 기계적인 시범이나 유아의 단순한 모방에 그치지 않도록 해야 한다.

⑥ 설 명

유아의 개념 획득을 위하여 사용하는 방법 중 하나로서, 유아로 하여금 일반적 원리를 이해하도록 한 다음, 이 원리를 구체적 사례에 적용하여 개념의 구조를 형성해 나가도록 하는 연역적 방법이다. 이와 같은 설명 방법이 유아교육에서 자주 사용되는 전략이라고 할 수는 없다. 그러나 인간의 사회생활 속에서 자연 발생적으로 형성되기를 기대할 수 없는 필수적인 사회적 지식은 유아에게 직접적으로 가르쳐야 하고, 유아 또한 배워야만 하기 때문에 설명 방법이 쓰일 수 있다. 설명 방법의 효과를 돕기 위해 교사는 유아의 주의를 끌 만한 시청각 자료, 구체적 사례, 다양한 관련 자료들을 사용할 수 있다.

(2) 이영석(2001)의 분류

① 성숙론적 관점에 의한 유아 교수·학습 방법

● 관찰학습 방법

관찰학습 방법이란 유아의 흥미, 욕구, 발달 수준 등을 객관적으로 파악하여 각 유아의 특성에 알맞은 교육을 하기 위한 방법이다. 관찰학습 방법은 유아 교수 · 학습 방법 중에서 가장 기본적인 것이라고 말할 수 있다. 유아교사는 유아의 발달적 특성을 바르게 이해하지 않고는 적절한 교육활동을 계획할 수 없다. 특히 아동중심 교육관을 갖고 있는 유아교사는 유아의 내면세계에 대해 일차적 이해가 필수적이다.

● 놀이학습 방법

놀이학습 방법은 유아가 자발적으로 놀이활동에 참여하게끔 다양한 놀이 환경을 제공하는 방법을 말한다. 놀이는 유아의 발달에 있어서 가장 중요한 요소다. 왜냐하면 놀이는 내면세계의 자발적이고 적극적인 표상활동, 즉 자발적인 필요와 충동에 의한 어린이 내면세계의 표상활동이기 때문이다. 그러므로 놀이는 즐거움, 자유, 만족, 육체적 · 정신적인 휴식, 평화를 제공해 준다.

이러한 이유로 놀이학습 방법은 보다 일반화되어 유아의 정서 발달, 특히 정신건강을 회복시키는 효과적인 방법으로 평가되고 있다. 유아기는 자아기능이 완전하게 형성되어 있지 않을 뿐만 아니라 유아 스스로 자아를 보호할 수 있는 적절한 방어기제 또는 조절기능을 갖추고 있지 못하다. 따라서 유아 자신이 인지하지 못하는 사이에 다양한 정서적 억압 상태에 놓이기 쉽다. 따라서 다양한 놀이 형태, 즉 가장놀이, 상상놀이, 역할극놀이, 상징놀이 등을 할 수 있는 기회를 제공해 주어야 한다.

● 질문학습 방법

질문학습 방법이란 유아교사가 유아에게 질문을 함으로써 유아의 사고를 명료하게 하고 나아가 유아의 사고를 확장 · 발전시키는 기능을 하는 방법을 말한다. 유아의 사고를 자극하고 나아가 더 나은 수준의 사고를 가능하게 하기 위해서는 닫힌 질문(closed question)보다 열린 질문(open question)이 바람직하다. 닫힌 질문이란 한 가지 답만을 요구하는 질문으로, "이 종이는 무슨 색인가?"와 같은 질문이다. 열린 질문은 유아에 따라 다양한 대답을 할 수 있는 질문으로, "이 종이를 가지고 무엇을 할 수 있을까?"와 같은 질문이다.

● 시청각 학습 방법

시청각 학습 방법은 실물, 모형, 그림, 사진, 연극, 시범, 견학, 게시판, 환등기 등과 같은 구체적인 시청각 교재 · 교구를 가지고 사람의 감각기관에 호소함으로써 학습의 성과를 더욱 능률적으로 거두려는 교수방법이다. 다시 말해, 시청각교육의 의의는 학습자에게 풍부하고 다양한 시청각 자료를 제공하여 구체적인 경험을 줌으로써 학습동기를 유발하고 학습의 능률화를 꾀하며 정확한 사고력을 기르기 위한 소재를 제공해 주는 데 있다.

● 탐색학습 방법

탐색학습 방법이란 유아가 주변 환경, 주변 사물이나 대상과 직접 접촉하여 그 특성이나 성질을 파악하는 교수 · 학습 방법의 형태다. 특히 자유선택활동 시간을 통해 유아가 직접 접촉할 수 있도록 다양한 교재 · 교구를 준비한다. 유아마다 준비된 교재 · 교구에 대해 보이는 반응 양식, 놀이 형태, 흥미의 정도가 다르므로 이러한 유아의 자료에 대한 탐색 결과에 따라 유아가 필요로 하는 발달적 기능이 무엇이며, 유아에게 길러 주어야 할 인지기능은 무엇인지를 유아교사는 파악할 수 있게 된다.

② 행동주의적 관점에 의한 유아 교수·학습 방법

- 설명학습 방법

설명학습 방법은 일명 전통적인 강의법으로 많이 알려져 있다. 정해진 지식을 교사의 언어적 교수법에 의해 가르치는 방법으로 많이 알려져 있으며, 주로 초·중등학교에서 많이 활용되고 있는 방법이다. 유아교사들은 유아의 발달 특성상 설명학습법이 적절하지 않은 것으로 알고 있지만, 지식 중에는 교사 또는 부모에 의해 직접 가르침을 받지 않으면 안 되는 수많은 정보나 개념이 많다. 예를 들면, 생년월일, 국경일, 사물이나 대상의 명칭, 규칙, 전통, 안전 등은 문제해결 학습에 의해 터득되는 지식이 아니다. 유치원에서 유아가 배우는 대다수의 지식은 교사의 설명에 의해 이해되지 않으면 안 되는 것들이 너무나 많다. 그만큼 설명학습 방법의 비율이 높다는 점을 말해 준다.

- 모델링 학습 방법

모델링 학습 방법이란 유아에게 가장 영향력 있는 학습 촉진자(agent)의 행동을 모방하여 학습하는 것을 뜻한다. 유아의 생활에서 가장 큰 영향을 주는 모델이 누구인가에 따라 그 학습 효과의 강도가 결정될 수 있다. 유아가 평소에 좋아하거나 존경하는 사람이 있다면, 그 사람의 행동과 언어는 유아에게 직접적인 영향을 미칠 수 있다. 유치원에서 유아의 모델링 주요 대상이 교사일 경우 유아교육의 효과는 상대적으로 크게 될 것이다. 반면, 유아가 본받아야 할 모델로서 교사의 역할이 낮다면 유아교육의 성과는 그만큼 낮아질 것이다.

- 강화학습 방법

강화학습 방법이란 행동주의 심리학자인 Skinner의 강화원리에 의해 유아의 학습활동을 조건화시키는 방법을 뜻한다. 강화에는 긍정적 강화와 부정적 강화 두 가지가 있다. 긍정적 강화는 강화물을 사용하여 유아의 바람직한 행동을 지속적으로 조건화하는 것을 말하고, 부정적 강화는 강화물을 철회하거나 혹은 유아에게 불쾌감을 유발하는 자극을 주어 바람직하지 못한 행동을 줄어들게 하는 것을 말한다.

③ 인지발달적 관점에서 유아 교수·학습 방법

● 발견학습 방법

발견학습 방법이란 교사의 지시를 최소한으로 제한하거나 교사의 지시 없이 유아가 독자적으로 교육활동의 내용을 파악하는 수업방법을 뜻한다(de Cecco, 1968). 이처럼 발견학습은 유아가 직접 대상이나 사물과의 접촉을 통해 그 대상이나 사물이 갖고 있는 특성, 속성, 기능 등을 알아내는 교수 · 학습 방법이다.

● 문제해결학습 방법

문제란 유아가 새로운 상황에 직면하였을 때 의혹, 곤란, 장애가 일어난 상태를 말한다. 문제해결학습 방법은 이러한 의혹, 곤란, 장애를 유아 스스로 해결해 나가는 과정이나 절차를 터득하는 기술이라고 말할 수 있다. 유아교육에서 문제해결 방법을 통하여 유아를 학습시키고자 할 때 교사가 주의해야 할 점은 유아에게 문제해결을 위한 일반적인 전략만을 가르쳐서는 안 된다는 점이다. 보다 중요한 것은 문제해결이 지식의 획득이나 어떤 일의 성취를 위해 없어서는 안 될 요건이라는 것을 인식시켜야 한다는 점이다. 이렇게 본다면 문제해결의 원리와 과정에 초점을 맞춘 학습과제는 교사가 아무리 잘 선택하여 제시한다 하더라도 그 과제가 탐구지향적인 지식과 관련된 것이 아니라면 별로 유효한 것이 되지 못한다고 볼 수 있다. 또한 교사는 유아에게 실생활에서 벌어지는 보다 광범위하고 실제적인 문제를 해결해 가는 능력도 길러 주어야 한다.

● 프로젝트 학습 방법

프로젝트(project)란 유아가 일상생활에서의 관심거리를 수업시간의 공통적인 주제로 선정하여 탐구하는 활동을 말한다. 이 프로젝트에 의하여 학습시키는 방법을 프로젝트 학습 방법이라고 한다. 이는 문제의 발생에서 시작되며, 그 문제 자체가 현실적이고 구체적인 문제여야 한다. 해결 방법은 참여한 학습자가 공동 작업을 계획하고 수행하는 문제해결의 과정을 중시하는 특징을 갖고 있다.

● 협동학습 방법

협동학습이란 유아 자신의 학습 효과와 또래의 학습 효과를 최대로 하기 위해서 학습 상황에서 상호작용하도록 하는 소집단 학습방법이다. 협동학습은 또래와의 상호작용에 기초한 협동적 학습활동을 적용하여 구성한 교수방법이므로 개별활동보다는 또래와의 상호작용이 원활한 유아의 발달에 효율적이다. 유치원에서의 소집단 활동과의 차이는 집단의 크기를 임의로 정하고 각 집단별로 동일한 학습 또는 각기 다른 활동을 하는 집단활동임에 비해, 협동학습은 유아가 스스로 생각하고, 그 생각을 교환하며, 서로의 관점을 나누고, 공동으로 관심을 가지고 있는 목표를 달성하게 하는 활발한 집단활동이라는 것이다.

2) 교수 · 학습 유형

교수 · 학습 유형에 대한 내용들을 토대로 유아교육현장에서 유용하게 활용될 수 있는 가장 보편적인 교수 · 학습 유형을 중심으로 그 특성을 간략하게 살펴보면 다음과 같다.

(1) 직접 교수·학습법

직접 교수 · 학습법은 교사의 주도로 이루어지는 교수법으로 유아에게 개념을 설명하거나 정보를 분명하게 전달하고자 할 때 주로 이루어진다. 유아가 자신의 환경을 이해하고 명확하게 의사소통을 하려면 개념에 대한 명확한 인식이 있어야 한다. 개념(槪念)이란 어떤 사물에 대한 대강의 뜻이나 내용 혹은 여러 관념 속에서 공통적 요소를 뽑아 종합하여 얻은 하나의 보편적인 관념을 의미한다(http://krdic.daum.net). 그러므로 개념에 대한 학습은 유아를 둘러싸고 있는 주변 환경으로부터 지각하고 받아들이게 되는 자극, 사건, 경험, 정보 등을 처리하고 분류하며 변별할 수 있는 기능을 길러 주기 위한 것이다. 따라서 개념에 대한 학습은 직접 교수 · 학습법이 활용될 수밖에 없다. 즉, 직접 교수 · 학습법은 개념 교수가 함께 포함된 넓은 의미의 교수방법이다.

직접 교수 · 학습법이 언제나 모든 상황에서 효과적인 교수방법이 될 수는 없다. 이는 선별적으로 적절히 활용되어야 한다. 직접 교수 · 학습법은 일반적으로 설명식의 중 · 대집단 교수에 주로 활용된다. 교사는 유아에게 새로운 내용을 소개하고, 그 내용이 유아에게 의미 있는 학습이 되도록 시범이나 모델을 보인다. 이를 위해서 교사는 유아의 사전 지식이나 경험의 정도를 파악하고 있어야 더욱 효과적으로 접근할 수 있다. 따라서 사전에 철저한 준비가 필요하며 유아의 주의 집중과 적극적인 참여 유도를 위해 목소리의 크기나 속도 등을 적절히 조절할 수 있어야 한다. 또한 유아의 발달에 적합한지, 연령에 따른 주의 집중 시간에 알맞은 적정량의 내용인지 등을 고려하여 계획해야 한다. 직접 교수 · 학습법은 유아의 호기심 자극과 지속적인 주의집중을 유도해야 하므로 다양한 교수 매체를 활용하여 지도할 수 있는 전문성이 요구되는 교수 · 학습 방법이다.

이와 관련된 활동으로는 중집단 혹은 대집단을 구성해 특정 주제를 중심으로 교수 · 학습 상황을 이끌어 가는 이야기 나누기가 있다. 또 과학활동 등의 다양한 활동 속에서 개념이나 정보를 설명하거나 전달해야 하는 경우에 활용된다.

(2) 개별 교수·학습법

개별 교수 · 학습법은 집단이나 교사 주도형의 획일적인 수업이 아니라 학습자 개개인의 흥미, 욕구, 발달 수준 등에 알맞은 활동이 진행되도록 배려한 것으로 일정한 교수 내용을 교사의 안내에 따라 유아가 스스로 학습하는 개별 학습자 중심의 교수 · 학습 유형을 말한다. 개별 교수 · 학습법은 유아의 능력별 교수학습이 아니라 유아 개개인의 요구를 채워 주는 개인차를 고려한 것이다. 따라서 교사는 유아의 독특성과 다양성을 고려하여 개별 유아 모두가 유익한 학습과정을 경험할 수 있도록 사전에 계획하여야 한다. 유아교육기관에서 개별화가 잘 이루어질 수 있는 대표적인 활동으로는 자유선택활동 시간이 있다. 이때 교사는 유아가 다양한 놀이 활동을 경험할 수 있도록 유아의 흥미와 관심을 파악하여 다양한 교재 · 교구를 준비해 두어야 한다. 또한 각 활동 속에서 교사는 유아를 체계적으로 관찰 · 평가하여 이를 기초로 개별화된 지도를 끌어낼 수 있어야 한다.

교사는 유아의 개인차를 고려한 교수 · 학습을 할 때 다음과 같은 측면을 반영하여야 한다.

첫째, 유아는 서로 다른 발달 수준을 가지고 있다.

둘째, 유아는 서로 다른 흥미와 요구를 가지고 있다.

셋째, 유아는 교수 · 학습의 태도와 기능에 있어서 서로 다르다.

넷째, 유아는 모든 문제를 동일한 방법으로 접근하고 해결하지 않는다.

다섯째, 유아는 특정 시점과 상황에서 동일한 학습 경험과 사전 성취 수준 그리고 준비도를 가지고 있지 않다.

(3) 탐구 교수·학습법

탐구 교수 · 학습법은 유아 자신의 능동적인 탐구 행위를 통하여 문제를 해결하고 주제를 학습하는 수업 형태를 말한다. 발견학습, 문제해결학습 등이 탐구 교수 · 학습법과 같은 의미로 사용되기도 한다. 이는 교사가 언어적으로 설명하거나 결론을 가르쳐 주는 것이 아니라, 유아가 자신의 시각으로 현상과 세계를 보는 것을 전제한다. 학습에서 어떤 지식은 그 자체를 배우는 것보다 그 지식을 배우는 방법, 즉 탐구하는 방법을 배우는 것이 더 중요하기도 하다. '왜 그럴까, 왜 그렇게 되었을까?' 하는 의문을 가지면서 학습에 대한 가치도 깨닫게 되고 앎과 사고의 방식을 스스로 터득하게 되는 것이다. 탐구 교수 · 학습법의 특징은 유아가 유연한 사고와 다양한 접근을 해 보게 하는 데 있으며, 유아 자신의 능동성이 핵심적인 관건이다. 따라서 유아 스스로 문제를 해결하고 탐구해 나가기 위해 교사의 철저한 준비가 필수적이다.

탐구 교수 · 학습법은 여러 영역에서 다양하고 통합적으로 접근될 수 있다. 이러한 탐구 교수 · 학습법의 장점은 다음과 같다.

첫째, 유아 스스로 문제를 해결하고 탐구해 나가므로 유아중심의 교육이 이루어질 수 있다.

둘째, 학습자는 지식의 구조를 이해하고 기억함으로써 효과적으로 응용할 수 있다.

셋째, 논리적이고 합리적인 사고를 촉진하여 체계적인 의사결정을 할 수 있다.

넷째, 탐구학습의 과정은 일종의 사회적 과정이므로 사회적 기능을 배울 수 있다.

한편, 탐구 교수 · 학습법의 단점은 다음과 같다.

첫째, 과정중심적 접근이므로 학습에 많은 시간이 소요된다.

둘째, 교사의 역할이 안내자, 중재자, 촉진자 등 다양하기 때문에 어려움이 따른다(김진영, 백혜리, 최윤정, 2006).

탐구 교수 · 학습법은 자연탐구 영역과 관련되는 활동에서만 이루어지는 것이 아니다. 하루 일과 중 다양한 상황에서 탐구학습이 이루어질 수 있도록 해야 한다. 따라서 교사는 유아에게 모든 것을 맡길 것이 아니라 유아의 인지과정을 관찰하고, 계획적인 질문을 하며, 적절한 시점에 개입과 중재를 할 수 있도록 민감해야 한다.

(4) 협동 교수·학습법

협동 교수 · 학습법은 공통의 목적을 성취하기 위해 유아들이 소집단으로 함께 학습하는 것을 말한다. 즉, 협동 교수 · 학습법은 근본적으로 구성원 간의 상호 의존을 바탕으로 하고 있다. 이 경우에 교사는 직접 교수보다는 안내자의 역할을 하게 되며, 이 학습을 통해 인지적 성장, 사회적 행동의 발달, 언어와 듣기 기술의 강화, 자아존중감 증진을 도울 수 있다. 과거에는 협동 교수 · 학습법이 학령기 아동에게 주로 적용되었으나, 유아들이 비형식적인 상황에서 자발적으로 협조하기 때문에 유아기에도 협동 교수 · 학습법이 적용되고 있다. 예를 들면, 사회극놀이에서 유아들은 상호 간의 목적, 아이디어, 자료를 공유하고, 협상하며, 목적을 성취하기 위해 행동을 조정하고, 자신들의 활동과정을 평가하기도 한다. 협동 교수 · 학습법에서는 유아들이 함께 계획을 세우고, 방법을 결정하며, 서로의 의견을 조정하는 협동적 계획과정이 중요하다. 이 협동적 과정을 통해 유아는 자신의 의견을 이야기하고, 타인의 의견과의 차이점을 관찰하며, 공동의 목적을 위해 서로 조정하는 등의 기회를 갖게 할 뿐만 아니라 소속감이나 집단의식도 경험할 수 있다(한국유아교육학회 편, 1997).

이를 위하여 교사는 유아들이 함께 활동할 수 있는 상황을 제공해야 한다. 물놀이, 모래놀이, 적목놀이 등의 비형식적이고 개방적인 놀이를 제공하거나 놀이 자료를 제한함으로써 유아들이 서로 공유하여 함께 작업하거나 활동할 수 있는 기회를 제공하여 협동학습으로 유도하여야 한다. 또한 공동 작업 프로젝트를 구상하여 함께 활동할 수 있도록 한다.

이러한 협동 교수 · 학습법의 장점을 살펴보면 다음과 같다.

첫째, 협동학습을 혼자 학습해서 얻은 지식보다 더 많은 지식을 얻게 된다.

둘째, 협동학습을 통해 구성원 각자가 상대방의 장점에 대해 파악하고 좋은 학습 모델링이 된다.

셋째, 협동학습에서는 개인의 능력도 중요하지만 서로 힘을 모아 과제를 해결해 나가는 수행과정을 중요하게 생각하고, 그 속에서 협동학습의 가치를 알게 된다.

넷째, 자신에 대한 이해는 물론 타인에 대한 이해도 할 수 있으며, 협동학습의 과정 자체를 관리하고 통제할 수 있게 된다.

한편, 협동 교수 · 학습법의 단점도 있다. 교수 · 학습의 성과를 거두기 위해서는 장점을 극대화하고 단점을 극소화하려는 노력이 필요하다. 단점에 대하여 살펴보면 다음과 같다.

첫째, 협동학습의 과정 속에서 소극적인 학습자들은 또래에게 의존하는 경우가 생길 수 있다.

둘째, 능력이 우수한 학습자의 경우는 집단 내에서 서로 다른 지위의 대우를 받을 수 있다. 그러나 우수한 학습자의 경우 부담을 느끼기도 한다. 과제 분담에 있어 양적인 면과 심리적인 면에서 압박감을 느낄 수도 있기 때문이다.

셋째, 집단 내에서 또래에 비하여 능력이 떨어지는 학습자는 소외감을 느끼거나 자존심이 상하는 심리적 상처를 받아 오히려 역효과가 발생할 수도 있다.

(5) 컴퓨터 활용 교수법

컴퓨터란 정보를 수학적으로 고속처리하기 위하여 전자기술 장치화된 기계다. 컴퓨터 보조수업(computer assisted instruction: CAI)이란 컴퓨터의 여러 가지 유형 중 상호작용적 환류 방식의 컴퓨터를 활용하여 가르치고 배우는 것이다. 즉, 컴퓨터 보조수업은 시청각의 모든 감각기관을 다 동원하여 이루어지는 수업 매체다. 따라서 컴퓨터 활용에 있어서 질적으로 우수한 소프트웨어가 충분히 개발될 필요가 있다.

2 교사의 교수 행동

유아를 위한 교수 · 학습 방법에 있어서 교사의 역할은 유아에게 주입식으로 많은 것을 알도록 무엇인가를 넣어 주는 것이 아니다. 유아에게 가장 적절한 교수 · 학습 방법을 적용하여 잠재된 능력을 끌어내어 최대한 발휘할 수 있게 하는 것이 중요하다. 따라서 교사는 다양한 교수 · 학습 방법의 특성에 따라 대상 유아의 연령과 수준, 교육 내용과 주제를 고려하여 각 상황에 맞게 활용하는 능력을 갖추어야 한다. 더불어 교수 행동에 있어서도 다양한 전략이 필요하다.

Bredekamp와 Rosegrant(1992)는 교사의 교수 행동으로 인정하기, 모범 보이기, 촉진하기, 지원하기, 지지하기(비계 설정하기), 함께 구성하기, 시범 보이기, 지도하기의 여덟 가지 유형을 제시하였다. 이러한 교수 행동들은 유아가 등원하면서부터 귀가할 때까지 모든 상황마다 비지시적(nondirective) 행동부터 지시적(directive) 행동까지 다양하게 나타난다. 각각의 교수 행동은 상황에 따라 적합하게 활용할 때 효과적이다. 즉, 유아의 발달 수준, 교육활동의 유형, 교육활동 자료, 교사의 교육적 의도 등 여러 가지 차원에 따라 복합적으로 작용하고 결정될 것이다(교육부, 2000).

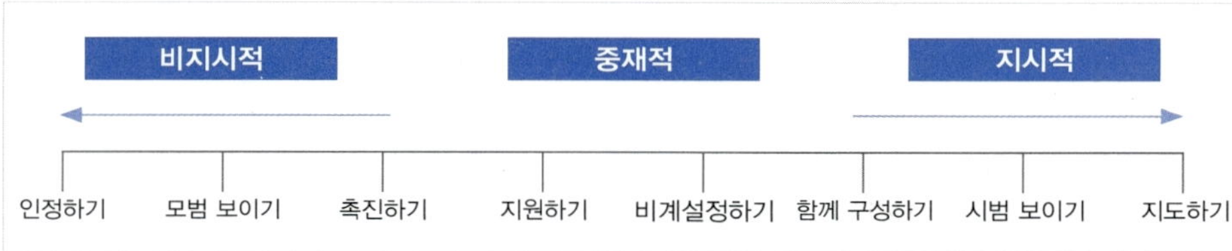

[그림 3-1] 교수행동

1) 인정하기

인정하기(acknowledge)는 유아에게 관심을 보이며 긍정적 격려를 해 주는 행동이다. 유아를 인정한다는 것은 유아로 하여금 자긍심을 가지고 즐겁게 활동에 참여하도록 해 준다. 그러나 칭찬이 지나치면 활동 과제에 대한 유아의 동기를 약화시킬 수도 있다. 따라서 적절한 수준의 인정이 중요하다.

예를 들어, "정말 멋지게 그림을 그렸구나.", "네가 최고야." 식으로 어떤 점이 멋진지, 왜 최고인지가 불분명한 칭찬을 하기보다는, "친구들이 잘 들을 수 있도록 분명한 목소리로 말해 주었다.", "파랗게 칠한 하늘이 시원해 보이는구나."와 같이 유아의 활동 상황을 사실에 근거하여 긍정적으로 격려해 주는 것이 좋다.

2) 모범 보이기

일반적으로 모범(model) 보이기는 지시적인 측면과 비지시적인 측면으로 나누어 볼 수 있다. 지시적인 모범 보이기가 시범 보이기의 형태로 나타나는 데 비하여 비지시적인 모범 보이기는 암시적인 성격을 띤다고 할 수 있다. 교사는 모범을 보임으로써 교실에서의 바람직한 행동 방법을 제시한다.

예를 들어, 교실에서 조용히 행동하도록 할 때 지시적인 교사는 "민혜처럼 발끝을 들고 소리나지 않게 걷도록 하자."라고 하는 데 비하여, 비지시적인 교사는 스스로 소리나지 않게 걷는 모습을 항상 보여 줌으로써 유아가 자연스럽게 닮아 가도록 한다. 비지시적인 모범 보이기는 유아의 행동이 자발적이 되도록 이끌어 준다.

3) 촉진하기

촉진하기(facilitate)는 학습 준비가 되었을 때 다음 단계에 도달하도록 유아에게 일시적인 도움을 주는 행동이다. 예를 들어, 유아가 두발자전거를 탈 때 균형감각을 가지도록 하기 위하여 두발자전거 뒤를 잡아 주는 것 같은 도움을 말한다. 또한 유아의 확산적 사고를 돕기 위하여 “또 다른 방법은 없을까?”와 같은 질문을 하는 것도 한 예가 된다.

4) 지원하기

지원하기(support)는 촉진하기와 유사하나 교사의 참여 정도에서 차이가 있다. ‘촉진하기’는 유아 스스로 전개해 나가는 활동에서 교사가 도움을 주는 것으로, 어떤 상황에서 행동의 시작과 끝을 유아가 주도하는 반면, ‘지원하기’는 유아와 교사가 함께 시작과 끝을 결정하는 상황을 말한다. 예를 들어, 자전거에 보조바퀴를 달아 주고 자전거를 타게 한 후, 자전거 타기에 익숙해지면 보조바퀴를 떼어 내는 것과 같이 유아가 도움이 더 이상 필요하지 않다고 할 때까지 지원해 주는 행동을 말한다.

5) 지지하기(비계 설정하기)

지지하기 혹은 비계 설정하기(scaffold)는 기대되는 능력에 유아가 도달하도록 유아에게 적합한 학습방법을 사용하여 도움을 주거나 도전의 기회를 마련해 주는 행동을 말한다. 교사는 각 유아가 스스로 하고 싶지만 도움이 없으면 하기 어려운 활동 과제를 파악하여 유아에게 도움을 줄 수 있다. 이때 교사는 유아의 동기를 약화시키지 않고 새로운 수준의 능력이나 이해로 나아갈 수 있도록 상호작용을 한다.

6) 함께 구성하기

함께 구성하기(co-construct)는 비계 설정하기보다 더 지시적인 교수 유형으로 교사와 유아가 함께 프로젝트를 수행하거나 활동하는 것을 말한다. 이때 교사와 유아는 모두 학습자인 동시에 교사가 된다. 예를 들어, 교사가 유아와 함께 의논하여 구성물을 만들거나, 역할놀이 영역에서 함께 놀이 대본을 구상하고 각자 역할을 맡아 소꿉놀이하는 것 등을 말한다.

7) 시범 보이기

시범 보이기(demonstrate)는 '함께 구성하기'보다 조금 더 지시적인 교수 유형이다. 시범 보이기는 유아에게 바람직한 행동이 형성되도록 하기 위하여 교사가 활동을 직접 해 보이고, 유아가 이를 관찰하도록 하는 것을 말한다. 이러한 시범은 유아가 한 행동이 분명히 잘못된 방법으로 이루어졌을 때, 이를 고쳐 주기 위한 하나의 방안이 될 수 있다.

8) 지도하기

지도하기 혹은 지시하기(direct)는 유아가 어떤 과제를 반드시 특정한 방법으로 수행하기를 원할 때 사용하는 것이다. 예를 들어, 장애를 가진 한 유아가 교사의 행동을 관찰하기도 하고, 여러 번 연습했음에도 불구하고 혼자서 음식 먹기가 학습되지 않았을 때, 교사는 그 유아에게 직접적으로 지도하는 방법을 사용할 수 있다. 즉, "숟가락을 이렇게 꼭 쥐고, 선생님처럼 입에 대어 보자."라고 할 수 있다.

이와 같은 교수 행동을 함에 있어서 교사는 다음과 같은 점을 유의해야 한다.

첫째, 가르쳐야 할 순간, 즉 유아에게 도움이 필요한 때가 언제인지를 인식해야 한다. 교사는 항상 유아가 이미 성취한 내용, 곧 이해할 내용과 아직 인식하지 못하고 있는 내용들을 분명히 파악해야 한다. 가르쳐야 할 순간이라는 개념은 특수한 과제에 대한 유아의 개인적 준비 상태를 교사가 인식하는 데에서 형성된다.

둘째, 유아의 학습 양식과 속도를 조화시켜야 한다. 교사는 유아 간의 개인차를 바르게 인식하여 지나치게 도움을 주거나 또는 배려해 주지 못하는 일이 없도록 해야 한다. 또한 유아가 지나치게 과제를 빨리 처리하거나 학습 부진이 되는 일이 없도록 조절해야 한다.

셋째, 올바른 지원을 제공해야 한다. 교사는 다양한 교수 행동 중 어느 유형이 주어진 상황에서 각 유아에게 적합한 것인지를 바르게 알아야 한다. 예를 들어, 교사는 유아가 실제로 도움을 필요로 하는지 또는 단지 격려만을 원하는지를 제대로 알아야 한다.

넷째, 적절한 지지를 제공해야 한다. 교사는 각 유아가 하기를 원하지만 도움이 없으면 하기 어려운 활동 과제를 알아내어 이를 이해하고 도움을 주어야 한다. 이때 교사는 유아의 주인 의식이나 동기를 약화시키는 일 없이 유아가 새로운 수준의 능력이나 이해로 나아갈 수 있도록 도움을 주거나 지지해 주어야 한다.

다섯째, 긍정적인 자아 개념을 육성하도록 해야 한다. 교사는 각 유아가 긍정적으로 자신을 인식하고, 교실 문화에 안정감을 가지며, 자기 능력에 대한 확신을 가지도록 도울 필요가 있다. 따라서 교사는 유아에게 자아존중감이 형성되는 성공적인 경험을 할 수 있도록 활동을 마련해 주어야 한다.

교수 행동 유형은 '비지시적인' 교수 유형에서 '지시적인' 교수 유형에 이르는 일련의 단일 연속체로서, 교사가 유아와의 상호작용에서 각 상황에 맞춰 적합한 행동 유형을 선택해야 한다. 그러나 교사의 교수활동 자체가 복잡한 과정이므로 한 가지 전략에만 의지하지 말고 다양한 행동 유형을 융통성 있게 활용하거나 통합적으로 활용하는 것이 필요하다. 이처럼 교사의 교수 행동 또한 고정 불변의 절대적인 유형과 원리가 존재하는 것이 아니므로 각 상황에 따라 적절하게 통합해서 활용하는 융통성을 발휘해야 할 것이다(유혜령, 강은희, 박지영, 2003).

제4장 교수·학습 환경

환경을 중시하는 교육

왕세자 교육은 아이가 태어나기 전 태교에서 시작되었다. 왕실의 여인은 임신을 하면 태아를 위해 몸가짐을 주의해야 했다. 산모는 매일 성현의 말씀을 듣거나 외웠고, 색깔이 고운 옥과 수정을 바라보았으며, 산모의 거처에는 악사가 배치되어 음악을 들려주었다. 그러다 왕자가 태어날 때는 국가적으로 형벌의 집행이나 짐승의 도살을 금지하고 새로운 생명의 탄생을 축하했다.

왕자가 태어나면 유모, 내관(환관), 스승, 동료 등 왕자와 접촉하게 되는 이들을 선발할 때에도 무엇보다 먼저 후덕하고 건실한 성품을 가진 사람인지를 확인하였다. 특히 내관은 비록 고위직은 아닐지라도 왕자의 음식 습관, 생활 태도에 직접 영향을 미치는 사람이었기 때문에 선발에 신중을 기했다.

김문식, 김정호, 『조선의 왕세자 교육』(2003) 中에서

- 인간 발달에서 유전도 중요하지만 환경적인 면도 많은 부분을 차지한다. 따라서 인간 발달에서 아주 중요한 시기인 유아기의 교육을 담당하는 유아교육에 환경은 많은 영향을 미치게 된다.

1 실내환경

교육목적의 달성에 있어서 무엇보다 중요한 것은 교육환경이다. 환경이 어떻게 구성되어 있느냐에 따라 교육의 운영도 달라진다. 바꾸어 말하면, 교육의 운영방침, 즉 교육철학에 따라 유아를 위한 교육환경도 달라진다는 것이다.

실내환경에는 주로 현관, 교사실, 원장실, 화장실, 자료실, 조리실, 교실(활동실), 강당, 유희실(볼풀장, 실내수영장, 실내놀이터 등) 등으로 구분되는 것이 이상적이다. 기관에 영아가 있는 경우는 낮잠을 재울 수 있는 휴식시설이 필수적으로 요구된다. 실내환경 중에서 유아가 주로 생활하며 활동하는 장소인 교실은 가장 핵심이 되는 장소이므로 유아들이 자유롭게 활동할 수 있는 충분한 공간을 확보해야 한다. 교실의 환경 구성은 유아의 흥미를 유지하고 의미 있는 활동을 경험할 수 있도록 세심하게 고안하고 풍부한 자료를 준비해야 한다.

교실의 흥미 영역과 각 영역에 배치되어야 할 교구 및 자료(놀잇감) 제공에 있어서의 연령별 유의점은 다음과 같다(교육부, 2000).

1) 쌓기 영역

◈ 교구 및 자료

다양한 기본 블록들, 운송 기관류, 인형류, 그 밖의 소품들(교통표지판, 신호등 등)

◈ 쌓기 영역 구성의 연령별 유의점

연령	유의점
3세	• 수평으로 늘어놓거나 수직으로 탑 쌓기, 다리 만들기 등의 단순한 구조물을 구성하므로 네모, 세모 등과 같은 기본 형태의 블록이나 종이 벽돌을 제공한다. • 블록을 높이 쌓았을 때 무너질 것을 예측하기 어려우므로, 가능하면 안전한 스펀지 또는 우레탄 블록과 같은 가볍고 커다란 블록을 충분하게 제공한다.
4세	• 만 3, 4세 유아는 폐쇄 공간을 만들며, 4세가 되면 복합적인 입체 구조물을 만든다. 따라서 기본 형태 이외에 널빤지, 둥근 기둥과 같은 다양한 종류의 블록을 제공한다. • 상상력이 풍부해지며, 주변 인물을 모방하고 동일시하는 놀이를 많이 하므로, 다양한 소품(동물이나 사람 모형, 각종 자동차와 교통표지판 등), 역할 놀이 자료(운전대, 경찰 모자 등)를 준비한다.
5세	• 블록의 양을 증가시키고, 다양한 쌓기놀이 경험을 확장하기 위하여 관련 사진이나 그림 카드를 제공한다. • 자신의 일상적 경험을 재구성하며 경험하지 않은 세계를 표상하므로 보다 다양한 소품(레미콘차, 잠수함, 실패, 도르래 등)을 제공한다. • 필요한 소품을 유아 스스로 제작하여 놀이에 활용할 수 있도록 한다.

2) 조작 영역

◈ 교구 및 자료

조작적 활동을 위한 자료(그림 맞추기, 숫자 퍼즐, 도형 퍼즐), 구성하기 위한 자료(레고 블록 등의 다목적 블록), 일상생활 활동을 위한 자료(지퍼 올리기, 단추 끼우기, 끈 매기, 바느질 카드 등), 게임을 위한 자료

◈ 조작 영역 구성의 연령별 유의점

3세	• 퍼즐 조각은 5~10개 정도가 알맞으며, 손잡이가 있거나 배경판에 조각의 윤곽이 그려져 있어서 맞추기 쉬운 것이 적합하다. • 작은 물건을 옮겨 담는 초기에는 물건의 다양한 감촉을 느낄 수 있도록 손으로 옮겨 담고, 점차 숟가락 등으로 하도록 한다. • 옷을 입고 벗을 수 있는 자조 기술을 발달시키기 위하여 찍찍이 붙이기, 단추 끼우기, 지퍼 올리기 등의 일상생활 훈련 등을 제공한다.
4세	• 퍼즐 조각은 10~20개 정도가 알맞으나, 개인에 따라 그 이상도 가능하다. • 작은 물건을 옮겨 담는 도구를 다양하게 하여(핀셋, 나무젓가락 등) 난이도 수준을 높이거나, 작은 접시를 제공하여 색깔이나 모양에 따른 분류 활동으로 확대한다.
5세	• 끈 꿰기 자료 이외에 간단한 바느질을 할 수 있도록 큰 플라스틱 바늘과 실, 두꺼운 종이, 부직포, 헝겊 등을 제공한다. 또한 리본 묶기와 허리띠 채우기 등의 일상생활 훈련이 가능하므로, 관련된 교재 · 교구를 준비한다. • 구성 활동에 관련된 책이나 화보를 비치해 두며, 각 교재 · 교구의 사용법이나 활동 순서를 제시한 활동 카드를 제공한다. • 레고 블록은 쌓기 영역에서도 더욱 활발히 사용될 때가 많으므로, 다양한 크기와 형태를 비치하여 필요한 소품을 만들도록 한다.

3) 역할 영역

◈ 교구 및 자료

- 소꿉놀이: 주방 용품, 일상 용품(옷장, 화장대, 전화기 등), 의류, 그 밖의 소품(우산, 모자류, 가방류, 화장품 등)
- 교통놀이: 지도, 여행가방, 조종사 모자, 기타 운송기관의 종류에 따른 필요한 소품
- 병원놀이: 가운, 청진기, 반사경, 주사기, 솜, 붕대, 혈압기, 소독약, 반창고, 온도계, 시력 검사표, 진료증, 약병, 약, 일회용 밴드 등
- 우체국놀이: 편지, 집배원 옷, 우체통, 우표, 엽서, 봉투 종류 등
- 미장원놀이: 미용 가위, 헤어드라이어, 가발, 면도기, 샴푸 등
- 주유소놀이: 기름통, 모자, 호스, 튜브 등
- 방송국놀이: 마이크, 카메라, 스크린, 조명기구, 분장 소품, 취재용 수첩 등
- 은행놀이: 놀이용 돈(동전, 지폐), 도장, 인주, 금고, 예금 청구서 등

◈ 역할 영역 구성의 연령별 유의점

3세	• 너무 많은 교재 · 교구보다는 적정량을 제공하도록 한다. • 가정생활에 연관된 역할놀이를 주로 하므로, 간이 커튼, 놀이용 집, 엄마 · 아빠의 옷, 인형 등 가족놀이에 필요한 자료를 제공한다.
4세	• 일상생활에서 쉽게 접할 수 있는 다양한 역할을 놀이로 표현해 볼 수 있도록 실물이나 유사한 대용품을 제공한다. • 정리정돈에 도움이 되도록 교재 · 교구의 위치 표시를 그림이나 글자로 표시한다.
5세	• 다양한 직업과 사회 구성원의 역할뿐만 아니라, 상상적 놀이활동에 적합한 교재 · 교구를 비치한다. • 역할놀이에 필요한 소품(의사 반사경, 청진기, 간호사, 종이로 된 생선 · 과일 · 돈 등)을 유아 스스로 만들어 사용할 수 있도록 자료를 제공한다. • 역할놀이에 필요한 규칙을 의논하여 기록한 규칙판이나 사진, 그림자료 등을 벽에 붙여 놓는다.

4) 언어 영역

◈ 교구 및 자료

CD 플레이어, 카세트, 녹음기, 공 테이프, 이야기 꾸미기 자료와 융판, 손인형, 막대인형, 인형극 틀, 마이크, 동화류, 그림 백과사전류, 쓰기 자료(연필, 지우개, 크레파스, 독서 카드 용지, 색연필, 화이트보드, 마커 펜 등)

◈ 언어 영역 구성의 연령별 유의점

3세	• '말하기' 활동을 자연스럽게 촉진할 수 있는 교구(거울, 전화기, 손 인형, 손가락 인형, 막대 인형, 인형극 틀, 무대 등)를 제공한다. • '읽기', '쓰기'의 기초 활동으로 같은 모양 짝짓기, 모양 변별하기, 밀가루반죽 놀이, 구슬 꿰기 등의 놀이 경험을 제공하여, 시각적 변별력, 눈과 손의 협응력, 소근육 발달 등이 이루어지도록 배려한다. • 일상생활, 동물, 촉감 등을 경험할 수 있는 책을 제공한다.
4세	• 다른 유아와 언어적 상호작용을 하도록 장려하는 활동 자료(수수께끼 카드, 융판, 자석판 자료 등)를 제공한다. • '듣기' 기술을 발달시킬 수 있도록 계획된 활동(지시에 따르기, 게임, 동화 듣고 회상하기)과 '듣기'와 '읽기' 활동이 동시에 이루어질 수 있는 교재 · 교구(동화 테이프, 그림책 등)를 제공한다. • 유아가 '쓰기' 활동에 관심을 가지고 자연스럽게 시도해 볼 수 있도록 모래상자, 소형 칠판과 다양한 색분필 등을 제공한다. • 유아의 생각을 교사가 받아 써 주고 그것을 전시함으로써 말이 글로 옮겨지는 과정에 관심을 가지도록 한다.
5세	• 창의적으로 이야기를 꾸미고 발표할 수 있도록 동시 감상 및 동시 짓기, 동극, 이야기 꾸미기의 기회를 제공한다. • 다양한 장르의 동화책(그림이 있거나 없는 것, 우화, 과학류, 수수께끼 등)을 제공한다. • '읽기'와 '쓰기' 활동을 자극하는 여러 종류의 극놀이 소품 중에서 간단한 것(놀이용 돈, 메뉴판, 초대장, 입장권 등)은 유아가 직접 제작할 수 있도록 자료를 제공한다. • 일상생활에서 일어날 수 있는 문제나 갈등 상황에 대하여 집단으로 토의할 수 있는 기회를 제공한다. • 글자 크기나 모양을 자유롭게 변형할 수 있는 컴퓨터를 활용하여 쓰기 활동을 제공한다.

5) 과학 영역

◈ 교구 및 자료

측정을 위한 도구(체중계, 저울, 자, 온도계, 계량컵, 계량스푼 등), **실험을 위한 도구**(거울, 확대경, 자석, 손전등, 현미경, 망원경 등), **각종 표본류**(식물, 곤충, 조개, 흙, 씨앗류, 낙엽 등), **사육과 재배를 위한 기구**(화분, 수조, 꽃삽, 물뿌리개 등), **동식물류**(토끼, 강아지, 고양이, 햄스터, 거북이 등), **기타**(도르래, 지렛대, 나사, 바퀴와 지축, 모형 비행기, 렌즈 등)

◈ 과학 영역 구성의 연령별 유의점

3세	• 감각기관을 이용한 탐색활동을 많이 하므로, 다양한 감각 경험을 할 수 있는 교재 · 교구(거울, 색안경, 잠만경, 촉감상자, 소리상자 등)를 제공한다. • 유아의 호기심과 흥미를 자극할 수 있도록 살아 움직이는 곤충이나 동물(개미, 거미, 달팽이 등)을 제시한다.
4세	• 자석, 스포이트, 프리즘 등의 도구를 제공하여 다양한 탐색활동이 이루어지도록 격려한다. • 동식물, 곤충류를 함께 기르고 재배하면서 먹이 당번을 정하고, 성장 과정이나 변화를 그림으로 나타낼 수 있도록 관찰기록 용지를 준비한다.
5세	• 다양한 측정 도구(막대자, 줄자, 삼각자 등)를 제공하고, 측정한 내용을 표현할 수 있도록 색 테이프나 교사가 제작한 그래프지를 제공한다. • 스스로 탐색과 실험을 할 수 있도록 활동 카드를 제공하며, 과학적 탐색을 자극하는 그림책, 백과사전, 슬라이드, 녹음기, 카메라, OHP, 비디오를 적극 활용한다. • 동식물 기르기 및 곤충 기르기 활동을 제공하고, 유아로 하여금 성장 과정이나 변화를 그림이나 글로 나타낼 수 있도록 관찰기록 용지와 쓰기 도구를 제공한다.

6) 수학 영역

◈ 교구 및 자료

숫자 카드, 수세기 판, 수 블록, 수 막대, 놀이용 돈, 색깔 구슬, 수 게임, 수판, 금전 등록기, 주사위, 분류 활동 자료(단추, 조개, 열쇠, 못 등), 공간과 기하 활동 자료(탱그램, 도형 블록, 도형판 등)

◈ 수학 영역 구성의 연령별 유의점

3세	• 사물의 차이를 살펴보고, 서로 짝짓기 또는 분류할 수 있는 구체물을 제공한다. • 수 세기는 다섯까지 셀 수 있는 구체물(작은 동물 모형, 놀이용 자동차 등)을 제공한다.
4세	• 비교, 분류, 순서 짓기 활동을 위하여 구체물과 그림 자료를 제공한다. • 유아의 발자국이나 손(한 뼘), 끈, 깡통, 컵 등의 비표준화된 도구를 이용하여 측정해 보는 경험을 가지도록 한다.
5세	• 자, 체중계, 저울 등 표준화된 측정 도구를 비치한다. • 사물을 측정한 다음 실제 물건이나 그림으로 그래프를 만들 때 필요한 자료를 준비한다. • 집단 게임용 판이나 동화책을 이용한 토의활동을 통하여 일상생활 속에서 수학활동이 이루어지도록 한다.

7) 조형 영역

◈ 교구 및 자료

이젤, 앞치마, 다양한 종이류, 쓰는 도구(크레파스, 사인펜, 연필, 색연필, 파스텔, 목탄, 포스터컬러 등), **자르고 붙이는 도구**(가위, 풀, 접착제, 펀치, 압정, 양면테이프 등), **점토류**(찰흙, 밀가루 점토, 유점토, 지점토 등), **플라스틱류**(음료수 용기, 필름 통, 숟가락, 달걀판, 분유통 뚜껑 등), **캔류, 종이류, 기타**(수수깡, 스티로폼, 이쑤시개, 식용 색소, 나무젓가락, 솔방울, 리본 테이프 등)

◈ 조형 영역 구성의 연령별 유의점

3세	• 너무 다양한 자료보다는 3~4개 정도의 기본적인 자료를 자주 바꾸어 주도록 한다. • 소근육 발달이 미숙한 점을 고려하여 손으로 잡기 편한 굵기와 크기의 크레파스를 제공하고, 가위 사용이 미숙하므로 종이 오리기보다는 손으로 찢어 붙이기를 하거나 간단하게 점토나 찰흙을 자르는 경험을 제공한다. • 우연한 결과를 만들어 내고 즐길 수 있도록 손가락 그림(핑거 페인트)용 풀이나 밀가루 반죽 등을 제공한다.
4세	• 다양한 교재 · 교구를 제공한다(질감, 형태, 크기가 다양한 종이류, 풀, 셀로판 테이프, 스테이플러 등 여러 가지 붙이는 도구). • 빳빳한 종이 띠나 색종이 오리기를 시도하게 하며, 여러 가지 색상을 경험하도록 크레파스와 물감의 색상도 점차 늘려 간다. • 새로운 교재 · 교구를 제시할 때에는 기능과 사용 방법 및 주의해야 할 점, 규칙에 대하여 자세히 설명해 준다.
5세	• 공동작업이 가능한 시기이므로, 공동작업에 필요한 교재 · 교구(전지, 다양한 활동 자료 등)를 제공한다. • 창의적인 구성력을 발달시키는 자료(다양한 점토활용 자료 등)를 준비한다. • 활동 순서 카드를 제공하여 줌으로써 유아 스스로가 작업활동을 즐길 수 있도록 한다. • 작품 카드를 비치해 두어 작품을 완성한 후, 유아의 이름과 제목을 기록하여 전시할 수 있도록 한다. • 재활용할 수 있는 재료를 분리하여 모은 후, 조형활동에 사용할 수 있도록 한다.

8) 음률 영역

◈ 교구 및 자료

생활 악기(빈 병, 유리컵, 콩, 빨래판, 풍선, 금속, 목탁 등), **리듬 악기**(탬버린, 캐스터네츠, 트라이앵글, 북, 리듬 막대, 방울, 마라카스, 장구, 소고, 징, 우드블록 등), **가락 악기**(오르간, 하프, 아코디언, 멜로디언, 피리, 실로폰, 핸드벨 등), **음향기기**(카세트테이프, 녹음기, 헤드폰, 마이크 등), **기타**(악기 사진, 악보 등)

◈ 음률 영역 구성의 연령별 유의점

3세	• 익숙한 동요나 유치원에서 배운 노래, 자유선택활동 시간이나 간식시간의 배경음악, 빠르기가 다른 음악 등이 녹음된 카세트테이프와 녹음기를 준비한다. 자신의 노래 소리를 들어 볼 수도 있다. • 악기를 연주하기보다는 간단한 생활 악기나 리듬 악기를 통하여 소리를 탐색해 보고, 리듬감을 익힐 수 있는 활동을 제공한다. • 정리정돈할 때 도움이 되도록 악기의 그림이나 사진을 붙여준다.
4세	• 리듬 악기를 연주할 수 있도록 익숙한 노래와 다양한 리듬 악기를 비치해 놓는다. • 신체를 이용하여 좀 더 창의적 표현을 하도록 리본 테이프나 스카프, 풍선, 끈, 고무줄 등을 제공한다.
5세	• 다양한 가락 악기를 제공한다. • 짧은 시간 동안(15분 이내) 음악을 감상할 수 있으므로 녹음기, 다양한 음악(동요, 고전음악, 민요, 왈츠, 종교 음악, 록 음악 등)이 녹음된 테이크, 음악 관련 그림책, 헤드폰을 비치하여 놓는다. 녹음기에는 유아가 조작할 수 있도록 기본적인 조작법을 표시하여 놓고, 녹음테이프에도 곡명을 그림이나 글자로 표시해 놓는다. • 재미있는 노랫말이나 간단한 동화 내용에 따라 노래 극놀이를 할 수 있으므로 극놀이에 필요한 자료와 소품을 준비한다. • 음악을 들은 후 유아들의 느낌을 그림으로 표현하여 볼 수 있다.

9) 컴퓨터 영역

◈ 교구 및 자료

컴퓨터 관련 소품, 스캐너, 프린터, 모래시계 등

◈ 컴퓨터 영역 구성의 연령별 유의점

연령	유의점
3세	• 컴퓨터를 조작할 수 있는 기능적 활동보다는 유아의 흥미를 일으키는 데 목적을 가지고, 재미있는 소프트웨어를 준비해 조이스틱만으로 컴퓨터를 조작할 수 있게 한다. 이때 소프트웨어 내용은 간단하면서 유아의 흥미를 이끌어 낼 수 있는 내용이어야 한다. • 컴퓨터의 입력 · 출력 장치에 익숙해지는 것을 도울 수 있는 사전 경험을 제공한다. • 사전 경험 시 사용하는 기계는 혼자 사용하고 다른 유아들은 옆에서 지켜보아야 하므로, 기다리는 시간에 대한 적절한 규칙을 정한다. 예를 들면, 3분짜리 모래시계가 끝나면 하고 있는 게임을 마무리하고 다른 친구에게 양보한다. • 사용 과정을 사진이나 그림으로 알아보기 쉽게 제시한다.
4세	• 다양한 소프트웨어를 이용하여 보는 경험을 제공한다(그림 그리기, 글자 만들어 보기, 동화 듣기 등). • 컴퓨터를 켜고 끄는 방법과 사용법을 익힐 수 있도록 벽면에 사용 방법을 그림으로 제시한다. • 프로그램 사용법에 대하여 이야기한다. • 조이스틱 이외에 키보드와 마우스를 조작하여 컴퓨터를 활용할 수 있게 한다.
5세	• 컴퓨터 영역에서 지켜야 할 규칙을 토의를 통해 정하고 제시한다. • 언어 영역에서의 다양한 활동을 컴퓨터로 작업해 본다(동시, 동화 · 편지 쓰기, 글자 사전 만들기, 초대장 꾸러미 등). • 조형활동을 위하여 필요한 그림(동물, 꽃 등)을 직접 그려서 프린트한 후, 작업 활동에 활용하게 한다. • 컴퓨터에서 작업한 것을 출력하여 추후 활동으로 연결하여 본다(그림 그린 것을 출력하여 쌓기놀이를 위한 소품으로 만들기, 그림 사전 만들기 등).

10) 목공 영역

◈ 교구 및 자료

목공 작업대, 연장(망치, 드라이버, 펜치, 송곳, 톱 등), 제도 용품(미터 자, 목공용 연필 등), 목공놀이 보조 자료(가위, 끈, 못, 압정, 철사, 아교, 바퀴, 스티로폼 판, 니스, 붓, 볼트 등), 나무류

◈ 목공 영역 구성의 연령별 유의점

3세	• 반드시 설치해야 할 필요는 없으나 흥미를 보일 경우 플라스틱으로 제작된 교재 · 교구를 제공할 수 있다.
4세	• 못질을 처음 해보는 유아에게는 나무토막보다 스티로폼 판이나 두꺼운 골판지를 제공한다. • 나무토막을 붙이는 경우, 접착제 사용 시 주의점을 알려 준다.
5세	• 작품 제작 과정을 설명해주는 활동 카드를 그림이나 글자로 만들어 제시하면 효과적이다. • 그림을 그릴 수 있는 종이와 크레파스, 측정에 필요한 연필과 자 등을 준비한다.

11) 기타 영역

일부 유치원의 경우 실내 흥미 영역에 요리 영역, 물놀이 영역, 모래놀이 영역, 식사 및 낮잠이나 휴식하는 공간을 따로 만들기도 한다. 그러나 대부분의 유치원에서는 요리 영역과 식사 및 낮잠이나 휴식하는 공간은 대집단(쌓기 영역) 영역을 활용하기도 하나 물놀이와 모래놀이 영역은 실내보다 주로 실외에 설치하는 경우가 많다.

요리 영역, 물놀이 영역, 모래놀이 영역, 식사 및 낮잠을 위한 공간을 구성할 때 연령별 유의점을 살펴보면 다음과 같다.

◈ 요리 영역 구성의 연령별 유의점

3세	• 음식의 재료를 탐색하거나 혼합하고 채워 넣기, 바르기 등의 단순한 요리 활동(코코아 타기, 샐러드 버무리기, 잼 바르기, 샌드위치 만들기 등)이 적합하다. • 모양 찍기 틀을 이용하여 다양한 구성 놀이를 즐길 수 있다. • 낱장 그림으로 그린 요리 과정 순서 카드를 제공한다.
4세	• 3, 4 단계의 과정을 거쳐야 하는 요리 활동에 필요한 요리 도구를 제공한다. • 조리 과정을 잘 관찰할 수 있는 기구(투명한 뚜껑이 있는 프라이팬, 가열해도 되는 투명 유리 그릇)가 좋다. • 요리 순서 카드는 그림과 글자를 사용하여 제작한다.
5세	• 썰기, 볶기, 조리기 등의 조리가 가능해지므로, 도마와 플라스틱 칼, 프라이팬 등을 준비해주고, 활용 방법이나 주의점에 대해 자세히 이야기한다. • 요리책이나 스크랩북을 활용하거나 요리 순서 카드를 유아들이 만들어서 사용해본다. • 요리사 모자를 조형활동을 통해 만들어 활용하며, 음식을 완성한 후 역할놀이(식당 놀이)를 할 수 있다.

◈ 물놀이 영역 구성의 연령별 유의점

3세	• 물을 많이 흘리므로 바닥에 신문지나 수건 등을 많이 깔아주는 것이 좋으며, 미끄러지지 않도록 미끄럼 방지용 깔개를 깔아준다. • 병행 놀이를 즐기는 특징을 고려하여 물놀이 대를 제공한다(물놀이 대의 높이: 50~55cm). • 물을 담고 저으면서 물을 탐색하고, 정서적 긴장을 해소할 수 있는 다양한 종류의 그릇(크기나 모양이 다른 각종 플라스틱 병, 깔때기 등)이나 즐거움과 재미를 느낄 수 있는 고무 인형, 비치 볼 등을 준비한다.
4세	• 이동식 물놀이터의 높이는 55~60cm가 알맞으며, 물의 양을 측정할 수 있게 계량 도구를 비치한다. • 여러 위치에 구멍이 뚫린 통을 준비하여 물줄기의 변화를 관찰할 수 있으며 다양한 물건을 물에 띄워 봄으로써 물건의 특성을 이해할 수 있다. 이에 물에 뜨는 물건, 가라앉는 물건을 분류할 수 있도록 분류 바구니를 준비해 놓는다. • 비누와 거품기를 제공하여 비누 거품을 만들어본다. 이때 색소를 첨가하면 색 비누 거품이 된다
5세	• 이동식 물놀이 대의 높이는 60~65cm가 적당하다. • 물의 양을 측정할 수 있는 계량 도구를 비치한다. • 물을 이용한 여러 가지 실험과 역할놀이(빨래하기, 음료수 가게 놀이 등)을 해 볼 수 있도록 교재 · 교구를 준비한다. • 가능한 한 게임 자료(낚시 등)을 제공한다

◈ 모래놀이 영역 구성의 연령별 유의점

연령	유의점
3세	• 모래놀이대의 높이는 50~55cm가 알맞다. 개별적인 모래놀이가 이뤄질 수 있도록 개인용 모래놀이 대를 준비하면 좋다. • 모래를 탐색하는 놀이를 많이 하므로, 모래를 그릇에 담고 섞기, 모양 찍기, 손으로 뿌리기 등을 할 수 있도록 모래에 물을 뿌려서 제공하며, 다양한 형태의 용기, 체, 국자, 플라스틱 삽, 모양 틀도 준비한다. • 모래 대신 다양한 감각 경험을 제공하는 곡식 등을 제공할 수도 있다
4세	• 모래놀이대의 높이는 유아의 키를 고려한 55~60cm가 알맞으며, 여럿이 함께 사용할 수 있는 것이 좋다. • 모래를 탐색하는 활동 이외에 나무 인형, 소꿉놀이 그릇, 모형 교통기관, 플라스틱 블록 등을 첨가하여 여러 가지 역할놀이로 확장하도록 한다.
5세	• 모래놀이대의 높이는 60~65cm가 적합하다. • 계량컵, 계량스푼, 저울이나 자석 등의 측정 도구와 탐색 도구를 비치해 놓는다. • 글자에 관심을 가지는 시기이므로, 모래를 탐색하면서 보고 쓸 수 있는 글자 카드, 모래에 찍어볼 수 있는 글자 모양 틀을 제공하여 글자를 써 보게 한다. • 다양한 활동(두꺼비집 짓기, 깃발 넘어뜨리기, 터널 만들기 등)을 통하여 사회적 상호작용이 일어날 수 있도록 한다.

◈ 식사 및 낮잠을 위한 공간 구성의 연령별 유의점

연령	유의점
3세	• 식기 및 식탁 등은 유아에게 적절한 크기여야 한다. • 먹는 양은 유아가 먹을 수 있는 정도부터 시작하도록 한다. • 자기 전에 화장실에 다녀오도록 한다.
4세	• 식사한 뒤 자기의 식사 도구는 스스로 정리하도록 한다. • 낮잠 시간에 잠을 자지 않는 유아는 조용한 활동을 하도록 배려한다. • 잠을 청하지 못한 유아에게는 교사가 개별적으로 책을 읽어 준다거나 토닥거려 주어 안정감과 편안함을 가지게 한다.
5세	• 간식은 유아가 원하는 양만큼 가져가서 먹을 수 있도록 지도하며, 스스로 준비하고 치울 수 있도록 기회를 준다. • 유아 스스로 개인용 침구를 준비하고 정리할 수 있도록 지도하며, 잠을 청하지 않는 유아는 조용한 활동을 할 수 있도록 유도한다.

이러한 실내 흥미 영역의 환경 구성 배치 기준은 다음과 같다(Kostelnik, 1998).

- 흥미 영역을 명확하게 구분한다.
- 영역 간의 이동 통로를 확보하여 유아들 간의 놀이를 방해하지 않도록 배치한다.

- 교재 · 교구들은 쉽게 이동이 가능하도록 체계적으로 구성해야 한다.
- 유아를 위한 교재 · 교구가 아닌 경우 유아의 손이나 시야로부터 떨어진 곳에 두어야 한다.
- 흥미 영역은 유아의 적극적인 참여와 선택의 기회를 넓힐 수 있도록 배치한다.
- 하루 일과 속에서 유아의 모든 발달 영역을 균형 있게 다루어야 한다.
- 유아들이 친숙한 자료와 새로운 자료를 모두 이용하여 과거의 경험과 새로운 경험을 연계시킬 수 있도록 한다.
- 비슷한 활동 영역은 인접한 곳에 배치한다.
- 각 영역에 필요한 물질적인 자원을 구하기 쉽도록 인접한 곳에 배치한다. 예를 들면, 미술 영역 근처에는 싱크대를 둔다.
- 시끄러운 영역과 조용한 영역을 분리하여 배치한다. 동적인 활동 영역은 정적인 활동 영역과 분리한다.
- 교사가 교실의 모든 영역을 한눈에 볼 수 있도록 배치한다.
- 흥미 영역은 유아의 인원수에 따라 다양하게 조정한다.
- 활동에 필요한 비품과 자료들은 손상이 심하지 않아야 하며 사용하기에 부족하지 않도록 공급하여야 한다.
- 공간 구성과 배치, 교재 · 교구 및 비품은 장애유아가 모든 활동에 참여할 수 있도록 맞추고 조정한다.
- 교실의 교재 · 교구는 유아의 배경, 경험, 특성 등을 반영한다.
- 유아의 크기에 맞는 교재 · 교구 및 기구를 제공한다.
- 각 유아마다 개인 소지품을 보관할 수 있는 공간(사물함)과 시설을 제공한다.
- 다양한 활동을 위한 비품을 제공한다. 예를 들면, 미술활동이나 요리활동에는 앞치마(비닐, 혹은 헝겊) 등을 준비한다.
- 교실환경은 그림과 상징, 문자들로 구성한다.
- 성인의 공간은 유아가 참여하는 활동 영역으로부터 분리하여 배치한다.

- 문제 상황의 발생을 가능하면 사전에 방지하고, 만약 문제 상황이 발생했을 경우 문제점을 줄이기 위해 유아의 교재 · 교구와 교실 공간을 필요에 따라 조정한다.

2 실외환경

실외놀이가 실내놀이와 가장 다른 점은 동적인 활동이 주를 이루며 대 · 소근육의 발달을 돕는 놀이기구가 많아 신체 전반의 발달을 촉진시킨다는 것이다. 실내놀이에서도 동적인 활동이 이루어질 수 있으나 주로 집중을 요구하는 정적인 활동이 더 많아 유아가 긴장감을 느끼게 된다. 반면, 실외놀이는 실내놀이에서의 이러한 긴장감과 억압으로부터 해방감을 느끼게 해 준다.

이러한 실외놀이 공간도 실내놀이의 흥미 영역 구성처럼 유아가 탐색하고 발견할 수 있도록 해야 한다. 따라서 실외놀이에서는 다양한 활동과 경험을 할 수 있도록 공간을 적절하게 활용하여야 한다. 실외놀이 역시 정적인 공간과 동적인 공간으로 구분하는 것이 좋다.

실외놀이 영역을 살펴보면 다음과 같다.

- 식물 기르는 공간: 모종삽, 화분, 각종 식물 등
- 동물 기르는 공간: 닭, 토끼, 새 등
- 모래놀이 영역: 포클레인, 흙차, 주걱, 빗자루, 쓰레받기, 모형 틀, 빈 우유갑, 플라스틱 통 등
- 물놀이 영역: 풍차와 물레바퀴, 바가지, 물조리개, 그 외 장난감
- 복합놀이기구: 그네, 미끄럼틀, 밧줄, 사다리, 그물 오르기, 쇠사슬 다리, 외줄, 타이어 등
- 딱딱한 바닥 영역(자전거도로): 헌 자동차, 자전거, 손수레

- 그늘이 있는 영역: 나무 사이에 매어 놓은 그물침대, 독서할 수 있는 테이블과 의자
- 그 외 놀이기구: 오르기 기구, 그네, 시소, 정글짐, 평균대, 매트, 게임판, 줄넘기, 공, 훌라후프 등의 기구
- 그 외 영역: 실외 요리하기를 위해 돌이나 벽돌로 된 불을 쓸 수 있는 영역, 놀이집, 오를 수 있는 나무, 타이어 또는 드럼통을 활용한 터널 등

1) 신체 활동 영역

그네 영역은 달리기와 공차기를 하는 개방된 공간 및 유아의 왕래가 잦은 곳과는 멀리 떨어뜨려 배치한다. 그네 영역의 앞뒤로는 나무를 심거나 낮은 울타리를 설치하여 유아가 그네에 부딪치는 일을 예방하도록 한다. 또한 그네 영역 전체에 낮은 나무를 심어서 다른 영역과의 경계를 뚜렷이 하고, 그네 옆으로 출입구를 표시하여 유아가 안전하게 다른 지역으로 이동할 수 있도록 배려한다. 바닥에는 모래를 깔아서 유아가 그네를 타다가 떨어졌을 때 부상을 최소화할 수 있도록 한다.

자전거 영역은 시멘트나 아스팔트로 길을 구성하여 다른 영역과의 경계를 뚜렷이 한다. 자전거 길의 형태는 일자형보다는 커브 길, 십자 교차로 등으로 구성하며, 두 대의 자전거가 동시에 지나갈 수 있을 정도의 폭으로 한다. 길의 중앙에는 흰색 및 노란색 페인트로 통행 방향을 점선으로 표시하여 자전거끼리 부딪치는 일이 없도록 배려하며, 다른 지역으로 이동하는 유아를 위해서는 건너는 길을 표시하여 안전하게 통행이 이루어질 수 있도록 한다.

그 밖에 대근육 운동 영역에는 시소, 흔들새 등의 영역이 포함된다. 시소 및 흔들새 영역은 미끄럼틀이나 그네 영역보다 적은 움직임이 일어나는 곳이다. 따라서 이들 영역은 유아의 왕래가 적은 지역과 인접하여 배치하도록 한다. 시소나 흔들새에는 손잡이 부분을 반드시 부착하여 유아가 안전하게 기구를 이용할 수 있도록 한다.

시소가 땅에 닿는 부분에는 타이어를 묻어서 유아가 놀이하는 과정에서 뇌나 척추에 충격이 가지 않도록 배려하며, 바닥에 모래를 깔아서 신체의 불균형으로 넘어졌을 때의 부상을 최소화할 수 있도록 한다.

종합 놀이기구는 유아가 오르기(계단으로 올라가기, 밧줄 잡고 올라가기 등), 내리기, 미끄럼타기, 외줄잡고 걷기 등 다양한 운동을 경험할 수 있다. 종합 놀이기구를 설치할 경우에는 미끄럼타기 영역을 따로 마련할 필요가 없으며, 다른 영역보다 공간을 많이 차지하게 되므로 다른 영역의 놀이 시설과 조화를 고려하고 조용한 영역과 떨어뜨려 배치한다.

3세 반과 4세 반을 운영할 때에는 3세 유아 및 일부 4세 유아들을 위하여 미끄럼틀의 높이가 낮고 경사가 보다 완만한 것을 설치할 필요가 있다. 또한 이들을 위한 미끄럼틀의 계단은 난간이 있는 계단 형태가 바람직하고, 미끄럼틀 위에는 적어도 60cm의 높이로 난간을 만들어서 유아가 밑으로 떨어지는 것을 방지하며, 기다리는 유아들을 위한 충분한 공간을 배려하도록 한다.

◈ 신체 활동 영역의 연령별 유의점

3세	• 유아가 안전하게 대근육 활동을 할 수 있도록 놀이기구의 복잡성이나 크기를 조절한다(평균대의 높이는 낮게, 폭은 넓게). • 공간이 넓은 경우, 유아가 발로 밀고 다닐 수 있는 소형 탈 것이나 흔들 배, 흔들 목마 등과 같이 흔들림을 즐길 수 있는 기구를 제공한다.
4세	• 실내 유희실이 있는 경우에는 유아들이 페달을 밟으며 운전할 수 있는 세발자전거나 자동차를 준비한다. • 기구를 모험적으로 시도해 보려는 욕구가 강하므로 높낮이를 조정할 수 있는 평균대와 같이 난이도 수준을 조정할 수 있는 기구를 준비한다.
5세	• 게임에 적합한 활동 기구(공과 농구대, 팥주머니와 표적 등)와 게임 규칙이 쓰여 있는 활동 차트를 제공한다. • 신체를 다양하게 움직여 보려는 욕구가 강하기 때문에 매트, 뜀틀, 공 등 다양한 활동 기구를 준비한다. • 사회적 협동 놀이를 조장하기 위하여 다양한 놀이(우리 집에 왜 왔니, 대문 놀이, 얼음 쨍이, 여우야 여우야 등)을 할 수 있는 기회를 제공한다.

2) 탐구(자연학습) 영역

이 영역에서는 유아가 식물, 곤충, 새, 동물, 땅과 물이라는 다양한 환경에서 물체나 성질에 흥미를 가지도록 한다. 이 영역은 유아가 꽃, 식물, 조개, 돌, 자석 등을 보고, 만지고, 듣고, 느껴 볼 수 있어 정서 발달 및 인지 발달에 긍정적 효과를 가져온다.

이 영역은 식물 재배장, 새장, 동물 사육장, 잔디밭, 모래밭, 곤충이 살기에 적당한 흙과 습기, 흙, 돌, 나무, 꽃, 햇빛과 그늘, 통풍과 습기가 있는 공간으로서 탐색놀이가 이루어진다. 특히 동식물 기르기 영역은 유아의 눈에 잘 띄고, 햇빛이 잘들며, 바람이 잘 통하고, 배수가 잘 되는 지역에 배치한다.

동물 기르기 영역에서는 사육장을 설치하여 유아가 동물의 성장과정을 관찰할 수 있도록 한다. 동물 사육장은 지나친 햇빛이나 바람을 막아 줄 수 있는 건조한 곳에 설치해야 하며, 물이나 사료를 공급하기 편리한 곳에 설치한다.

식물 기르기 영역에는 유아가 꽃을 심고 가꿀 수 있는 화단을 만들도록 하고, 각 반별로 구역을 표시하여 배추나 무와 같은 채소의 씨를 심고 성장 주기를 관찰하며 직접 재배하여 수확할 수 있도록 한다. 나무는 유실수나 꽃을 피우는 나무를 계절별로 안배하여 사계절 다른 종류의 과일과 꽃을 관찰할 수 있게 하는 것이 좋고, 작은 화초나 채소들도 계절별로 재배하여 여러 가지 식물에 대하여 관찰할 수 있는 기회를 제공한다.

◈ 탐구(자연학습) 영역의 연령별 유의점

3세	• 유아의 건강을 위하여 동물 사육장을 깨끗하게 관리한다. • 유아 주변에 있는 친숙한 동식물들을 관찰하게 한다. • 식물은 성장 속도가 빠른 것을 길러 성취감을 주도록 한다. • 동식물을 기르는 과정은 먹이를 주거나 물을 주어 관찰하는 수준에서 유아의 흥미를 이끌어 주도록 한다.
4세	• 동식물, 곤충을 함께 기르고 재배하면서 먹이 당번을 정하고, 성장 과정이나 변화를 그림으로 나타낼 수 있도록 관찰기록 용지를 준비한다.
5세	• 먹이 주기, 털 빗어주기 등의 관리를 통해 스스로 동물을 길러보도록 배려한다. • 직접 기르는 동식물에 관련된 책을 준비하여 정보를 수집하게 하고 울음소리나 움직임을 신체로 표현하게 한다. • 관찰기록 용지 이외에 쓰기 도구 등을 첨가할 수 있다. • 식물 중 채소류는 직접 길러 요리활동으로 연결 지어 보도록 한다.

3) 물 · 모래놀이 영역

물 · 모래놀이 영역은 공간과 형태의 제약을 받지 않고 활동할 수 있어 유아가 즐겁게 활동할 수 있다.

◈ 교구 및 자료

플라스틱 자동차나 트럭, 사람과 동물 인형, 플라스틱(PVC) 관, 접시나 그릇 등의 소꿉놀이 기구류, 우유나 요구르트 병, 삽, 갈고리, 체, 깔때기, 계량컵, 계량스푼, 플라스틱 컵, 마른 콩이나 씨앗류, 물놀이용 비닐옷, 스프레이, 수도, 페인트 붓, 찍기를 위한 여러 가지 모양 틀, 펌프가 있는 플라스틱 병(빈 로션 병), 눌러 짜는 플라스틱 병(케첩 통), 모양이 다른 플라스틱 병 등

◈ 물 · 모래놀이 영역의 연령별 유의점

연령	유의점
3 · 4세	• 물놀이장은 미끄럽지 않은 바닥으로 구성한다. • 모래는 체에 친 고운 모래에 물을 뿌려 준비한다. • 물 · 모래놀이 할 때에 사용되는 기구들은 날카롭지 않게 처리된 것이어야 한다. • 보조 자료의 수는 적절한 양으로 제공하여 사용 및 정리가 간편하도록 한다.
5세	• 다양한 보조 자료를 충분히 제공한다. • 유아들이 고안한 보조 자료를 첨가하여 놀 수 있도록 한다. • 물놀이장은 수영할 수 있는 곳, 물 흐름대 등 다양한 형태로 제공한다.

4) 보관 구역(창고)

실외 활동 공간에는 남아 있는 놀이기구를 보관하고, 시기에 따라 다른 놀이기구를 적절히 사용하기 위한 창고가 필요하다. 창고의 위치는 물이 괴지 않는 약간 경사진 곳의 딱딱한 바닥 영역에 가까운 곳이어야 한다. 이 밖에도 여러 가지 놀이기구를 정리할 수 있는 선반이 필요하다.

◈ 보관 구역(창고)의 연령별 유의점

연령	유의점
3 · 4세	• 놀잇감의 종류, 색깔, 무게별로 유아가 쉽게 정리할 수 있도록 비치한다. • 내부에 습기가 차지 않도록 주의한다. • 현재 많이 쓰이는 작은 놀이기구를 유아가 쉽게 수납할 수 있는 작은 수납장을 준비한다.
5세	• 여러 가지 작은 놀이기구를 분류하여 정리할 수 있도록 선반을 준비한다. • 놀잇감을 옮길 수 있는 바퀴가 네 개 달린 수레가 있으면 편리하다. 3세는 교사와 함께 4~5세는 친구와 함께 협동하여 옮길 수 있도록 한다.

5) 편평하고 개방된 공간

개방된 영역은 놀이 시설이 배치되지 않은 넓은 공간을 의미한다. 따라서 이 영역은 개인이나 소집단 활동, 게임 등에 활용할 수 있으며, 교사가 유아의 신체 발달 정도, 교육의 주제, 계절 등을 고려하여 실외 이동 기구 및 다양한 자료들을 첨가해 줄 수 있다.

◈ 교구 및 자료

안전 사다리(3세), 흔들 보트(3세), 농구 골대 등의 이동 교구 및 농구공, 축구공, 밧줄, 줄넘기, 훌라후프, 널빤지, 타이어, 고무줄 등

◈ 편평하고 개방된 공간의 연령별 유의점

3세	• 안전을 위하여 바닥에 모래를 깔거나 탄력성 있는 바닥으로 꾸민다. • 움직임이 적고, 간단한 신체 활동을 준비한다(공 주고받기, 목표물 맞추기, 바구니 속에 공 넣기 등)
4세	• 대근육을 많이 사용하면서 즐길 수 있는 놀이기구를 배치한다. • 사용되는 자료의 이름과 특징을 이야기한 후, 유아가 놀이 방법을 선택하여 놀이할 수 있도록 준비한다.
5세	• 몇 명의 친구끼리 어울려 노는 것을 좋아하므로 함께 놀 수 있는 자료를 제공한다. • 스스로 게임의 규칙을 정하고, 창의적인 다양한 표현 방법이 나올 수 있도록 유도한다.

6) 조용한 공간

조용한 영역은 실외 활동장에서 밀가루 반죽하기, 이젤 페인팅 하기, 동화책 보기, 동화 듣기, 휴식 취하기 등 주로 정적인 활동을 할 수 있는 영역이다. 따라서 이 영역은 커다란 나무 밑이나 그늘진 곳으로 배치한다. 교사는 이 영역에서 실내 활동을 연장 및 확장할 수 있도록 다양한 활동을 계획하여 공간을 다양하고 융통성 있게 운영하도록 한다.

◈ 교구 및 자료

- 언어활동: 텐트, 큰 상자, 나무 그루터기, 바위, 돗자리, 음악 감상용 테이프와 카세트, 자연의 소리, 여러 종류의 책(동화류, 자연 과학 탐구류, 동요 · 동시집 등), 종이, 연필 등
- 음률활동: 리듬 악기류, 우쿨렐레(ukulele), 큰북, 옥외용 실로폰, 우리나라 고유의 악기, 기타, 아코디언, 하모니카, 리본 테이프, 리듬 막대, 카세트와 녹음용 테이프, 음악감상용 테이프, 풍선, 끈, 비치 볼, 꽃술, 스카프, 훌라후프, 헝겊 테이프, 빈 깡통, 고무줄, 여러 가지 막대 등

◈ 조용한 공간의 연령별 유의점

연령	유의점
3세	• 동화책 보기, 음악 감상, 그림 그리기 등 간단한 활동을 위주로 계획한다. • 조형활동을 할 경우, 뒤처리를 위하여 물통에 물을 준비하거나, 물을 사용할 수 있는 곳 근처에 마련해 준다.
4세	• 무슨 활동을 할 것인지 준비물, 놀이 방법 등을 유아가 직접 계획한 후 유아들 간의 상호작용이 일어나는 가운데 활동을 할 수 있도록 유도한다. • 실외의 조용한 영역에서 혼자 또는 2~3명이 그리기, 점토로 만들기 등의 활동을 즐기므로 이에 관련된 자료들을 제공한다.
5세	• 창의적인 동시 짓기나 그림 그리기, 악기놀이 등 다양한 활동을 계획하고 평가할 수 있게 한다. • 실내에서 이뤄졌던 활동을 확장 또는 연장하도록 활동을 계획한다. • 친구들과 어울려 책보기를 즐기므로 책을 서로 바꾸어보거나 이동식 책꽂이를 실외로 옮겨 놓을 수도 있다. • 지붕이 있는 간단한 장소를 마련하여 소집단 활동을 할 수 있다. • 나무 밑에 헌 타이어, 평상, 긴 나무토막 등을 이용하여 앉는 곳을 꾸밀 수 있다.

제5장 교수 활동 평가

잡초는 없다

공장에서는 똑같은 재료와 틀을 써서 똑같은 물건을 산더미처럼 만들어 낸다. 그러고 보니 현재 우리의 학교 제도도 공장과 비슷하다. 저마다 다른 학생들의 소질과 소망과 능력과 취향을 무시하고 공부하는 기계로 만들어 내는 경향이 없지 않다. 학생들은 미래를 꽃피울 소중한 씨앗들이고 그 씨앗들은 저마다 서로 다른데, 하다못해 한 콩깍지에서 나온 콩이라도 자라면서 달라지는데, 어쩌자고 꼭 같은 나사못으로 깎아 내려고만 들까.

윤구병, 『잡초는 없다』(1998) 中에서

- 유아가 가지고 있는 개성과 특성을 무시한 채 우리는 똑같은 모양의 봉제 인형을 만들려고 하고 있는 것은 아닌가. 똑같은 방식으로 가르치고, 똑같은 방법으로 평가하며, 똑같은 결과가 나오기를 바라는 것은 아닐지 생각해 보아야 한다.

1 평가의 개념 및 필요성

1) 평가의 개념

유아의 발달에 적합한 교육과정을 계획하려면 반드시 평가의 과정이 필요하다. 그러나 대부분의 사람들은 평가라고 하면 교육현장에서 치르는 각종 시험을 떠올리고, 그 결과로 얻은 점수나 석차를 생각하는 경향이 있다. 이것은 평가의 기능을 단순히 학습자를 판정하고 분류하는 일에만 초점을 맞춘 결과이지만, 평가는 학습자의 판정이나 분류보다 훨씬 폭넓은 개념이라고 할 수 있다(신혜영, 유민임, 2002). 평가를 통해 교사는 유아가 수행할 수 있는 것과 수행할 수 없는 것, 기본적인 개념에 대해 알고 있는 것과 알고 있지 못한 것 등을 파악하여 교육을 계획하는 데 필요한 자료로 활용한다.

안정희(2006)는 평가를 학습의 효율성과 효과를 증대하기 위해 일정한 평가 자료와 방법에 따라 정해진 기준에 비추어 따져 보는 체계적인 가치판단 활동이라고 하였다. 이때 평가는 수업 전 활동, 수업 실행, 수업 후 활동 단계를 모두 포함하는 것이다. 원효헌(2002)은 수업평가 동향이 수업의 실행과정에서 표출되는 교사의 교수 행동뿐만 아니라 수업 전의 수업계획 활동과 수업 후의 학생 성취에 대한 평가 활동, 수업 반성 활동 등까지 포함시킴으로써 수업평가 영역을 확대해 나가는 경향이 있다고 설명한다.

따라서 평가란 궁극적으로 수업의 질적인 개선을 목적으로 그 자체를 파악하고, 진단하며, 개선과 변화를 위한, 즉 교육의 질을 향상시키기 위한 활동이라고 볼 수 있다. 평가는 교육목표의 달성 정도를 알아보는 과정으로 객관적인 자료를 통하여 유아의 개별 수준을 이해하는 수단이며, 더불어 교사 및 교육을 평가하는 과정이다. 즉, 유아의 전인적인 성장과 발달을 돕기 위해 이루어지는 모든 교육활동의 과정과 결과에 대한 체계적인 가치판단의 과정을 평가하는 것이라고 정의할 수 있다.

2) 평가의 필요성

평가가 교육현장에서 강조되는 이유는 다음과 같은 필요성 때문이다(임재택, 1995).

첫째, 평가는 점수나 등급을 매겨 우수한 유아와 열등한 유아로 구분하고 선발하는 데 목적이 있는 것이 아니라, 유아 개개인의 전인적 성장과 발달을 도와주는 데 있으므로 그 필요성이 강조되어야 한다.

둘째, 교육의 목표가 제대로 성취되었는지의 여부를 밝혀 교육활동의 전반적인 과정을 개선하기 위해서는 그 교육의 전반적인 과정에 대한 평가가 필수적이다. 특히 교육활동이 전개된 후 설정된 목표에 실제로 어느 정도 도달하였는지, 만약 제대로 달성되지 않았다면 그 요인은 무엇이며, 어떻게 수정 보완해야 할 것인가에 대한 합리적 근거는 평가를 통해 찾을 수 있으므로 평가과정이 필요하다.

셋째, 교육기관에 자녀를 보내고 있는 부모는 자신들의 투자와 노력에 대한 효과를 알고 싶어 한다. 기관에서는 교육의 효과에 대한 실증적이고 과학적인 증거를 수집 · 정리하여 그 결과를 부모에게 알려 줄 필요가 있으므로 평가가 요청된다.

2 평가의 목적 및 기능

1) 평가의 목적

평가의 목적은 한마디로 유아의 전인적 성장 발달을 돕기 위한 활동들의 효율성을 알아보는 것이라고 할 수 있다. 유아의 성장과 발달에는 개인차가 있으므로 유아교육에 있어서의 평가는 초 · 중등교육기관의 평가와는 다르다. 따라서 검사도구를 사용하여 상대적으로 평가하거나 서열화시켜서는 안 된다.

유아를 대상으로 하는 평가의 목적은 다음과 같다(이연섭, 1984).

첫째, 현재 유아의 행동, 언어 및 인지 발달의 정도, 사회성 등 제반 사항에 관련된 발달의 측면을 기술한다.

둘째, 일정한 기간을 두고 계속 평가함으로써 유아 발달 제 측면의 변화를 알 수 있다.

셋째, 평가 과정을 통하여 교사는 각 유아를 개인적으로 재검토할 기회를 의도적으로 가지게 되며, 평가 자료를 기초로 하여 유아 각 개인에게 보다 적절한 프로그램을 계획할 수 있다.

넷째, 교사는 유아의 평가를 통하여 각 교육기관이 가지고 있는 특수성이나 특정한 교육목표에 부합되는 프로그램을 제공하고 있는지를 보다 깊이 투시할 수 있다.

다섯째, 보고서를 학부모에게 제시함으로써 유아에 대한 부모의 이해를 돕는다.

이와 같은 평가의 목적을 종합해 보면, 평가는 유아의 전인적 성장과 발달에 도움을 주기 위한 교육 프로그램 전체의 효율성을 밝히는 데 목적이 있으므로 교육과 관련된 모든 활동을 사실 그대로 파악하고 기술해야 한다. 그러나 유아를 측정하고 평가하는 것은 유아 개인 간의 우열에 대한 차이를 변별하는 데 중점을 두기보다는 유아 개인 내의 성장과 발달의 변화를 확인하는 데 중점을 두어야 한다.

2) 평가의 기능

평가의 기능은 관점에 따라 여러 가지로 나눌 수 있는데, 평가가 지니고 있는 기능들을 교육활동과 관련하여 정리해 보면 다음과 같다(오성삼, 구병두, 1996).

(1) 교육목표의 달성도를 파악하는 기능

평가의 주된 기능은 일정한 교육목표를 정해 놓고 그 목표의 달성을 위해 여러 가지 교육활동을 전개해서 얻은 교육성과를 평가하는 데 있다. 즉, 교육목표의 달성도에 관한 증거와 정보를 수집하는 데 일차적인 관심이 있다.

(2) 교육활동의 개선 방안을 모색하는 기능

교육평가는 유아 개개인의 전인적 성장과 발달을 이해하고 도와주는 데 있으므로 교육목표가 얼마나 성취되었는가의 여부를 밝혀 교육활동의 전반적인 과정을 개선하기 위하여 평가가 필요하다. 또 유아의 개인차에 따른 학업 성취의 결과를 분석하고, 그 결과를 토대로 후속 학습을 계획하여 학습활동의 개선 방안을 모색하는 기능도 있다.

(3) 유아의 이해를 위한 기초 자료를 수집하는 기능

교육평가는 유아의 생활지도와 학습지도에 있어서 기초가 되는 자료를 제공해준다. 지능 검사, 발달 선별 검사, 학습 준비도 검사, 사회 성숙도 검사, 성격 검사, 가정환경 검사 등의 각종 검사나 관찰을 통하여 일반 유아와 특수 유아를 판별하고 지적장애 유아를 조기 발견하며, 일반 유아의 성장과 발달 이해 및 효율적인 유아 행동 지도를 위한 기초 자료를 수집하여 유아를 보다 잘 이해하게 한다.

(4) 부모에게 필요한 자료를 제공하는 기능

부모는 자녀를 교육기관에 보낸 후 자기 자녀에 대한 교육 성과에 대하여 알고 싶어 한다. 따라서 각 유아에 대한 평가 결과를 부모에게 통보하여 유아에 대한 부모의 이해를 높이고, 가정에서도 유아의 능력에 맞는 지도를 실시함으로써 교육효과를 증대시킬 수 있다.

(5) 유아 지도 교수법을 개선하는 기능

유아를 지도하는 교사의 교수법은 과제의 특성이나 유아의 수준에 따라 적절해야 하는데, 장기간 교사직을 수행하다 보면 자신의 틀에 맞는 교수법으로 고정되어 버리는 경향이 커진다. 그러나 객관적이고 타당한 교육평가의 결과를 통해 교사의 교수법을 개선하게 하는 반성 자료를 얻을 수 있다.

(6) 유아의 학습동기를 유발하는 기능

교육평가의 결과에 대하여 강화(표정, 칭찬, 접촉 등)를 체계적으로 사용하면 유아의 학습동기를 유발할 수 있다. 표정 강화는 유아에게 관심을 표현하거나 마주보며 웃어 주는 등의 방법이고, 칭찬 강화는 "참 잘했어요.", "수고했어요.", "좋은 생각이에요." 등의 방법을 활용할 수 있다. 접촉 강화는 꼭 안아 준다거나, 손을 잡는 등의 피부 접촉을 통하여 표현하는 방법이다.

(7) 제반 교육활동에 관한 효과를 파악하는 기능

교육의 질적 개선을 위해서는 현재 실시되는 각종 교육 프로그램이 본래 의도하였던 목적을 달성했는지에 대한 평가과정이 요구된다. 이는 최근에 관심을 끌고 있는 프로그램 평가로서 여기에는 교직원의 자질과 배치, 교육기관의 시설 및 환경, 제도 및 운영의 전반에 걸친 평가가 포함된다.

3 평가의 유형

평가는 그 목적에 따라 진단평가(diagnostic evaluation)와 형성평가(formative evaluation) 그리고 총괄평가 또는 총합평가(summative evaluation)로 나눌 수 있다.

1) 진단평가

평가의 중요한 기능 중의 하나는 학습의 진단이다. 유아가 현재 가지고 있는 발달 혹은 능력 수준과 기초적 지식과 기능을 출발점으로 하여 학습이 시작되어야만 그 효과가 있기 때문이다. 또한 유아의 흥미나 관심 분야와 동떨어진 활동이나 내용들이 주를 이룰 경우 교육에 대한 큰 성과를 기대하기는 어렵다. 유아교육기관은 연령별 혹은 혼합 연령으로 집단을 구성하여 수업이 진행된다. 이러한 집단 수업에서 교사는 흔히 활동계획을 세울 때 모든 유아가 동일한 출발점에 서 있는 것으로 가정하기 쉽다. 그러나 모든 유아의 교육적 배경이 동일할 것이라는 가정은 바람직하지 못하다. 유아 중에는 출발점에 훨씬 미치지 못하거나 혹은 출발점을 지나 있어 다음에 진행될 새로운 학습이 가능한 경우도 있다.

그러므로 교사는 유아가 차지하고 있는 위치를 정확하게 파악하여 올바른 활동계획을 세울 수 있어야 한다. 유아의 개인차를 고려하지 못한 채 활동을 진행한다면 출발점에 미치지 못하는 유아의 경우 실패감과 좌절감을 맛보게 될 것이다. 따라서 이러한 수업계획을 세우기 위해서 유아에 관한 필요한 정보를 체계적으로 입수하여 가장 효과적인 방법을 모색할 필요가 있다. 이를 위하여 '평가'가 필요한 것이다.

진단평가는 유아들의 배치 또는 정치(placement), 선수학습 능력, 학습 곤란 등을 진단하여 효율적인 학습 지도 방안을 찾기 위한 평가이며, 유아의 시발 행동을 구체적으로 파악하여 그 정보를 교수계획이나 유아를 위한 의사결정에 사용하기 위한 목적으로 실시된다(황정규, 1998). 다시 말해, 진단평가는 교육과정을 계획하기 이전에 유아의 현재 상태를 진단하기 위해서 사용하는 평가방법이다. 진단평가를 위한 표준화된 검사로는 지능 검사, 성취도 검사, 준비도 검사 등이 있다. 그러나 표준화검사는 유아의 전체적인 측면을 종합적으로 수치화하여 나타내는 것이므로 교사는 이 검사의 결과에 지나치게 의존하여 유아를 평가하는 오류를 범하지 말아야 한다.

수업이 시작되는 시초에 이루어지는 진단평가에는 다음과 같은 세 가지 형태가 있다(이영석, 박재환, 김경중, 1985).

첫째, 수업의 목표를 달성하기 위하여 우선되어야 할 것으로 판단되는 지식, 기술, 특정 행동 양식을 유아가 소유하고 있는지의 여부를 밝히려는 형태가 있다.

둘째, 주어진 일정 단원이나 학습의 목표를 이미 충분히 습득했는지의 여부를 확인함으로써 이미 습득한 유아에게 다음 단원이나 과정으로 나아갈 수 있게 하는 형태가 있다.

셋째, 특정 수업 전략이나 방법에 요구되는 흥미, 성격, 경험, 배경, 적성, 기능, 선행학습 정도 등과 같은 특성에 따라 유아를 분류하는 형태가 있다.

또한 수업이 진행되는 도중에 실시되는 진단평가는 보통의 교정수업으로는 치료되지 않는 학습 결손 상태나 그 근본 원인을 밝히는 일을 주요 기능으로 한다. 즉, 학습 결손의 근본 원인이 수업방법이나 교재보다 신체적 · 심리적 · 환경적 조건일 경우도 있다. 이때 이러한 학습상의 실패 원인을 정확하게 지적하여 장애 요소를 교정하고자 할 경우 진단평가를 실시한다.

교육현장에서의 진단평가는 교육활동이 시작되기 전이나 학기 초에 시행하는 것이 일반적이다. 이는 유아의 발달에 적합한 교육활동과 실내 · 외 환경 구성을 위하여 유아의 발달 정도, 장애 유무 및 흥미나 동기 등과 관련된 필요한 정보를 얻기 위한 과정이다. 따라서 주로 학기 초에 부모와의 면담과 가정환경 조사서를 통한 생활기록부의 작성 등을 토대로 유아의 기초 자료를 만들 수 있다. 또한 간단한 발달 검사를 통하여 유아의 발달 상황 및 발달 지체 여부를 확인하고, 이를 교육활동 계획에 반영할 수 있도록 해야 한다.

2) 형성평가

형성평가는 교수 · 학습의 진행과정에서 그 수업에 설정된 목표를 달성하기 위해 정상적인 진전을 보여 주고 있는지 수시로 점검해 보는 평가를 말한다. 즉, 형성평가는 프로그램 진행과정에서 목표를 위해 인적 · 물적 자원이 적절히 활용되고 무리 없이 진전되고 있는가를 계속적으로 점검하는 것이다. 그리고 이와 같은 피드백 자료를 현장의 교사, 유아 및 기타 참여자에게 제공함으로써 프로그램 개선에 기여하고자 하는 평가다(이은해, 2000).

형성평가는 수업활동이 진행되는 과정에서 설정한 수업목표가 제대로 진전되고 있는지 계속 점검해 나가는 일련의 과정이다. 이처럼 형성평가는 교수 · 학습이 효율적으로 수행되고 있는가를 알아보기 위하여 실시하는 평가로 그 수업과 학습의 진전 상황에 대한 정보를 수집하고 분석하며 평가함으로써 수업과 학습의 개선에 도움을 주는 것이 주목적이다. 미국유아교육협회(National Association for the Education of Young Children: NAEYC, 1991)에서는 유아교육에서의 평가는 수업이 진행되고 있는 활동을 관찰하여 서술하는 방법이 바람직하다며 형성평가의 활용을 적극적으로 권장하고 있다. 형성평가는 교수학습에 대한 평가이므로 유아에 대한 평가와 교사에 대한 평가로 나뉘는 것이 일반적이다.

형성평가의 방법으로는 유아가 학습활동을 얼마나 이해했는가를 알아보기 위하여 관찰이나 면접을 통하여 일화기록을 할 수 있다. 또한 교사가 알고자 하는 문항을 만들어 체크리스트를 작성하여 교사가 관찰하면서 체크하기도 한다.

임인재(1976)는 형성평가의 기능을 다음과 같이 구분하고 있다.

첫째, 유아에게 학습 방향을 제시한다. 장기간의 학습 기간 중에 무엇을 어떻게 학습할 것인지 명확히 알 수 없는 경우, 수시로 형성평가를 실시하여 바람직한 학습 방향을 제시할 수 있다.

둘째, 유아의 학습 행동을 강화해 준다. 학습과제를 세분화하여 각 단계에서 바람직한 학습이 이루어질 때마다 적절한 보상이 뒤따른다면 학습 행동은 강화될 수 있다.

셋째, 유아의 학습 진전을 원활하게 한다. 학습과제 수행의 전후 단계에 있어서 유아의 각 학습 단계에서 필요한 학습 요소를 완전히 학습했는가를 점검함으로써 교수 · 학습의 과정을 원활하게 진전시켜 준다.

넷째, 유아들이 지니고 있는 학습 곤란을 진단하고 교정시켜 준다. 유아들이 응답한 것이 정답일 때 학습 행동을 강화하고 오답일 때 교정해 주는 역할로 바람직한 행동이 무엇인지를 제시해 준다.

다섯째, 교사들의 학습 지도 방법을 개선할 수 있다. 교사는 학습 지도 방법을 수시로 개선할 수 있는 정보를 형성평가를 통해서 획득하게 된다. 즉, 어떤 학습과제에 대하여 유아들이 집단적으로 학습 곤란을 나타내는 경우에는 대체로 학습자보다는 교사의 학습 지도상의 문제로 보아, 원인이 무엇인지 밝혀내고 적절한 조치를 취해야 한다.

요약하면, 형성평가는 교육활동이 진행되는 과정에서 교육 내용을 수정 · 보완하는 데 필요한 정보를 얻기 위해 교육활동 목표에 대한 유아의 반응과 변화의 정도 등을 파악하는 것이다. 이 경우에 주로 실시되는 평가는 신체 · 인지 · 언어 및 사회 · 정서 발달을 유아 발달 체크리스트를 이용하여 격월별, 분기별 또는 학기별로 평가할 수 있고, 일화기록을 통한 관찰기록과 교육일지를 통한 질적 평가도 가능하다. 부모와의 면담을 통해 얻게 되는 유아에 대한 정보도 유아 발달 평가를 위한 중요한 자료가 된다.

3) 총괄평가

총괄평가는 종합평가라고도 불리는데, 이는 프로그램이 궤도에 오르고 일정 기간이 지난 다음 실시된다. 따라서 프로그램이 기대했던 목표를 달성시켰는지, 유아 · 교사 · 부모 등에게 미친 효과는 무엇인지, 이런 프로그램을 계속하거나 다른 현장에까지 확장할 가치가 있는 것인지 등을 결정하기 위해 자료를 수집하고 분석하는 것이다(이은해, 2000).

총괄평가는 수업과 학습활동이 끝난 후에 본래 기대했던 교육목적에 따라 교육적 효과가 있었는지 최종 판단을 내리는 것이다. 여기에는 학기말고사, 학년말고사 등이 해당된다. 총괄평가의 결과를 통하여 장래 학업 성취도를 예측할 수 있으며, 학습 지도의 장기적인 질적 관리도 가능하다. 따라서 총괄평가는 유아의 학업 성취 수준을 종합적으로 판단하고 교육목적의 달성 여부를 알아보는 것이므로 다양한 방법으로 평가한 모든 결과물을 모아서 평가해야 한다.

황정규(1998)는 총괄평가의 기능을 다음과 같이 제시하고 있다.

첫째, 학업성취 수준을 결정해 주기 위해 점수를 배정하고 판정한다.

둘째, 차기 수업이 어느 정도 수준에서 교수되어야 할지 결정하는 데 도움을 준다.

셋째, 자신의 학습이 어느 정도 진보되고 있는지에 대한 정보를 알려 준다.

넷째, 집단 전체의 성적을 산출하여 집단 간의 성적 결과를 비교할 수 있다.

다섯째, 유아가 지닌 기술, 능력 또는 지식의 요구에 부합하는지 여부를 결정하기 위한 판단 자료가 된다.

요약하면, 총괄평가는 교육활동의 효과를 최종적으로 평가하기 위한 것으로 교육활동에서 기대했던 목표가 달성되었는지, 교육활동의 수행이 유아, 교사 및 부모에게 미친 영향이 무엇인지, 그 효과는 어떤 것인지를 알아보기 위하여 유아의 발달 정도와 교사 및 부모를 대상으로 필요한 자료를 수집하고 분석하는 과정이다. 따라서 교육기관에서는 교육활동이 전체적으로 끝난 후에 그 효과를 최종적으로 평가하기 위하여 프로그램 운영 평가를 할 수 있으며, 교사의 자기평가 및 부모를 대상으로 부모 만족도 조사 등 필요한 자료를 수집하고 분석하여 전체 평가에 반영할 수 있다.

평가는 활동의 전개에 따라 진단평가, 형성평가, 총괄평가 등의 적절한 평가방법을 택하여 실시하여야 한다. 목표에 충실한 평가가 되기 위해서는 다음과 같은 사항을 고려하여야 한다.

- 평가는 학습활동 측면에 대한 평가뿐만 아니라 평가 결과를 통해 발전적인 교수 · 학습이 이루어질 수 있도록 참고 자료로 사용해야 한다.
- 유아의 발달 수준을 고려하여 유치원 교육과정에 제시되어 있는 내용의 수준과 범위 내에서 평가해야 한다.
- 평가는 개인의 전인적인 성장과 학습을 돕고, 교사 자신의 교수 · 학습 방법을 개선하기 위한 것이어야 한다.
- 교사는 활동이 진행되는 상황에서 결과보다는 유아의 사고과정에 중점을 두어 평가해야 한다.
- 교수 자료가 유아의 발달 수준에 적합하지 않으면 평가 자체가 정확하지 않은 결과를 가져오기 때문에 교수 자료의 적절성을 평가해야 한다.
- 또래 유아 간의 비교 우위를 정하는 평가가 되기보다는 유아 내(in the individual child)에 중점을 두어 현재의 발달 수준이 어느 영역에서 얼마나 발달하였는가를 평가해야 한다.

4 평가의 종류

유아를 위한 교육활동은 다양하게 전개되므로 적용되는 평가의 종류도 다양하다. 유아의 연령에 적합하면서 개별 유아의 발달 수준을 고려한 교육을 계획하고 제공하기 위해서는 총체적이고 다면적인 평가가 필요하다. 평가에는 기존의 표준화된 검사법 외에도 여러 가지 방법이 있다. 그중에서도 관찰법, 면접법, 포트폴리오 등이 있는데, 이는 유아의 성장 발달에 대한 평가를 유아가 활동하고 있는 과정에 초점을 두고 있는 것이다. 어떤 방법을 적용하여 어떻게 평가할 것인가 하는 것은 학습내용이나 활동과정에 따라 달라진다.

유아는 발달적으로 독특한 시기이므로 유아교육에서의 평가는 유아의 지식 획득 정도에 관련된 측면보다는 유아의 자발성, 자아개념, 활동에 대한 참여 정도, 활동수행 능력 등과 관련된 정의적이고 태도적인 측면에 중점을 두는 것이 바람직하다. 이를 통해 개별 유아의 진보와 미숙을 발견하고 수정하는 것에 평가가 활용되어야 할 것이다.

교사는 여러 가지 평가 방법의 특성과 장단점을 알고 학습내용이나 활동과정에 따라 적합한 방법을 선택하여 적용하여야 한다. 여기서는 평가에서 일반적이고 보편적으로 활용되는 방법인 관찰법(일화기록, 평정척도, 체크리스트), 검사법(표준화검사, 교사 제작 검사) 및 포트폴리오에 대하여 살펴보고자 한다.

1) 관찰법

관찰법은 역사가 가장 오래된 것으로 유아를 대상으로 하는 평가에서 보편적으로 사용되는 방법이다. 이는 유아의 자연스러운 일상생활을 교사가 관찰하여 기록하는 것이다. 교사는 관찰을 통하여 도움이 필요한 유아에게는 어떤 도움이 필요한지, 도전이 필요한 유아에게는 어떠한 도전을 할 수 있도록 이끌어 주어야 하는지를 판단하고 결정할 수 있다.

관찰법의 장점은 다음과 같다. ① 특별한 훈련 없이 손쉽게 관찰할 수 있고, ②

시간과 장소의 구애를 받지 않으며, ③ 어떠한 형태의 프로그램에서도 사용이 가능하고 어떠한 발달 영역에서도 적용할 수 있다. 반면, 단점은 다음과 같다. ① 관찰자인 교사의 주관적 편견이 개입될 수 있고, ② 발달 영역에 따라 관찰의 정확성에서 다소 차이가 있을 수 있으며(예: 신체 운동 능력은 정확하게 관찰이 될 수 있으나 사고과정은 쉽게 관찰하기 어렵다), ③ 교사가 다른 일을 하면서 관찰하는 경우 전체적인 맥락을 파악하는 데 어려움이 있다.

관찰은 유아의 발달 특성을 판단하여 교육과정을 구성하는 데 중요한 자료가 될 뿐만 아니라 학부모와의 상담 시에도 유아에 대한 필요한 정보를 제공하기에 유익한 자료가 된다. 따라서 교사는 관찰법의 장단점을 바르게 이해하여야 한다.

관찰을 통하여 좋은 자료를 얻기 위해서 교사는 다음과 같은 점에 주의해야 한다(배소연, 서현아, 백혜리, 강민정, 2005).

첫째, 다양한 상황에서 유아를 관찰할 수 있도록 적절한 시간과 장소를 결정해야 한다.

둘째, 관찰 내용은 일정한 형식에 따라 일관성 있게 기록해야 한다. 또 관찰 내용을 기록할 때에는 실제로 관찰한 것과 관찰자의 해석을 분명히 구분해야 한다.

셋째, 유아의 행동이 일어났을 때 기록할 수 있도록 항상 준비한다.

넷째, 관찰을 할 때 교사는 추측을 해서는 안 된다. 오직 실제로 일어난 상황만을 그대로 기록으로 옮겨야 한다.

다섯째, 유아의 주변 요소, 즉 후광효과(halo effect)에 의해 유아의 행동을 미리 판단하거나 선입견을 가지고 관찰해서는 안 되며, 유아에 대한 자신의 느낌이나 태도에서 편견이 없도록 유의한다.

관찰은 자유선택활동 시간이나 간식 시간 혹은 소집단 활동 시간 등을 이용하여 할 수 있다. 관찰이 유아의 발달과 행동 특성을 평가하는 데 효과적으로 기여하기 위해서는 반드시 체계적인 절차를 거쳐야 한다. 관찰의 절차는 관찰 방법의 유형에 따라 차이가 있으나 일반적으로 다음과 같은 단계로 구성된다(윤애희, 김온기, 이혜경, 2002).

- 1단계-관찰을 계획하는 단계: 관찰하기에 앞서 관찰의 목적을 분명히 하고, 관찰하고자 하는 행동을 결정하며, 몇 명의 유아를 언제, 어디에서, 어떤 기록 양식을 사용하여 관찰할 것인가를 결정한다.
- 2단계-관찰하고 기록하는 단계: 1단계에서 충분한 사전 검토를 통한 관찰 계획이 완성되면 2단계에서는 유아의 행동을 실제 관찰하고 이를 준비된 양식에 기록하는 것이다. 유아교육현장에서 가장 많이 활용되는 관찰기록 방법은 일화기록법, 행동목록법, 평정척도법 등이 있다. 교사는 자신의 관찰 목적에 따라 어떤 방법을 사용할 것인지 결정해야 한다.
- 3단계-기록한 내용을 분석하는 단계: 관찰기록이란 행동 및 발달을 추론할 수 있는 단서들을 모으는 것이고, 분석이란 기록한 내용에 의미를 부여하는 작업이다. 따라서 관찰기록의 결과가 유아를 평가할 수 있는 의미 있는 자료가 되기 위해서는 반드시 체계적으로 분석되어야 한다.
- 4단계-관찰기록을 활용하는 단계: 관찰 자료는 관찰 목표에 따라 체계적으로 기록되고 분석되어 효과적으로 활용될 때 실용적인 자료로서의 가치를 지니게 된다. 각 유아에 대한 관찰기록은 유아의 발달 및 행동 특성을 평가하기 위한 자료, 유아의 발달 수준과 흥미에 적합한 프로그램을 제공하고 지도하기 위한 자료, 그리고 유아의 부모와 면담을 하기 위한 자료 등으로 활용될 수 있다.

관찰 결과에 대한 진술은 일화기록, 평정척도, 체크리스트 등의 형태로 분류될 수 있다. 일반적으로 관찰기록을 할 때에는 기록 날짜, 유아의 연령, 관찰 장면 등에 대한 것을 함께 기록하는 것이 좋다.

(1) 일화기록

일화기록(anecdotal record)은 관찰법 중에서 가장 기본적인 방법이다. 유아가 하는 행동 중에서 눈에 띄는 행동이나 특정 사건을 구체적이고 사실적으로 기록하는 방법으로 유아 개개인에 대한 자세한 서술이 목적일 경우에 사용한다. 이때에는 주변 상황과 주요 인물의 말 등을 교사의 주관적 생각이 들어가지 않고 사실적이고 객관적으로 기록해야 한다. 일화기록은 특별한 상황을 설정하기 위하여 계획하거나 준비할 필요가 없으며 시간이나 사건에 대한 제한도 없으므로 언제 어디서나 관찰하고 기록하는 것이 가능하기 때문에 사용하기 편리하다. 교사는 모든 상황을 즉시 기록하는 것이 어려울 경우 사건의 개요와 말의 요점, 주변 상황 등을 간략히 메모해 두었다가 일과가 끝난 후 바로 기록한다.

일화기록은 형식적으로 규정된 양식이 없어 교사가 자유롭게 기록할 수 있으므로 다른 관찰기록 방법에 비하여 간편하다는 장점이 있다. 단점으로는 기록에 시간이 많이 소요되어 교사에게 부담이 될 수 있으며, 정확하고 객관적인 관찰이 아닐 경우 유아에 대한 잘못된 평가를 할 수 있어 기록에 대한 해석을 할 때 오류를 범할 가능성이 있다. 따라서 일화기록은 기록된 내용을 검토하고 분석하는 것이 제일 중요하다. 분석을 통하여 유아의 행동 특성이나 발달 수준 등을 파악할 수 있기 때문이다.

관찰 유아(남 · 여):	생년월일:
관찰 일시:	관찰자:
관찰 장면:	
관찰 내용:	
관찰자 의견:	

[그림 5-1] 일화기록 양식

(2) 평정척도

평정척도(rating scale)는 어떤 특성이나 행동에 대하여 평가할 항목을 미리 선정하여 정해진 범주에 따라 평가할 때 사용되는 방법이다. 평정척도는 체크리스트와는 달리 학습자가 그 과제를 얼마나 잘 수행했는가에 대한 질적 정보를 제공한다. 다시 말해, 관찰에서 얻은 정보를 수량화하는 것으로 어떤 행동의 출현 유무를 표시하는 데 그치지 않고 행동의 질적인 특성을 알고자 할 때 사용된다. 평정척도는 일화기록보다 시간이 적게 걸린다는 장점이 있다. 또한 많은 발달 영역을 동시에 평가할 수 있으며, 유아 간의 비교가 수월하다. 반면, 관찰 결과만 기록하므로 행동에 대한 원인이나 전후 사정을 설명해 주지 못하며, 관찰 즉시 기록하는 것이 아니라 기억에 의존하여 판단하므로 편견이나 오류를 범할 수 있는 단점이 있다.

평정척도는 척도의 표시가 언어, 숫자, 그림 등 여러 형태로 나타나는데, 그 형태에 따라 기술평정척도(category rating scale), 도식평정척도(graphic rating scale), 표준평정척도(standard rating scale), 숫자평정척도(numerical rating scale)로 나뉜다(나귀옥, 김경희, 2004). 기술평정척도는 특정 항목에 대한 유아의 성취 수준을 언어적으로 기술하여 그중 적절한 항목에 체크하는 방식이다. 예를 들면, 분류하기 항목에서 유아의 성취 수준을 '한 가지 준거에 의해 분류하기, 두 가지 이상의 준거에 의해 분류하기, 개념적 준거에 의해 분류하기, 분류 준거를 찾아내기' 등으로 낮은 수준에서 높은 수준으로 기술하고 유아의 수준을 체크하는 방식이다.

도식평정척도는 숫자평정척도처럼 '매우 잘함, 잘함, 보통, 못함, 매우 못함' 등으로 평가하지만, 숫자가 아니라 항목의 양극을 잇는 선 위에 유아의 위치를 체크하는 방식이다.

표준평정척도는 전체 유아를 상대적인 위치에 두고 '최상위 5%, 상위 20%, 중간 50%, 하위 20%, 최하위 5%' 중에서 유아가 어디에 속하는지를 체크하는 방식이다. 예를 들면, '1에서 10까지 수세기 능력'을 몇 개의 등간 중에(|—|—|—|—|) 유아가 어디에 해당하는지 표시하는 것이다.

숫자평정척도는 특정 항목에 대한 유아의 성취 수준을 체크하는 것이다. 예를 들면, '혼자서 옷 입고 벗기'라는 항목에 '매우 잘함, 잘함, 보통, 못함, 매우 못함'

등으로 기술하고 5점에서 1점까지 점수를 부여하는 방식이다. 숫자 배정의 일반적인 규칙은 가장 긍정적인 척도치에 가장 높은 점수를 주는 것이다. 숫자평정척도는 홀수를 사용하는 것이 측정과 분석에 편리하기에 일반적으로 3점 척도, 5점 척도, 7점 척도가 있다.

관찰 유아(남 · 여):	생년월일:				
관찰 일시:	관찰자:				
관찰 장면:					
	매우 못함	못함	보통	잘함	매우 잘함
1. 물건 정리하기	1	2	3	4	5
2. 편식하지 않기	1	2	3	4	5
3. 혼자서 옷 입고 벗기	1	2	3	4	5
4. 규칙이나 약속 잘 지키기	1	2	3	4	5
5. 손 씻기	1	2	3	4	5

[그림 5-2] 평정척도 양식

(3) 체크리스트

체크리스트(checklist)는 행동목록법이라고도 불리는데, 교사 혹은 관찰자가 궁금해하는 행동의 목록을 사전에 준비하고 목록에 있는 행동이 나타나는지를 관찰하여 체크로 표시하는 방법이다. 따라서 행동 목록이 추상적이거나 포괄적인 경우 해석이 달라질 수 있으므로 관찰하기에 분명하고 구체적인 행동 문항이어야 한다. 체크리스트는 관찰자가 행동 목록들의 항목을 통해 평정척도처럼 얼마나 수행할 수 있는가 하는 수행 정도를 평가하는 것이 아니라 현재 특정 행동이 일어났는지 혹은 일어나지 않았는지에 대해 알려 줄 뿐이다. 따라서 시간의 변화에 따른 행동과 발달의 변화를 알고자 할 때 사용되는 것으로 교사는 체크리스트를 통해 교육과정의 진행 속도와 방향을 쉽게 조절할 수 있다.

체크리스트는 기록이 쉽고 사용이 편리하여 시간을 절약할 수 있고, 유아의 사건이나 행동이 쉽고 빠르게 분류될 수 있다는 장점이 있는 반면, 관찰하고자 하는 항목이 미리 결정되어 있기 때문에 유아 행동의 중요한 부분을 빠뜨릴 수 있다는 단점이 있다.

관찰 유아(남 · 여):	생년월일:		
관찰 일시:	관찰자:		
관찰 장면:			
	예	아니오	비고
1. 자신의 물건을 정리하여 사물함에 넣을 수 있다.	___	___	___
2. 음식을 골고루 먹는다.	___	___	___
3. 혼자서 옷을 입고 벗을 수 있다.	___	___	___
4. 규칙이나 약속을 잘 지키는 편이다.	___	___	___
5. 화장실 사용 후 뒤처리를 혼자 할 수 있다.	___	___	___

[그림 5-3] 체크리스트 양식

2) 검사법

검사는 유아의 발달 정도와 특성을 평가할 수 있는 구조화되고 객관적인 표준화 검사와 평가하고자 하는 목적과 내용에 따라 교사가 직접 제작한 비형식이고 비표준화된 검사가 있다. 표준화검사는 신뢰도와 타당성이 이미 검증된 것이므로 검사의 실시, 채점 및 결과의 해석이 동일하도록 모든 절차와 방법을 일정하게 만들어 두어 누구나 손쉽게 객관적인 자료를 얻을 수 있으며, 다른 유아와의 비교도 용이하다. 그러나 표준화검사는 전체적인 수치로 나타나는 것이므로 이를 통해 유아의 발달을 단순히 평가하고 판단하는 것은 바람직하지 못한 일이다. 따라서 교사가 제작한 비형식적인 검사나 다른 평가 도구와 함께 활용하여야 한다.

교사 제작 검사는 표준화검사에서 부족한 부분이나 좀 더 자세히 알고 싶은 부분 혹은 특수한 부분을 평가하고 싶으나 이를 평가할 수 있는 적절한 도구가 개발되어 있지 않을 경우, 교사는 평가의 목적과 내용에 따라서 직접 제작하여 사용할 수 있다. 유아교육의 평가 영역이 다양하고 광범위함에도 불구하고 세부 영역의 측정 및 평가 도구가 없는 경우가 있다. 따라서 교사는 그 장단점을 충분히 이해하고 목적에 용이한 적절한 평가 방법을 고안하여 활용할 수 있다.

표준화검사는 대체로 준거지향적 검사(criterion referenced test)라기보다는 규준지향적 검사(norm referenced test)이며, 검사 문항의 표집과 구성을 엄격히 하고, 검사 실시 조건과 채점 방법을 일정하게 규정해 놓고 있다. 또한 검사 결과의 해석을 표준화시키고, 규준에 비추어 의미 있게 비교할 수 있도록 규준 점수를 제시하는 형태로 구성되어 있다. Kamii(1990)는 "표준화검사는 검사 결과 극히 한정된 정보만을 제공하고 때로는 부정확한 정보를 제공하면서도 유아를 우수아와 부진아로 나누거나 규정짓는 기초로 사용되기도 한다. 이러한 검사 점수를 지나치게 강조하는 것은 유아에게 해로우며 유아의 능력을 측정하는 데 부적당하다."라고 비판하고 있다.

이러한 표준화검사의 특징 및 장단점은 다음과 같다. 특히 단점은 여러 학자의 의견별로 구분하여 살펴본다(황해익, 2004).

(1) 표준화검사의 특징

- 인간의 행동 특성은 항구적이고 안정성이 있다고 보는 관점에서 출발하고 있다.
- 검사 내용, 검사 실시 조건, 채점 과정 및 해석이 표준화되어 있다.
- 특정한 어느 시점에서 한 개인의 반응을 표본으로 하여 그 점수가 신뢰성이 높고 또한 측정하려고 하는 정의된 속성에 대한 타당성이 높다.
- 측정 결과 활용에 있어서는 선발 분류, 예언, 실험, 자격 부여, 평점, 진단, 배치, 진급 등을 위해 개인과 집단을 분류하고 판단하는 특징을 가지고 있다.

(2) 표준화검사의 장점

- 표준화검사는 전문가에 의해 제작되며, 신뢰도와 타당도가 검증되어 있다.
- 검사의 실시와 채점을 위한 검사 실시 요강이 마련되어 있으며, 원점수를 규준점수로 전환하는 방법이 제시되어 있다.
- 검사자는 한 유아의 현재 성취 수준을 이전의 수준과 비교해 볼 수 있고, 한 유아의 성취 수준을 연령과 배경이 비슷한 다른 유아들과 비교해 볼 수 있다.
- 좋은 표준화검사는 신뢰할 수 있고 안정된 결과를 제공해 준다. 다만, 대상 유아의 연령이 어릴수록 검사 점수의 안정성이 낮아지는 경향이 있다.
- 어떤 표준화검사는 진단적 정보를 제공해 준다.
- 검사 실시 요강에는 검사에 관해 유용한 연구 자료가 요약되어 있다.

(3) 표준화검사의 단점

- 유아는 발달속도가 빠르며, 유아의 검사 장면에 대한 비친숙성, 검사자와 유아 간의 상호작용의 차이, 유아의 개인 간 혹은 개인 내 발달 패턴이나 속도의 차이점 등으로 표준화검사를 사용하는 것이 부적절하다(Messick, 1983).
- 영유아 발달의 측정에 널리 이용되고 있는 Bayley와 Gesell의 도구는 영유아의 신체적 · 신경생리적 성장속도의 비율이 개인 간 및 개인 내 차이가 심하기 때문에 연령 준거에 의한 계량화가 적절하지 못하다. 또한 검사 실시상의 표준화 절차의 주관성과 기록상의 다양성 등에 문제가 있다는 지적을 받고 있으며, 점수화 체제에서 민감성의 결여로 발달속도가 느린 영아의 평가로는 이 검사들이 부적절하다(Wade & Davis, 1982).
- 많은 표준화검사가 미리 계획된 행동의 순서를 제시하여 평가과정에서 교사의 판단을 극소화시키도록 고안되어 있어 교사의 전문가로서의 권위를 축소시키는 문제가 있다. 표준화검사의 과다한 사용은 결국 교사가 유아에 대해 내리는 판단보다 표준화검사 결과가 더 가치 있는 것이라는 메시지를 주어 교사의 전문가로서의 권위를 박탈할 수 있다.

- NAEYC(1998)는 표준화검사에 대한 공통된 비판으로 ① 검사 문항은 단순히 기계적인 암기 위주인 경향이 있고, ② 검사가 유아의 능력을 정확히 반영하지 못하며, ③ 검사 문항은 실생활의 경험과 연결되어 있지 못하고, ④ 검사가 고차원의 사고 능력을 측정하지 못한다는 점을 들고 있다.
- 황정규(1998)는 표준화검사에 대한 비판의 초점으로, ① 검사하고 있는 문제가 적절한가에 대한 회의, ② 진정한 교육은 무엇에 관해 배우고 가르치는 것인가에 대한 아무런 시사나 기준이 없는 것에 대한 비판, ③ 문항의 모집단에서 무선적이거나 임의적으로 선택한 문항의 표본이 교육목표를 대표할 수 있느냐에 대한 회의, ④ 표준화검사의 본질적 생명인 규준(norm)이 유아의 상대적 위치만 제시해 줄 뿐 '무엇을 알고', '무엇을 할 수 있으며', '어떤 태도를 가지고 있는지'에 대해서는 아무것도 제시해 주는 바가 없다는 비판, ⑤ 이와 같은 기초 위에서 유아를 분류하는 것이 적절한가에 대한 비판 등을 주요한 내용으로 제시하고 있다.

3) 포트폴리오

포트폴리오(portfolios)의 물리적 의미는 유아의 학습에 대한 증거물을 보관하는 서류철, 상자, 컴퓨터 디스켓 등을 말한다. 포트폴리오 평가는 유아의 발달과 학습에 대한 기록과 증거들을 시간의 흐름에 따라 구체적인 목적을 가지고 조직적으로 모아 놓은 것이다. 포트폴리오 평가는 학습자의 지식, 기능, 태도와 성장을 관찰하고 기록하기 위해서 사용하며, 학습자의 여러 수행과정과 결과물을 담은 사진, 비디오테이프, 체크리스트, 일화기록, 또래 관계에 관한 관찰기록, 교사와 학생과의 개별면담과 부모면담을 포함한다(박영충, 1997; Wolf, 1991).

포트폴리오 평가는 학자에 따라 참평가(authentic assessment), 대안적 평가(alternative assessment), 역동적 평가(dynamic assessment), 수행평가(performance assessment) 등으로도 부른다. 사용되는 명칭은 다르지만, 유아가 성장하고 활동하는 상황 내에서 검증된다는 점은 같다. 포트폴리오는 가르치고 배우는 과정에서 나오는 자연스러운 결과물이다. 유아가 하고 있는 활동 속에서 그 활동을 어떻게 하고 있는지 관찰하고 기록하며 진술하는 과정으로 유아에게 영향을 주는 여러 가지 교육적 결정을 할 때 기초가 될 수 있다.

전통적인 평가체제의 대안은 인간을 규정하는 것이 아니라 인간을 이해하는 결과(out come)뿐만 아니라 과정(process)까지 평가하는 것이다. 따라서 교수와 학습 그리고 평가를 분리하는 것이 아니라 통합적 관점에서 접근을 시도하는 수행평가가 기존 평가의 대안이 될 수 있다(이기영, 2004). 그러나 포트폴리오 평가가 신뢰도와 타당도가 결여되어 있다는 제한점과 평가과정에서 인종, 성 등에 관한 편견이 작용할 수 있다는 문제점들도 제기되고 있다.

이러한 포트폴리오는 여러 가지 면에서 장점과 단점을 가지고 있는데, 여러 학자들의 내용을 바탕으로 장단점을 정리하면 다음과 같다(조한무, 1998; 황해익, 2004; Martin, 1999).

(1) 포트폴리오의 장점

- 유아가 자신의 작품을 보고 자신의 발달과 진보를 확인할 수 있어 자신감과 성취감을 느끼게 된다.
- 유아의 발달과 학습 정보를 다양하게 제공하므로, 교사가 유아의 능력을 평가하는 데 필요한 다양한 증거 자료가 되므로 교육적 효과를 증진시킬 수 있다.
- 포트폴리오는 부모에게 유아의 발달과 활동 상황을 좀 더 잘 이해하게 해 주므로 부모 상담 시에 유용하게 활용될 수 있다.
- 유아의 장점이 무엇인지, 무엇을 할 수 있는지 등 긍정적인 측면에 초점을 맞추어 평가를 할 수 있다.
- 평가가 매일의 활동 속에서 이루어지므로 평가의 결과가 바로 반영되어 교육과정을 계획하고 수정하는 데 용이하다.

(2) 포트폴리오의 단점

- 표준화검사처럼 타당성 있는 도구가 아니므로 평가 결과에 대한 타당도와 신뢰도의 확보가 어려워 잘못하면 감상적인 기억을 담는 상자가 될 수 있다.
- 계속적으로 수집하고 정리해야 하므로 교사의 시간과 노력이 많이 필요하다.
- 자료의 기록 보관에만 중점을 두다 보면 교수 · 학습이 한쪽으로 치우칠 수 있다.
- 자료 수집의 준거가 불분명하며 자료 수집과 평가과정에서 교사의 편견이 작용할 가능성이 많다.

지금까지 살펴본 기존의 전통적인 평가와 포트폴리오 평가를 비교하면 다음 표와 같다(Tierney, Carter, & Desai, 1991).

〈표 5-1〉 전통적 평가와 포트폴리오 평가의 비교

전통적 평가	포트폴리오 평가
교수 · 학습과 평가가 분리되어 있다.	교수 · 학습과 평가가 결합되어 있다.
보통 단편적 지식과 단답형을 요구하며, 학습에 대한 선지식의 영향을 평가할 수 없다.	참평가를 이용함으로써 유아의 선지식을 학습활동에 반영한다.
평가과정 중 교사와 유아의 협동 활동이 금지된다.	교사와 유아가 함께 참여하면서 평가에 협동적으로 접근한다.
활동한 것 중에서 제한된 범위의 과제를 평가한다.	활동의 전 범위를 평가한다.
내용이 고정되고 미리 결정된 상황에서 유아를 평가한다.	예상하지 못한 상황에서 유아가 적절히 수행하는 능력을 측정할 수 있다.
모든 유아를 같은 차원에서의 성취만으로 평가한다.	개인차에 따라 각 유아의 성취를 평가한다.
활동에 대한 정서적 반응을 평가하는 항목들이 거의 포함되지 않는다.	활동에 대한 감정을 반성할 수 있는 기회를 제공한다.

제6장 교사의 자질과 역할

다시

희망찬 사람은
그 자신이 희망이다.

길 찾는 사람은
그 자신이 새 길이다.

참 좋은 사람은
그 자신이 이미 좋은 세상이다.

사람 속에 들어 있다.
사람에서 시작된다.

다시
사람만이 희망이다.

박노해, 『사람만이 희망이다』(1997) 中에서

- 교육환경 중에서 물적 환경과 인적 환경 모두 중요하지만, 유아기 교육에 있어서는 무엇보다 인적 환경이 제일 중요하다고 볼 수 있다.

1 교사의 자질

유아를 좋아한다는 이유만으로 유아교사가 될 수 있는 것은 아니다. 유아교사는 유아기의 발달 특성과 교육에 관한 기본 지식을 갖추고, 유아기의 발달 과제와 중요성에 대한 진정한 목적을 이해하여 활동을 계획하고 운영할 수 있어야 한다. 교사의 역할을 수행하기 위해서 갖추어야 할 자질은 성격적 · 인성적 특성뿐만 아니라 교육적 지식이나 기술, 가치관, 교육관 등에 이르기까지 포괄적이다.

유아교사가 갖추어야 할 자질을 크게 개인적 자질과 전문적 자질로 나누어 살펴보면 다음과 같다.

1) 개인적 자질

교사가 갖추어야 할 개인적 자질은 교사로서의 역할을 수행하는 데 필요한 인성을 갖추는 것이다. 인성(人性)이란 글자 그대로 사람의 성품을 의미한다. 우리말로 '사람 됨됨이', '인격(人格)', '성품(性品)', '성격(性格)', '기질(氣質)', '성향(性向)' 등과 동의어로 사용되며(남궁달화, 1999), 영어로는 'temperament', 'personality', 'character' 등으로 사용되고 있다(Berkowitz & Grych, 1998). 사람 됨됨이가 어떠한가를 의미하는 인성은 지식처럼 단시간에 습득하거나 익힐 수 있는 것이 아니다. 가소성이 풍부한 유아를 교육하는 유아교사에게 개인적 자질로서의 인성적 측면은 중요한 부분이다.

또한 유아교사로서의 개인적인 자질에 대해 김제한과 곽노의(1995)는 정서적으로 성숙하고, 유아를 존중하며, 하는 일에 자신감이 있고, 프로그램 운영에 융통성이 있으며, 용모가 단정하고, 신체적으로 건강하며, 교사의 품위를 지킬 수 있고, 검증된 교육과정을 이수한 사람이어야 한다고 주장하였다. 배소연(1990)은 교사의 개인적 자질로 건강, 안정된 정서, 유아에 대한 사랑과 존중, 융통성과 유머 감각, 창의성 등이 포함된다고 하였다. 특히 이러한 개인적 자질은 특정 교육 프로그램에서 교육받을 수 있는 것이 아니라 교사 스스로가 자신의 인성을 형성해 나가는 과정에서 성숙되는 것이라고 볼 수 있다. 교육부(2000)에서는 교사의 개인적 자질을 신체적 · 정신적 건강, 온정적인 성품, 인간과 생명에 대한 존엄성, 성실하고 열성적인 태도의 소유자여야 한다고 보았다.

교육은 인간을 대상으로 하는 활동으로 사람을 사람답게 하는 것이다. 특히 유아를 사회의 바람직한 한 구성원으로 성장하도록 이끌려면 인성교육을 잘 해야 한다. 유아기는 부모와 유치원 교사가 인성교육의 모델이므로 모범을 보여 주어야 한다. 따라서 교사는 신체적 · 정신적으로 건강하고, 유아를 좋아하고 사랑하며, 바람직한 인성을 갖춘 창의적인 사람이어야 한다. 이러한 개인적인 자질을 갖추지 못한 상태에서 전문적인 자질만 갖춘다면 교사로서의 역할을 수행함에 있어서 어려움이 따를 수도 있다. 이러한 자질을 중심으로 유아교사에게 요구되는 개인적 자질을 자세히 살펴보면 다음과 같다.

(1) 신체와 정신이 건강해야 한다

유아교사는 몸과 마음, 즉 신체적 · 정신적으로 건강해야 한다. 교사는 하루 일과가 진행되는 동안 유아의 요구와 개별 수준에 맞추어 풍부한 교육활동을 제공해 주어야 하므로 신체적인 건강은 교사가 갖추어야 할 기본 능력이다. 교사의 건강 상태가 좋지 않으면 유아와 건강한 하루 일과를 보내는 것이 쉽지 않다. 따라서 교사는 몸과 마음이 건강한 사람이어야 한다.

(2) 수용적이고 온정적인 성품을 지녀야 한다

유아교육기관은 유아가 가정을 떠나 처음으로 접하게 되는 교육기관이다. 또래 유아들과의 집단생활을 처음 경험하는 곳이므로 교사는 유아가 가정에서와 같이 편안할 수 있도록 정서적인 안정감을 제공할 수 있어야 한다. 유아가 환경의 변화에 긴장을 할 경우, 교사는 유아를 있는 그대로 받아들일 수 있는 수용적인 태도를 가져야 한다. 또한 따뜻하고 온화한 마음으로 유아의 불안감을 해소하여 주고 기관에서의 생활이 기쁘고 즐겁게 느껴질 수 있도록 해야 한다.

(3) 유아에 대한 사랑과 존중감을 가져야 한다

교사는 아무나 될 수 있는 것이 아니다. 유아에 대한 따뜻함과 유아 한 명 한 명을 귀엽고 사랑스럽고 특별한 존재로 볼 수 있는 마음이 있어야 한다. 유아의 고유한 권리와 가치를 인정하고 존중할 때에 유아는 건강하게 성장할 수 있는 것이다. 따라서 교사는 유아의 생각이나 느낌, 반응 등의 감정 상태까지도 소중히 할 수 있는 마음을 가진 사람이어야 할 것이다.

(4) 모든 일에 성실하고 열정적이며 모범적인 사람이어야 한다

자신의 삶에 성실하고 열정적인 사람은 교직에 임해서도 최선을 다하고 성실하고 열정적인 태도를 유지할 것이다. 교사의 이런 모습이 유아에게 좋은 본보기가 될 수 있고, 유아로 하여금 모든 활동에 보다 적극적이고 긍정적인 사고를 가지게 할 것이다.

2) 전문적 자질

전문적 자질이란 유아의 성장과 발달을 위해 교육하고 보호해야 하는 교사로서의 역할 수행에 직접적인 영향을 미치는 전문적 능력을 의미한다. 전문적 능력을 갖춘 교사는 가변적이고 역동적인 교수 상황에 대처하는 능력이 뛰어나다. 또한 자신의 교수 능력 향상을 위해 자기반성적 사고와 끊임없는 탐구를 통하여 새롭게 지식을 창조해 나간다(Sach, 2003). 따라서 전문성 있는 교사란 단순한 지식 전달자가 아니라 교육 지식(pedagogical knowledge), 교과전문 지식(subject knowledge), 실천적 지식(practical knowledge) 등의 지식을 갖춘 전문가(professional)를 말하는 것이다(Shulman, 1986). 이러한 전문성을 갖춘 교사로 발전하기 위해서 계속적인 학습과 자기발전을 위한 기회를 가져야 한다.

이기숙(1993)은 교사의 전문적 자질로 교육 프로그램을 계획하고 실천하는 능력, 부모와 전문가 및 여러 관계자를 참여시키는 능력, 유아의 성장 발달을 촉진시키는 능력, 고도의 지적 전문성, 직업윤리, 지속적인 전문적 성장 등을 지적하였다. Daring-Hammond(1999)는 교사의 전문적 자질에 대해 보다 구체적으로 언급하였다. 교사는 유아가 어떻게 학습하고 발달하는지에 대한 이해를 가진 교과내용 전문가이어야 하며, 다양한 교수 전략과 매체를 사용하는 기술을 가지고 있어야 한다. 또한 다양한 배경을 가진 유아들과 생활함에 있어서 민감성을 보이며 부모와 동료 교사 간의 효율적인 협력 관계를 유지하고 유아가 무엇을 하는지, 무엇을 필요로 하는지, 어떻게 잘 하는지를 분별할 수 있는 전문가여야 한다고 하였다.

교사의 전문적인 자질을 종합해 보면, 유아의 발달 특성에 관한 지식과 교육과정 운영 계획 및 실천 능력, 직업윤리에 대한 의식 등이 있는 사람이다. 좋은 시설과 교재 · 교구, 훌륭한 프로그램이 있다 하더라도 그것을 이용하여 내용을 계획하고 실천하는 주체는 교사다. 따라서 시설의 환경이 열악하다 하더라도 교사의 질이 우수하다면 그 결함을 충분히 보완할 수 있을 것이다.

교육부(2000)에서는 교사의 전문적 자질을 유아교육에 대한 전문적 지식, 교육과정을 구성하고 실천하며 교재 · 교구를 제작하고 활용할 수 있는 교수 기술, 그리고 교육에 대한 소명감이나 직업윤리 등을 포함하는 교육관으로 나누어 다음과 같이 설명하고 있다.

(1) 전문적 지식

유아교사는 유아의 성장 발달이나 유아교육에 대한 전문적인 지식을 가지고 있어야 한다. 유아교육에 대한 전문적인 지식을 갖추기 위하여 교사는 유아에 대한 지식을 가져야 하며, 교육과정이나 교수 · 학습 과정 및 평가에 대한 폭넓고 정확한 지식을 가지고 있어야 한다. 이 밖에도 교사는 유아교육에 영향을 주는 사회 · 문화의 제반 분야에 관한 일반교양 지식도 갖추고 있어야 한다.

(2) 교수 기술

교사는 교육현장에서 교육 프로그램을 계획하고 실천하는 능력이 있어야 하며, 교수 · 학습 과정에서 필요한 교재 · 교구를 제작하고 효과적으로 활용할 수 있는 기술도 갖추어야 한다. 또한 교사는 항상 발전적이고 창의적인 사고 능력을 가져야 하며, 날씨의 변화나 유아나 기관의 상황에 맞추어 교육 프로그램을 융통성 있게 운영할 수 있는 능력도 지녀야 한다. 효율적인 유아교육을 수행하기 위해서는 유아뿐만 아니라 부모 교육도 실시해야 하므로, 부모 및 관련 전문가들과의 상호 협조 체제를 유지하고, 이러한 자원 인사들을 유아교육에 참여시킬 수 있는 능력도 갖추어야 한다.

(3) 올바른 교육관과 직업윤리

교사는 자신의 전문성을 계속해서 함양하기 위하여 노력해야 하며, 교육에 대한 소명감을 가지고 교사로서의 직업윤리를 가져야 한다. 교사로서 지켜야 할 윤리는 우선 유아를 사랑하고 믿음으로써 공평하게 지도하고 유아의 개성을 존중할 수 있어야 한다. 또한 교사는 다른 동료들과 협동하고 사회에 봉사함으로써 교육의 발전과 나아가 교사의 지위 향상에 동참할 수 있는 태도를 갖추어야 할 것이다.

2 교사의 역할

교사가 어떤 역할을 해야 하는지에 대한 관점은 시대의 변화에 따라 바뀌어 왔다. 과거에는 유아교육이 단순히 '보호' 차원이었으나 현재는 '교육'의 중요성도 강조되고 있다. 따라서 교육과 보호가 분리되지 않은 통합적 개념으로 인식되어 '교육 · 보호(educare)'라는 용어의 사용이 지배적이다. 따라서 교사는 유아를 이해하고 애정을 가지고 대함으로써 정서적 안정을 도모할 뿐만 아니라, 각종 안전사고의 위험에서 보호 · 지도하고, 개별 유아의 흥미와 욕구를 고려하여 지도할 수 있어야 한다. 유아를 위한 양질의 교육 · 보육 서비스를 제공하기 위해서는 무엇보다 교사의 질이 고려되어야 한다. 유아를 교육하는 교사는 다른 연령을 교육하는 교사보다 그 역할과 책임이 크다고 할 수 있다.

교육부(2000)에서는 교사의 역할로 양육자로서의 역할, 관찰자로서의 역할, 교육 프로그램 계획자로서의 역할, 교수 조직자로서의 역할을 들었다. 이은화(1985)는 환경 제공자, 관찰자, 프로그램 계획자, 연구자, 부모교육 담당자, 평가자를 교사의 역할로 논의하였다. Spodek(1985)은 교사의 역할을 양육 역할(nurturance role), 교수 역할(instructional role), 관계적 역할(relational role)로 보았다. 한편, Saracho(1984)는 유아교사의 역할을 진단자, 교육과정 설계자, 교수조직자, 학습지도자, 상담자 및 조언자, 의사결정자로 보았다(이은화, 배소연, 조부경, 1998에서 재인용).

Saracho(1984)의 유아교사의 역할을 자세히 살펴보면 다음과 같다.

첫째, 진단자(diagnostician)로서의 교사는 유아에게 성공적인 학습 경험을 주도록 적절히 계획하기 위하여 유아의 능력과 요구를 정확히 평가해야 한다.

둘째, 교육과정 설계자(curriculum designer)로서의 교사는 지역사회에서 중요시하는 학습뿐만 아니라 유아교육의 이론과 실제에 기초하여 유아의 능력에 맞는 교육과정을 개발한다.

셋째, 교수조직자(organizer of instruction)로서의 교사는 장단기 계획의 결과를 토대로 교육목적에 도달할 수 있도록 활동을 조직하며, 유용한 자원을 탐색하고 최대한 활용한다.

넷째, 학습지도자(manager of learning)로서의 교사는 흥미 있고 관련된 학습 경험을 유아에게 제공하고, 학습 환경을 만들어 줌으로써 학습을 촉진시킨다.

다섯째, 상담자 및 조언자(counselor & advisor)로서 교사는 끊임없이 유아와 상호작용하며, 가르치는 일뿐만 아니라 정서적으로 지지해 주는 보호자의 역할을 한다.

여섯째, 의사결정자(decision-maker)로서 교사는 유아, 자료, 활동, 목표 등에 관한 의사를 결정한다. 즉각적인 결정 및 여러 대안을 계획 · 선택 · 수립하는 반영적 결정들을 내린다.

여러 학자의 견해를 종합하여 유아교사의 역할을 정리하면 다음과 같다.

1) 생활지도자 · 양육자로서의 역할

유아기는 기본 생활 습관이 형성되는 시기이므로 유아가 일상생활 속에서 올바른 습관을 가질 수 있도록 도와주어야 하며, 부모를 대신하여 유아를 안전하게 돌보고 지켜 주는 양육자로서의 역할을 해야 한다. 결국, 교사의 역할은 유아를 안전하게 보호하고, 그들의 요구에 적합한 프로그램을 제공하며, 부모와 같은 격려자 및 지지자의 역할을 하는 사람이어야 한다.

2) 교수 계획자로서의 역할

교사는 유아의 발달 수준과 국가 수준의 교육과정 그리고 유치원의 상황 등에 알맞은 교수 · 학습 자료와 활동들을 계획하고 실행하며 평가하는 역할을 담당한다. 교사는 유아에게 무엇인가를 가르치는 존재가 아니라 학습할 수 있는 환경을 만들어 주어 유아가 스스로 배우고 느낄 수 있도록 환경을 조성해 주어야 한다. 더불어 학습 전반에 걸쳐 책임감 있는 계획과 결정을 해야 한다.

3) 관찰자 · 평가자로서의 역할

하루 일과 속에서 교사는 유아에게 어떤 일이 일어나고 있는지 관찰하고 평가할 수 있는 민감한 통찰력이 있어야 한다. 유아에 대한 관찰과 평가가 정확해야 교수 · 학습 상황이나 교육환경을 유아의 관심과 흥미, 요구에 알맞게 재배치하거나 풍부한 환경을 마련해 줄 수 있다. 또한 유아의 성장과 발달에 따른 변화를 민감하게 인식하고 그 결과를 다음 교육계획에 반영할 수 있어야 한다. 관찰은 교사로 하여금 자신의 교수 · 학습 방법과 과정을 반성하게 하는 기회를 제공하므로 수업 개선을 위한 기초 자료로 활용할 수 있다.

4) 부모교육 및 상담자로서의 역할

유아기는 부모의 영향을 크게 받는 시기다. 일반적으로 유아교육의 대상을 정의할 때 유아 및 그 부모까지도 교육의 대상으로 보는 이유가 바로 그 때문이다. 부모의 참여와 이해 없이 효과적인 유아교육은 이루어질 수 없다. 유아교육기관과 가정이 연계하여 일관성 있는 지도가 이루어질 때 교육이 성공할 수 있다. 따라서 유아의 가정생활에 대해 부모와 상담하고, 유아기의 발달과 행동에 대한 부모의 이해를 넓히기 위하여 부모 교육과 상담 등의 프로그램을 마련한다. 또한 부모를 유아교육기관에 참여시켜 유아가 또래와 어떻게 생활하는지 직접 보게 함으로써 유아교육기관의 역할에 대해 이해하고 협조를 구할 수 있게 된다.

제 02 부

교과교육의 실제

제7장 동작교육

우리들의 작은 메아리

내가 너무도 오고 싶어 했던 유아교육과! 힘들다는 이야기를 많이 들었지만, 1학년 1학기는 너무도 평온하게 지나갔다. 그냥 평범한 대학생활 같은 느낌……. 아주 무난하게 한 학기를 보냈지만 그건 폭풍전야였다.

2학기에 접어들자 과제가 서서히 밀려들었다. 특히 교과교육론 과제는…… 숨이 막혀왔다. 처음으로 같은 조가 된 친구들이 많아 어색하기도 했고, 조별 인원이 많아서 함께 모여 과제를 한다는 것 자체가 힘이 들었다. 주제를 정하는 일부터 막히기 시작하더니 모든 것이 순조롭지 않았다.

매일 수업을 마치고 학교에 남아 바느질하고, 오리고, 자르고, 붙이고…… 그마저도 다 못할 때는 집에 들고 가서 눈이 빠져라 바느질을 했다. 힘들었지만 하나둘씩 교구가 만들어지는 것을 보니 뿌듯하기도 했고, 좀 더 잘했으면 더 예쁘고 완성도 높게 나왔을 텐데 하는 아쉬움도 남았다.

과제를 하기 위해 책을 찾아보고 인터넷을 찾아보면서 내가 벌써 유치원 교사가 된 듯한 느낌이었다. 또 실제로 아이들 앞에서 수업을 하기 위해 준비하는 것 같은 기분이 들기도 했다.

조별 과제를 하는 동안 친하게 지내지 않았던 친구들과 의견을 나누면서 서로를 이해하게 되고 알아 가게 되는 좋은 계기가 되기도 하였다. 졸업을 앞둔 지금, 지난 시간을 돌아보면 참 즐겁고 행복한 시간이었던 것 같다. 그렇게 지독한 과제들로 몸과 마음이 지쳤던 학교생활이었지만 다시 되돌리고 싶은 알 수 없는 이 마음은 무엇일까?

모든 것이 아쉽다. 그때는 과제에 대한 부담감과 압박감으로 심한 스트레스를 받았지만, 실습을 나가 보니 정말 필요한 부분이었다는 것을 절실히 느낄 수 있었다. 선배, 후배 그 누구보다도 △△여대 유아교육과를 사랑한다고 말하고 싶다. 그 자존심을 바탕으로 앞으로 열심히 노력하고 연구하는 교사가 될 것이다.

1 동작교육의 정의

동작, 즉 움직임은 유아의 삶의 근원인 동시에 심리적·신체적 발달과 밀접한 관계를 가지고 있다. 인간은 태내기부터 신체의 움직임이 시작되어 출생 후 보다 효과적으로 자신의 신체를 활용하기 위하여 다양한 움직임을 시도하고, 이러한 움직임을 통하여 주변세계를 탐색하고 배워 나간다. 따라서 유아기의 신체를 통한 움직임은 결코 소홀히 다루어서는 안 되는 영역 중의 하나다.

동작교육은 '유아가 자신의 신체를 어떻게(how), 어디로(where) 움직일 수 있는가?' 하는 기본 움직임과 자신의 신체 능력이 어느 정도인가를 탐색하도록 하는 것이라고 하였다(Bentley, 1970). Gallahue(1996)는 유아의 발달과 교육에 있어서 동작의 역할을 강조하면서 동작교육을 '동작을 위한 학습(learning to move)'과 '동작을 통한 학습(learning through movement)'으로 나누어 설명하였다. 동작을 위한 학습은 신체의 움직임을 통한 기술인 기능적인 움직임(functional movement)의 의미가 있으며, 동작을 통한 학습은 자신의 감정이나 생각을 나타내는 표현적인 움직임(expressive movement)의 의미가 포함되어 있다.

그러므로 유아를 위한 동작교육은 '동작을 위한 교육'과 '동작을 통한 교육'으로 나누어 생각해 볼 수 있다. 먼저, 동작을 위한 교육이란 기본 동작을 가르치는 교육으로서 주로 자기 발견을 강조하는 것이다. 자기 발견적 동작교육은 유아에게 특히 중요하다. 왜냐하면 유아기는 그 이전 단계인 영아기보다 많은 신체운동 기능을 획득했지만 새로운 환경에 처할 때마다 자신의 가능성과 능력에 대한 두려움을 느끼게 된다. 그러므로 유아로 하여금 자신의 신체운동 기능, 즉 움직임을 통해서 해결할 수 있는 도전의 기회를 제공하는 것이 필요하다. 이러한 과정을 통해 신체를 이용한 다양한 동작을 숙달시킬 수 있고, 동시에 숙달감과 자신감을 얻게 되어 나아가서는 이러한 기본 능력을 토대로 보다 예술적인 무용이나 고도의 체육활동 등을 할 수 있도록 기초를 다지게 되는 것이다.

반면, 동작을 통한 교육이란 몸을 움직임으로써 인간의 전반적인 발달을 추구하고자 하는 목적을 가지고 여러 가지 다양한 동작을 시도하고 경험하게 하는 교육을 말한다. 특히 유아는 쉴 새 없이 움직이고 활동하는 것을 즐기기 때문에 움직임으로써 자신의 신체적 운동 기능을 발달시킬 뿐만 아니라 움직임을 통해 무의식적으로 자연스럽게 자신의 내적 감정을 표현하기도 하고, 특히 리듬적 동작(rhythmic movement)을 통하여 즐겁게 여러 가지 개념을 학습할 수 있는 것이다(이영, 전인옥, 김온기, 2004).

종합하면, 동작교육은 인간의 움직임에 수반되는 기능적이고 창의적인 움직임에 대한 기본 원리와 요소를 이해하고 이를 통해 유아가 신체적 · 정신적으로 건강하게 성장할 수 있도록 돕는 것이다.

2 동작교육의 목적

유아기의 신체 활동은 성장과 발달에 필수적이다. 그러나 오늘날의 유아는 문명발달에 따른 편리함으로 체격은 커졌으나 체력은 약해져 건강에 위협을 받고 있다. 성인에게만 발병되었던 비만, 지방간, 당뇨, 고혈압 등과 같은 병에 유아가 노출되기에 이르렀다. 또한 아파트를 선호하는 현대의 주거 문화로 인해 유아가 마음 놓고 뛰어놀 수 있는 공간과 또래와 자유롭게 탐색하면서 체력을 기를 수 있는 자연환경으로부터 멀어지게 되었을 뿐만 아니라 컴퓨터나 전자오락, 텔레비전 등이 주요 놀이 매체가 되어 심각한 운동 부족에 직면하고 있다(한국교육개발원, 1996).

Stinson(1988)은 움직임은 우리의 근육 속에 있는 말초신경부터 몸이 무엇을 하고 있는가를 알려 주는 감각의식이며, 이러한 감각의식을 통한 운동 지각적 인식은 운동 기술 발달에 결정적 역할을 한다고 하였다. 또한 Nelson(1988)은 움직임은 시각 발달의 통합적인 부분으로 공간 관계를 이해하는 기초가 되고, 신체 통제는 사회 정서 발달의 중요한 부분으로 환경을 경험하는 인지과정의 척도가 된다고 하였다. 건강한 신체 발달을 위한 동작교육은 유아에게 즐거움과 더불어 정서 발달, 사회성 발달, 인지 발달 등의 다른 발달 영역의 향상을 돕는다. 이러한 동작교육의 목적은 다음과 같다.

1) 신체 발달과 성장 촉진

유아에게 알맞은 신체 활동은 발육을 촉진하고 활발한 전신의 움직임을 유발하기 때문에 근 조직의 모세혈관을 발달시키고 나아가 골격이나 근육을 발달시킨다. 신체 활동을 하게 되면 내장의 여러 기관이 신체의 각 부분과 함께 움직이므로 혈액 순환이 좋아질 뿐만 아니라 심장, 폐, 소화기관 등의 작용도 활발해진다. 또한 유아의 실외놀이 활동은 햇빛의 자극이 피부에 대한 자율신경의 적응성을 높임으로써 내장 기능의 조절력을 향상시킨다(한국교육개발원, 1996).

2) 기초적인 운동 능력의 발달과 체력 증진

운동 능력 발달은 태내기부터 성숙할 때까지 연속적으로 진행된다. 유아는 자신의 신체를 다양하게 움직이는 방법을 배움으로써 감각 기능이 발달하고, 대 · 소근육이 발달하며, 신체의 균형 유지, 눈과 손의 협응력, 감각기관의 발달, 신체기관의 유연성, 순발력과 지구력 등의 기초적인 신체 조절력이 길러지게 된다. 특히 걷기와 달리기 · 뛰기 등의 이동 동작, 구부리기와 균형 잡기 등의 비이동 동작, 공 던지기와 받기 · 차기 등의 조작적 동작과 같은 활동들은 유아의 기본적인 동작 능력뿐만 아니라 신체조절력과 근육운동이 함께 이루어져 운동 능력의 발달을 돕는다.

3) 지각운동 능력과 안전 대처 능력 발달

유아는 위험 상황을 적절하게 판단할 수 있는 지적 능력이 부족하다. 그럼에도 불구하고 주변 환경에 대한 탐구심과 호기심이 많아 잠시도 가만히 있지 않고 움직이므로 사고의 위험성이 높다. 이러한 유아기에 자신의 몸을 지탱하고 오래 버틸 수 있는 힘과 몸을 균형 있게 움직일 수 있는 힘 등을 길러 주어 사고의 위험에 스스로 대처하도록 도와주어야 한다. 또한 여러 운동기구를 사용하고 자신의 신체를 조절하는 다양한 활동을 통해 자신을 위험에서 지킬 수 있는 안전에 대한 감각과 능력을 향상시켜야 한다(류진희, 황환옥, 최영희, 정희정, 김유림, 1999).

이러한 안전에 대한 감각은 유아로 하여금 신체 · 공간 · 시간 · 무게 지각 등을 다양한 동작활동을 통하여 경험하게 함으로써 가능하다. 따라서 유아는 현재 유아가 위치해 있는 바로 지금 이곳(right now, right here)에서 신체와 공간, 무게와 힘을 지각하도록 도와야 한다.

4) 사회성 발달

유아는 동작 및 신체 활동을 하면서 성공적인 경험을 하고 만족감을 느끼며, 다른 유아와 상호작용을 한다. 또래 유아와 나누어 사용하고 차례를 기다리며 협동하면서 사회적 의식을 발달시키고, 협동 활동을 통하여 만족을 느끼게 된다. 또한 사회적 문제 상황에 노출되었을 때 신체 활동을 통한 역할놀이에 참여함으로써 긍정적으로 생각할 수 있는 기회를 가지게 된다(Pica, 1991).

다른 유아와 함께 활동을 하면서 협동하는 방법과 의사소통 능력을 기르며, 타인의 생각을 존중하고 타인과 원만한 관계를 유지하는 방법을 획득하게 된다. 따라서 사회 생활에 적응하는 방법을 배우고 더불어 함께 살아가는 데 중요한 사회성이 발달하게 된다.

5) 심미감과 표현 능력 발달

동작활동은 표현의 한 형태다. 유아가 자신의 신체를 다양하고 창의적으로 움직여 봄으로써 자신의 감정을 언어가 아닌 몸으로 표현할 수 있음을 안다. 더불어 음악에 맞추어 자신의 감정(슬픔, 무서움, 분노, 기쁨 등)을 표현하면서 음악과 신체 움직임의 아름다움 그리고 균형과 조화의 아름다움 등을 느끼고 이해하게 된다. 신체의 움직임을 통해 다양한 감정을 심미적이고 예술적인 방법으로 표현할 수 있는 능력을 기를 수 있게 된다.

3 동작교육의 내용 및 지도원리

1) 동작교육의 내용

누리과정의 신체운동 · 건강 영역의 성격은 자신의 신체를 긍정적으로 인식하고 즐겁게 신체 활동에 참여함으로써 유아기에 필요한 기본 운동 능력을 기르고, 건강하고 안전한 생활을 실천하는 바른 태도를 기르기 위한 영역이다.

유아기의 기초 체력이란 생활에 필요한 기본적인 체력을 말하는 것으로, 생활에 필요한 힘과 함께 신경 관련 체력 요소인 협응력과 비만도 등을 포함하는 개념이다. 유아기의 기초 체력은 기본 운동 기능을 이용한 활동을 통해 향상되며, 이후 성인기까지 지속되는 체력과 운동 능력에 영향을 미친다. 신체 운동 능력을 증진하기 위해서는 다양한 신체 활동에 적극적이고 지속적으로 참여하는 것이 필수적이다. 특히 장기간 간헐적으로 참여하는 것보다 짧은 시간이라도 정기적이고 지속적으로 참여하는 것이 중요하다. 이러한 신체 활동을 통해 유아의 심신이 건강하게 발달하도록 돕고, 유아가 자신의 신체를 긍정적으로 인식할 수 있도록 지원해야 한다.

신체운동 · 건강 영역의 내용(교육부, 보건복지부, 2019)은 '신체 활동 즐기기', '건강하게 생활하기', '안전하게 생활하기'의 세 가지 내용 범주로 이루어져 있다. 그 중에서 동작교육에 해당하는 것은 '신체 활동 즐기기'이다.

'**신체 활동 즐기기**'는 유아가 스스로 신체를 움직이는 동안 자연스럽게 자신의 신체를 인식하고 조절하며, 실내외에서 다양한 신체활동에 자발적으로 참여하면서 신체활동을 즐기는 내용이다. '신체 활동 즐기기'에는 '신체를 인식하고 움직인다', '신체 움직임을 조절한다', '기초적인 이동운동, 제자리 운동, 도구를 이용한 운동을 한다', '실내외 신체활동에 자발적으로 참여한다'의 내용으로 구성되어 있다.

① 신체를 인식하고 움직인다.

유아가 자신의 신체에 관심을 가지며 신체 각 부분의 특성을 알고 다양하게 움직이는 내용이다. 신체를 인식하고 움직이기는 신체 각 부분의 특성을 이해하고 이를 활용하여 움직이는 신체 활동을 통해 자신의 신체를 긍정적으로 인식하는 태도를 기르는 내용이다. 만 5세가 되면 신체의 명칭뿐만 아니라 신체의 구조와 기능에 대하여 관심을 가질 수 있는데, 이때 말로 설명해 주기보다는 자신의 움직임을 관찰하면서 스스로 느껴 보는 것이 중요하다. 신체를 움직이는 동작과정은 만 5세 유아가 자신의 신체를 긍정적으로 인식할 수 있는 자아 개념을 발달시키는 토대가 된다.

② 신체 움직임을 조절한다.

유아가 몸을 움직이며 균형을 잡고, 몸이나 도구의 움직임을 다양하게 조절하는 내용이다. 또한 눈과 손을 협응하며 소근육 움직임을 조절하는 내용이다.

③ 기초적인 이동운동, 제자리 운동, 도구를 이용한 운동을 한다.

유아가 한 곳에서 다른 곳으로 몸을 움직이는 걷기 · 달리기 · 뛰어넘기 등의 이동운동, 구부리기 · 뻗기 · 돌기 등의 제자리 운동, 공 · 줄 · 후프 등의 도구를 이용한 운동을 하는 내용이다.

운동 기능은 원래 점진적이고 계열적인 과정을 거쳐 발달한다. 운동 기능의 각 단계적 발달은 이전 단계에서 학습된 기술과 능력에 기초한다. 영유아기 기본 운동 능력의 순서적 발달과정을 면밀히 연구하고 검토한 결과, Gallahue(1995)는 유아의 연령에 따른 4단계의 발달과정을 제시하였다. 반사적 운동(reflective movement), 초보적 운동(rudimentary movement), 기본적 동작(fundamental movement), 스포츠와 관련된 동작(sport-related movement)의 발달 순서로 구분될 수 있다. 기본적 동작을 학자들의 내용을 토대로 정리하면 〈표 7-1〉과 같다(Gallahue, 1995; Pica, 1995: 이영자, 이기숙, 이정욱, 1999에서 재인용).

〈표 7-1〉 기본적인 동작의 유형

이동 동작	비이동 동작	조작적 동작
걷기(walking) 달리기(running) 뛰어넘기(leaping) 뛰기(jumping) 앙감질(hopping) 말뛰기(galloping) 미끄러지기(sliding) 스키핑(skipping) 오르기(climbing)	뻗기(stretching) 구부리기(bending) 꼬기(twisting) 회전하기(turning) 흔들기(swinging) 구르기(rolling) 균형 잡기(balancing) 피하기(dodging)	던지기(throwing) 받기(catching) 차기(kicking) 공 되받아치기(volleying) 공 튀기기(bouncing)

유아기는 기본 운동 능력의 발달이 이루어지는 시기다. 이 시기는 유아가 이동과 비이동 및 조작 운동 능력을 형성하는 가장 최선의 시기로 운동 능력은 연속적 단계를 통해 발달한다. 발달의 순서는 시작 단계(initial stage: 2~3세)에서 초보 단계(elementary stage: 4~5세)를 거쳐 성숙 단계(mature stage: 6~7세)로 진행된다.

먼저, 2~3세 유아에게 나타나는 시작 단계는 기본적인 운동 능력을 형성하는 시기로서 신체 각 기관의 협응력이 갖추어지지 않아 협응되지 않은 동작을 한다. 이 시기 유아는 던지기, 잡기, 차기, 높이 뛰어오르기 등을 시도할 수 있으나, 때로는 동작이 너무 과장되거나 위축될 수 있고, 동작의 율동감도 결여되어 신체 움직임이 자연스럽거나 능숙하지 못하다. 다음으로, 초보 단계는 대개 4~5세 유아에게 나타나며, 이전 단계에 비하여 신체 협응력이 다소 향상된다. 이때 유아는 자신의 신체 움직임을 대체로 조정할 수 있으나 여전히 움직임이 서툴고 유연성이 결여되어 있다. 마지막으로, 성숙 단계는 대개 6~7세 유아에게 나타나며, 이때 유아의 기본 운동 기술이 능숙하게 되고, 신체 협응력도 증가한다. 이 시기 이후부터 유아의 운동 수행 능력이 급속히 발달된다. 이러한 과정을 거쳐 유아는 신체 기본 운동 능력을 형성할 뿐만 아니라, 이를 바탕으로 기초 체력을 형성한다.

인간의 동작은 다음과 같이 어디로, 무엇을, 어떻게 등의 요소로 구성된다(Gilliom, 1970).

첫째, 어디로 움직일 수 있는가? (Where can you move?–공간)

둘째, 무엇을 움직일 수 있는가? (What can you move?–신체 인식)

셋째, 어떻게 움직일 수 있는가? (How can you move?–힘, 균형, 무게 전이)

넷째, 어떻게 더 잘 움직일 수 있는가? (How can you move better?–시간과 흐름)

첫째는 공간, 둘째는 신체 인식, 셋째는 힘과 균형 그리고 무게 전이, 넷째는 시간과 흐름으로 설명된다(박화윤, 김영애, 이선원, 이희자, 안라리, 2002).

기본 운동 능력의 내용에 포함되어 있는 유아 동작의 기본 요소를 정리하면 〈표 7–2〉와 같다(Day, 1975; Joyce, 1980: 오연주, 이경실, 김현지, 박경애, 2003에서 재인용).

〈표 7–2〉 동작의 기본 요소

신체(Body)	신체 부분	신체 안: 근육, 뼈, 마디, 심장, 허파, 관절 등 신체 밖: 머리, 목, 어깨, 팔, 손, 등, 엉덩이, 다리, 발등
	신체 동작	뻗기, 구부리기, 비꼬기, 일어서기, 떨기, 흔들기, 비틀기, 돌리기, 휘돌리기
	스텝	걷기(walk), 달리기(run), 뛰어넘기(leap), 건너뛰기(hop), 뛰어 오르기(jump), 껑충 뛰기(skip), 질주하기(gallop), 미끄러지기(slide)
공간(space)	모양	공간 속에서 몸의 구도
	높낮이	저, 중, 고
	방향	앞, 뒤, 옆, 위, 아래, 비스듬히, 회전
	크기	크고, 작고
	장소	일정한 위치의 자기 공간, 일반 공간(장소)
	초점	눈의 방향
	진로	곡선, 직선, 지그재그
힘(weight)	흐름	날카로운, 부드러운, 자유로운, 제한된
	무게	무거운, 가벼운
	내구력	팽팽한, 느슨한
시간(time)	박자	맥박
	속도	빠르게, 느리게
	강약	힘을 강하게, 약하게
	지속	길게, 짧게
	형식	조화

흐름(flow)	단절 연속	조심스러운, 정지된, 제한된 유창한, 계속적, 쏟아져 나오는
관계 (relationship)	사람과의 관계 물체와의 관계	신체 부분에 대한 반응, 관찰에 따른 적응(예: 거울춤, 집단춤) 신체 부분과 물체(공, 평균대, 후프 등)와의 조절

④ 실내외 신체활동에 자발적으로 참여한다.

유아가 하루 일과에서 실내외의 다양한 신체 활동에 자발적으로 즐겁게 참여하는 내용이다. 자발적으로 신체 활동에 참여함으로써 기초 체력을 증진하고, 규칙적인 바깥놀이 활동을 통해 환경 변화에 적응하고 대처할 수 있는 면역력을 증대시킨다. 이와 더불어 건강에 필수적인 영양소를 생성하여 건강한 신체와 마음을 기르고, 신체 활동 시 다양한 기구를 활용하여 대근육 발달과 함께 신체 유연성, 근력, 근지구력 등 기본적인 운동 능력을 배양하며, 신체 활동에 참여하는 즐거움을 느끼도록 한다.

2) 동작교육의 지도원리

동작활동은 교사가 모델이 되어 시범을 보이면 유아가 형식적이고 기계적으로 따라하는 것만은 아니다. 교사는 유아의 욕구, 흥미 그리고 발달 수준에 맞추어 자율적이고 창의적으로 움직일 수 있도록 돕는 것이다. 이에 따라 개별 유아의 동작 가능성을 추구하고 다양한 기술을 연습할 수 있도록 하는 비경쟁적이고 지지적인 학습 환경을 제공해 주어야 한다. 또한 동작활동은 유아의 발달 수준에 근거하여 단순한 활동에서 점점 복잡한 활동으로 그 비중을 높여 간다. 대부분의 유아교육기관에서는 주제 중심으로 교육활동을 선정 · 운영하므로 생활 주제와 연결하여 동작활동을 계획해야 한다.

학기 초나 어린 연령의 유아는 충분한 신체 탐색이 일어나는 단순한 활동부터 시작한다. 특히 기본적인 이동, 비이동, 조작적 동작은 신체적 접근이나 극적인 접근을 통해 경험할 수 있다. 그러나 극적인 접근도 처음에는 단순한 행동을 가장해 보는 활동(무거운 것을 들고 걷는 것처럼 동작하기)에 비중을 두어야 한다. 점차 유아가 신체 조절에 익숙해지면 보다 복잡한 극적인 접근이나(동시나 동화를 듣거나 음악을 들으며 극화하기) 창의적 표현활동의 비중을 높여 활동을 계획하도록 한다(오연주 외, 2003).

이러한 동작활동이 효율적으로 이루어지도록 하기 위한 구성 원칙은 다음과 같다(황순각, 2003).

첫째, 동작활동의 주제는 유아의 흥미와 발달에 맞는 내용을 생활 주제 중에서 선정함으로써 주제의 통합을 도모한다.

둘째, 여러 새로운 놀이기구와 교구 및 시청각 자료들을 활용하여 동작활동이 창의적이며 확산적 활동이 되도록 한다.

셋째, 활동이 각각의 주제 안에서 연계되므로 단순한 표현 위주의 동작활동에서 벗어나 심도 깊은 활동으로 연결한다.

넷째, 교사는 바람직한 결과를 위하여 탐색활동을 제시하고 유아가 스스로 과제 해결을 위한 방법을 발견할 수 있도록 질문한다.

다섯째, 유아의 동작활동에 기초가 되는 기본 움직임을 반복하여 정확한 운동 기능을 발달시킬 수 있도록 도와준다.

여섯째, 유아의 개인차를 고려하여 개인의 발달에 맞는 동작활동을 경험시킨다.

일곱째, 동작활동이 유아의 언어, 인지, 사회성 및 정의적인 영역 등 다른 발달 영역과 통합될 수 있도록 한다.

동작교육은 특별한 시간에 국한해서 실시할 필요는 없다. 유아교육기관의 하루 일과 시간 동안 특별한 준비물 없이 간단히 이루어질 수 있는 활동이 다양하게 있다. 예를 들면, 활동과 활동 사이, 간식 먹기 전, 이야기 나누기 시간 전, 바깥놀이 후 등 자투리 시간을 활용할 수 있으며, 다른 활동을 진행하고 있는 중에도 사용할 수 있다.

동작활동이 이루어질 수 있는 시간에 대하여 살펴보면 다음과 같다(Rodger, 1996: 김은심, 1997에서 재인용).

첫째, 동작활동을 다른 활동과 연결시킨다. '소나기' 동시 혹은 '팝콘 튀기기' 요리활동 등을 하면서 몸으로 표현해 볼 수 있다. 또는 이야기 나누기 도중에 유아들이 특히 흥미 있어 하는 주제나 단어를 가지고 동작으로 표현해 보는 것도 좋다. 예를 들면, 태풍에 관한 이야기 나누기 중에 바람에 흔들리는 나무를 몸으로 표현해 보는 활동을 할 수도 있다. 이와 같은 자연스러운 동작활동(spontaneous movement)은 30초 정도로 끝나는 경우도 있고, 길어지면 5분에서 10분까지 지속되는 작은 동작활동 시간(mini movement sessions)이 될 수도 있다.

둘째, 유아의 자연스러운 감정을 동작활동으로 연결한다. 교사가 유아의 감정을 주의 깊게 살피며 동작에 대해 인식하고 있을 때 유아로 하여금 동작활동을 자연스럽게 연결할 수 있다. 유아는 자신의 감정을 몸으로 표현하고자 하는 욕구가 있으므로 이를 자연스럽게 동작활동으로 연결하는 것이 좋다. 예를 들면, 한 유아가 다음 날 소풍을 가기 때문에 너무 기쁘다는 것을 표현하기 위해서 껑충껑충 뛰는 것을 보았다면, 교사는 작은북을 치며 기쁘다는 표현을 몸으로 나타낼 수 있는 다른 방법에 대해 유아들과 이야기 나눈 후, 실제로 해 보도록 할 수도 있다.

셋째, 전이활동에 동작활동을 이용한다. 새로운 활동이 시작되기 전에 유아로 하여금 다양한 동작활동을 경험하도록 한다. 원하는 활동 영역으로 다양한 이동동작을 사용하여 가거나(점프해서 블록 영역으로 가기), 상상적인 사물이 되어 이동하거나(로봇이 되어 가기), 교사가 치는 북소리의 리듬에 맞추어 이동하기 등으로 활용해 본다. 간단하지만 아주 다양한 움직임을 경험해 볼 수 있는 기회가 될 것이다.

넷째, 앉아서 하는 활동에 동작활동을 이용한다. 이야기 나누기 시간 전에 유아의 주의를 집중시키기 위해 잠깐 동안 손, 팔, 머리, 어깨, 발 등이 어떻게 움직일 수 있는지 탐색해 보는 시간을 갖는다. 손을 이용해 토끼, 애벌레, 거미, 바람에 흔들리는 나뭇잎, 녹아내리는 얼음, 파도처럼 움직여 보거나 팔을 이용해 부드럽게, 날카롭게, 유연하게, 빠르게, 느리게 움직여 본다. 어깨가 귀에 닿는지, 팔꿈치가 무릎에 닿을 수 있는지, 턱으로 동그라미를 그릴 수 있는지, 발로 손뼉을 칠 수 있는지를 탐색해 보도록 한다.

다섯째, 개념 이해에 동작활동을 이용한다. 어휘나 개념을 이해하고 있는지 동작을 통해서 제시해 보도록 한다. 수학적 개념이나 과학적 개념을 동작활동과 연결하는 것도 흥미 있는 활동이 될 수 있다. 풍선의 수축과 팽창하는 모습을 몸으로 표현해 보기(물론 수축과 팽창이라는 어휘를 알기는 어려울 수 있으나 몸으로 표현해 보는 경험을 통해서 이해하게 된다), 북소리만큼 점프해 보기, 교사가 제시하는 숫자만큼 돌기 등의 활동을 예로 들 수 있다.

여섯째, 동화 듣기 활동에 동작활동을 이용한다. 동화를 들으면서 동화에 나오는 인물들처럼 움직여 보는 활동을 한다. 동작활동에 활용하기 위한 동화는 동적인 등장인물들이 있고, 반복적이며, 특징적인 인물이 있는 내용이 좋다. 동화를 다 듣고 난 후에 동작활동을 할 수도 있고, 동화를 들으면서 동작활동을 병행할 수도 있다. 노르웨이 전래동화인 『생강빵 사람(pancake man)』, Mirra Ginsberg의 『숲 속의 빨강 버섯 우산 이야기』, Maurice Sendak의 『이상한 괴물들의 나라』 등은 동작활동으로 표현하기 좋은 동화다. 이 밖에도 『구두 구두 걸어라』나 『먹물 통에 빠진 쐐기벌레』도 동작활동으로 활용하기 좋은 내용들이다.

물론 동작활동 시간을 임의로 규정해야 할 필요가 있을 때에는 활동을 면밀히 계획하여 유아가 심도 있는 탐색활동을 할 수 있도록 도와주어야 할 것이다. 특정 동작활동을 계획하기 위해 교사는 공간의 크기와 종류, 동작활동 지속 시간, 필요한 소도구와 자료 등을 고려하여야 한다. 물론 이들은 유아의 연령, 참여할 유아의 수, 사용 가능한 자료 등도 고려하여 결정하여야 할 것이다.

4 동작교육 활동의 실제

<table>
<tr><td rowspan="3">활동명:
리본이
춤을
추어요</td><td>활동목표
• 음악에 따라 리본을 창의적으로 움직인다.
• 움직임을 통해 속도와 공간 개념을 안다.</td></tr>
<tr><td>활동자료
• 리본(봉에 리본이 달려 있는 것), 녹음기, 카세트테이프</td></tr>
<tr><td>교육과정 관련 요소
• 신체운동 · 건강
– 신체활동 즐기기 : 신체를 인식하고 움직인다. 신체 움직임을 조절한다.
• 예술경험
– 창의적으로 표현하기 : 신체나 도구를 활용하여 움직임과 춤으로 자유롭게 표현한다.</td></tr>
<tr><td colspan="2">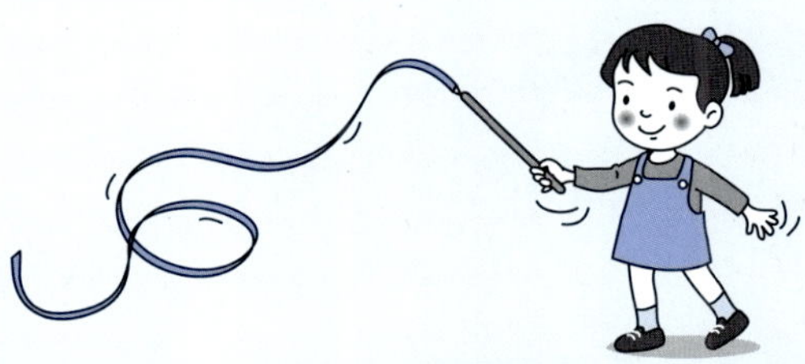</td></tr>
<tr><td>활 동
방 법</td><td>〈도 입〉
• 음악을 들려주고 음악의 느낌에 대해 이야기한다.
– 어떤 느낌이 드니?
– 빠르기는 어떠니? 이 곡을 표현하려면 어떻게 움직여야 할까?
〈전 개〉
• 유아들이 리본 막대를 들고 창의적으로 움직여 보게 한다.
– 어떻게 움직여 볼까?
– 리본 막대를 쥔 손을 아래위로, 지그재그로 혹은 빠르게 움직여 볼까?
– 제자리에서 서서 움직일 수 있을까?
– 뛰면서 리본 막대를 움직이면 어떨까?
– 바닥에 앉거나 누워서 리본 막대를 흔들면 어떨까?
• 음악을 들으며 신체와 리본 막대를 이용하여 표현하게 한다.
〈종 결〉
• 음악에 맞추어 리본 막대를 움직여 본 느낌에 대해 이야기 나눈다.
– 리본 막대를 움직여 보니 어땠니?
– 생각했던 것처럼 잘 움직였니?</td></tr>
<tr><td>평 가</td><td>• 음악에 따라 리본을 창의적으로 움직일 수 있었는가?
• 움직임을 통해 속도와 공간 개념을 알았는가?</td></tr>
</table>

활동명: 수박 옮기기	**활동목표** • 화를 듣고 여러 동물의 모습을 신체로 표현할 수 있다.
	활동자료 • 손가락(면장갑)인형, 동화책
	교육과정 관련 요소 • 의사소통 – 듣기와 말하기 : 말이나 이야기를 관심있게 듣는다. • 예술경험 – 예술 감상하기 : 다양한 예술을 감상하며 상상하기를 즐긴다.

활 동 방 법	〈도 입〉 • 손가락 인형을 이용해 '커다란 수박' 동화를 들려준다. – 어떤 동물들이 나왔니? – OO동물은 어떤 소리를 낼까? – OO동물은 어떻게 움직일까? 〈전 개〉 • 동물들의 소리와 움직임에 대해 이야기 나눈다. – OO동물들의 소리와 움직임을 흉내 내어 볼까? • 동화속에 등장한 동물들의 역할을 정하여 신체 표현을 해 본다. – OO동물을 흉내 내어 볼 친구? – 어떤 친구가 OO동물 흉내를 잘 낼까? • 각 동물을 흉내 내며 커다란 수박을 옮기는 모습을 표현한다. 〈종 결〉 • 동화를 듣고 등장인물인 동물을 표현해 본 느낌에 대해 이야기 나눈다. – OO는 너구리를 어떻게 표현했니? – 어떤 부분이 제일 힘들었니? • 교사는 창의적이고 재미있게 표현한 유아를 격려한다. **– 동화 줄거리 –** 동물들이 커다란 수박을 옮기려고 소동을 벌이는 이야기로, 들쥐가 수박을 밀어 봤지만 전혀 움직이지 않아요. 들쥐가 다람쥐를 불러서 둘이 밀었지만 꼼짝하지 않고, 두더지를 불러 셋이 밀어 봤지만 움직이지 않자 너구리, 아기 곰까지 와서 결국 다섯이 힘을 합쳐 커다란 수박을 옮기게 되어요.
평 가	• 동화를 듣고 여러 동물의 모습을 신체로 표현할 수 있었는가?

활동명: 꽃이 되었어요	**활동목표** • 신체를 이용하여 식물의 성장과정을 표현할 수 있다. • 식물의 성장과정에 관심을 갖는다. **활동자료** • 여러 가지 식물(꽃)사진 자료, 동영상 자료, 식물 성장 음악 **교육과정 관련 요소** • 예술경험 – 아름다움 찾아보기 : 자연과 생활에서 아름다움을 느끼고 즐긴다. • 자연탐구 – 자연과 더불어 살기 : 주변의 동식물에 관심을 가진다.

활 동 방 법	〈도 입〉 • 봄에 피는 꽃의 사진과 식물의 성장과정 동영상을 보여 준 후 이야기를 한다. – 봄에는 어떤 꽃이 필까? – 어떤 꽃들이 있니? – 식물은 어떻게 자랄까? 〈전 개〉 • 식물의 성장에 대해 이야기 나눈다. – 봄에 씨를 뿌리고, 며칠 후 싹이 트고, 잎이 나고, 점점 커 가며 꽃이 되고, 씨가 맺힌다는 것에 대하여 이야기한다. – 씨앗을 몸으로 표현하면 어떻게 할 수 있을까? – OO꽃을 표현할 수 있겠니? – 활짝 꽃이 핀 모습은 어떻게 표현할까? • 식물의 성장과 관계있는 음악을 듣는다. • 음악을 듣고 씨앗이 땅속에서 싹이 트려고 하는 모습을 표현한다. – 벌과 나비가 되어서 날아다니는 표현도 해 볼까? 〈종 결〉 • 식물의 성장과정을 몸으로 표현해 본 느낌을 이야기 나눈다. – 꽃을 몸으로 표현해 본 느낌이 어떠니? – 또 다른 꽃을 흉내 낼 수 있겠니?
평 가	• 신체를 이용하여 식물의 성장과정을 표현할 수 있었는가? • 식물의 성장과정에 관심을 가졌는가?

<table>
<tr><td rowspan="3">활동명: 공 나르기</td><td>활동목표
• 협동하여 물건을 나를 수 있다.
• 눈과 손의 협응력과 균형감각을 기른다.</td></tr>
<tr><td>활동자료
• 보자기 5개, 공 5개, 반환점 2개</td></tr>
<tr><td>교육과정 관련 요소
• 신체운동 · 건강 – 신체 활동 즐기기 : 신체를 인식하고 움직인다.</td></tr>
<tr><td colspan="2"></td></tr>
<tr><td>활 동
방 법</td><td>〈도 입〉
• 물건을 옮겨 본 적 있는지 이야기 나눈다.
– 물건을 옮겨 본 적이 있니?
– 무슨 물건을 옮겨 보았니?
– 어떻게 옮겼니?
〈전 개〉
• 공 나르기 게임의 방법과 규칙에 대해 이야기 한다.
– 여기 있는 보자기와 공으로 어떤 게임을 할 수 있을까?
– 공 나르기 게임을 더 재미있게 할 수 있는 방법은?
– 몇 명이 한 조가 되어 공을 나를까?
– 이 게임을 할 때 우리는 어떤 것을 지켜야 할까?
• 두 팀으로 나누어 두 명이 한 조가 되어 공을 보자기에 올려놓고 반환점을 돌아온다.
• 다음 두 명에게 차례를 넘기고 마지막 두 명이 먼저 들어오는 조가 이긴다.
〈종 결〉
• 공 나르기 게임을 한 느낌에 대해 이야기 나눈다.
– 공 나를 때 어떤 점이 가장 힘들었니?
– 재미있었던 점은?
– 어떻게 했을 때 공을 더 잘 나를 수 있었니?</td></tr>
<tr><td>평 가</td><td>• 협동하여 물건을 나를 수 있었는가?
• 눈과 손의 협응력과 균형감각을 기를 수 있었는가?</td></tr>
</table>

제8장 사회교육

우리들의 작은 메아리

처음 유아교육과에 입학했을 때, 정말 대학생활을 하는구나, 즐기면서 대학생활을 해야지 하는 마음으로 입학을 했다. 그런데 개강 첫날 교재의 1장을 요약해서 파워포인트로 만들어 오라는 것이었다. 그렇게 두꺼운 책으로 수업하는 것도 처음인데 어떻게 한 장을 요약하라는 건지, 어떤 내용인지 어떤 부분이 중요한지도 모르는데 말이다. 새벽 3시까지 과제를 하고 내는데 정말 힘들었다.

이 과제를 시작으로 "대학생활은 즐기는 것이다."라는 말은 유아교육과와는 먼 소리라는 것을 알게 되었다. 완벽하게 아는 것도 아닌데 계획안 써 오기, 교구 만들어 오기……. 정말 앞이 캄캄했다. 무작정 책과 인터넷, 도서관을 다니면서 자료를 찾기 시작했다. 너무 힘들어 대학생활을 어떻게 해 나가나 하는 생각도 들었다.

겨우 계획안을 쓰고 교구도 만들었다. 정말 뿌듯하게 학교에 갔는데, 교구는 뜯기고, 교수님께서 수정해 주신 계획안을 보니 고칠 것이 너무 많았다. 물론 내가 교구를 너무 부실하게 만들어서 잘 망가지기도 했겠지만, 인정사정없이 잘못된 부분을 뜯으시다니……. 실망스러웠지만 교수님께 꼭 칭찬을 받고야 말겠다는 생각뿐이었다.

제출 전날 집에서 4시부터 다음 날 새벽 4시까지 밥도 안 먹고, 계획안을 수정하고 또 수정하였다. 그날 새벽에 밖으로 나가서 소리를 지르고 싶었다. 내가 해냈다는 생각에 정말 기뻤다. 한 달 후에 내가 제출한 계획안이 돌아왔다. 교수님께서 전 학생의 계획안을 보시고 하나하나 체크해 주셔서 정말 감동받았다. 그런데 리포트 마지막 장에 정말 좋은 교사가 될 것이라며 계획안을 잘 적었다고 하셨다. 웃음이 나왔다. 옆에 있던 친구들이 내 리포트를 가져가서 보았다. 그때 그 기분은 말로 표현할 수 없었다. 정말 힘들었던 과제였고 제일 많은 시간을 투자했던 과제였는데 칭찬을 받게 되었다. 그날은 내 생애 최고의 날이었다.

1 사회교육의 정의

인간은 사회적 동물이다. 이는 인간의 자기완성과 생활은 언제나 사회 속에서 이루어 나가야 한다는 것을 의미한다. 그렇기 때문에 사회교육의 당위성을 '인간은 사회적 존재'라는 관점에서 찾을 수 있다. 인간은 사회를 떠나서는 존재할 수 없다. 즉, 인간은 다른 사람과의 관계 속에서 살아가야 하는 사회적 존재다. 혼자서는 도저히 생존할 수 없는 미숙한 상태로 태어나며, 독립적 생활을 하기까지 가장 오랜 양육기간을 필요로 하는 존재다.

이러한 사회적 인간관계는 만족과 행복의 원천이 되기도 하는데, 다른 사람과 서로 신뢰하고 사랑과 애정을 주고받을 때 행복감과 안정감을 느낀다. 부모, 교사, 또래 친구 및 이성으로부터 사랑과 인정을 받을 때 자신이 가치 있는 존재로 느껴지고 인생이 살 만한 것으로 느껴져서 행복감에 젖어들게 된다. 사랑이나 우정과 같이 긍정적인 감정은 타인과의 상호 관계에서만 경험할 수 있는 것이다. 인생에서 인간이 해결해야 할 중요한 과제는 함께 살아가야 할 여러 사람과 갈등 없이 친밀하고 협동적인 상호관계를 형성함으로써 인생을 풍요롭고 행복하게 만들어 가는 것이다(유민임, 2005).

사람은 태어나면서부터 자신의 의지와는 상관없이 타인과 관계를 맺으면서 살아갈 수밖에 없다. 처음에는 부모-자녀 관계에서 시작하지만 차츰 형제, 친구, 사제, 선후배, 상사-부하직원, 부부관계 등으로 폭이 넓어진다. 이렇게 우리의 생활은 끝없이 다른 사람과 관계를 맺으면서 살아가게 된다. 이러한 것을 우리는 사회생활이라고 한다.

사회 생활을 잘하기 위해서는 먼저 자기 자신, 즉 개인이 해야 할 일이 무엇인지 알아야 하고, 다른 사람과 협동하면서 사회 구성원의 한 사람으로서 역할을 수행해 나가야 한다. 가령, 어떤 한 사람이 잘못하면 사회 전체가 위기나 참사에 직면할 수 있는데, 대구 지하철 화재나 삼풍백화점 붕괴, 세월호 사고와 같은 대형 참사가 이를 증명한다. 가정은 유아가 최초로 만나는 환경이며 다양한 경험을 주는 곳이다. 유아교육기관은 유아가 가족 이외의 사람과 처음으로 집단생활을 하고 지속적인 관계를 가지게 되는 장소이기도 하다. 따라서 가정과 교육기관에서는 유아가 사회 생활을 잘 해나갈 수 있도록 도와야 한다. 이것이 바로 유아의 사회성 지도이며, 민주시민 교육인 것이다.

Seefeldt(2001)는 사회교육은 유아 자신을 포함한 사회와 환경을 이해하고 대처할 수 있게 하며, 가족, 또래집단, 지역사회, 나아가 세계 시민으로 참여하는 데 필요한 사회과학적 개념, 가치 및 태도 그리고 기술을 획득할 수 있도록 돕기에 적합한 영역이라고 하였다. 차경수, 정문성, 구정화(1997)는 유아 사회교육이란 취학 전 단계에 있는 유아가 가정, 학교, 사회에서 훌륭한 사회 생활을 할 수 있도록 사회 생활에 관한 개념, 기능, 태도와 가치관 등을 형성하도록 교육하는 것이라고 정의하였다.

한편, 전미사회교육위원회(The National Council of Social Studies: NCSS)는 사회교육을 시민적 자질을 증진시키기 위한 사회과학과 인문학에 대한 통합된 학습 분야라고 보았다. 교육과정 내에서 사회교육은 인문학, 수학, 자연과학의 적절한 내용뿐만 아니라 인류학, 경제학, 지리학, 역사, 법학, 철학, 정치학, 심리학, 종교학과 사회학 같은 학문에서 교육내용을 이끌어 낸 통합적이고 체계적인 학습이라 하였다(NCSS, 1994).

유아에게 사회과학적 개념을 가르치는 것은 실제적인 지식을 알게 하기 위해서라기보다는 유아로 하여금 자신과 자신이 살고 있는 지역사회에 대한 기본 개념을 형성할 수 있도록 돕기 위해서다(이영자, 유효순, 이정욱, 2001). 모든 인간은 사회적 존재로 태어나 살아가기는 하지만, 어떻게 사회적 관계를 맺고 생활하느냐에 따라 그 자신의 사회적 존재 가치와 의미가 달라진다. 따라서 사회교육은 유아가 유능하게 사회 생활을 영위할 수 있도록 필요한 자질을 키워 주는 교육이라고 할 수 있다.

2 사회교육의 목적

누리과정에 따르면, 사회교육은 사회관계 영역에서 다루어진다. 사회관계 영역의 목표는 "자신을 존중하고 더불어 생활하는 태도를 가진다."라고 설정하였으며, 이와 같은 목표 아래 사회관계에서는 다음과 같은 세 가지 하위 목표를 설정하고 있다(교육부, 보건복지부, 2019).

1) 자신을 이해하고 존중한다.

유아가 자신을 나타낼 수 있는 것과 자신의 감정을 알고 상황에 맞게 적절하게 표현하며, 자신이 할 수 있는 것을 스스로 해 봄으로써, 긍정적인 자아존중감과 자율성을 경험하게 된다.

인간은 긍정적 자아 개념을 바탕으로 자신의 삶을 스스로 판단하여 실천하는 자율성이 있을 때 진정한 행복과 삶의 의미를 느낀다. 유아는 자신의 외모, 가족 관계와 가족 구조의 특성, 성별, 연령, 사회경제적 여건 등 자신을 구성하고 있는 여러 특성을 인식하고 긍정적으로 수용함으로써 다른 사람을 이해하고 존중하며 배려하게 된다. 따라서 유아의 사회성을 발달시키기 위해서는 자신을 긍정적으로 생각하는 것에서 출발해야 한다. 또한 유치원과 어린이집에서 다양한 놀이 또는 활동을 유아 스스로 시도하여 성공적으로 수행하는 경험을 하는 것이 필요하다.

2) 다른 사람과 사이좋게 지낸다.

유아가 가족의 의미와 소중함을 알며, 친구와 서로 돕고 양보, 배려, 협력하며 사이좋게 지내고, 사람들마다 감정, 생각, 행동이 각기 다름을 알고 존중하여, 친구와의 갈등을 여러 가지 긍정적인 방법으로 해결하는 내용이다. 또한 친구와 어른께 예의 바른 태도로 말하고 행동하며, 사회 공동체의 일원으로서 약속과 규칙의 필요성을 알고 지키는 내용이다.

유아는 자신 및 다른 사람의 감정을 이해하고, 이에 기초하여 자신의 감정을 조절하기까지 어려움이 많을 수 있다. 따라서 유아 수준에서는 자신의 다양한 감정에 주의를 기울이면서 감정을 행동으로 옮길 때 사회적으로 인정될 수 있도록 조절해야 할 필요가 있음을 알고, 이를 실천하는 것이 중요하다. 또한 다른 사람의 감정이 나와 다를 수 있으며, 다른 사람의 감정 역시 중요하다는 것도 생활 속에서 경험할 수 있도록 해야 한다.

3) 우리가 사는 사회와 다양한 문화에 관심을 가진다.

유아가 사회 구성원으로서 자신이 사는 지역에 관심을 가지고 탐구하며, 우리나라의 상징, 언어, 문화를 알아 가면서 대한민국 국민으로서 긍지와 자부심을 가지는 내용이다. 그리고 다른 나라의 다양한 문화에 관심을 가지고 존중하는 경험을 담고 있다.

유아기는 다름에 대한 편견 없이 다양한 문화를 경험하기 시작하는 데 적당한 시기다. 유아가 사는 동네, 지역사회, 우리나라에 대한 이해를 바탕으로 세계 다양한 나라와 문화에 대해서도 관심을 갖도록 하는 것은 다양성을 수용할 수 있으므로 중요하다. 이를 위해 유아가 자신이 속한 동네에 대해 알아보고 직업의 종류에 대하여 알아보도록 한다. 그리고 우리나라의 전통에 대한 이해와 자부심을 토대로 편견 없이 다양한 나라, 인종, 문화에 관심을 갖고 존중할 수 있도록 하는 데 중점을 둔다.

3 사회·정서 발달의 과정

한 개인의 사회적 관계 및 사회적 행동을 의미하는 사회성 발달은 일반적으로 유아기의 기본 생활 습관 및 또래와 성인의 상호작용 등을 통해 습득하기도 한다. Ladd와 Profilet(1996)은 사회 · 정서 발달을 유아가 또래와의 관계에서 나타내는 행동적인 특성이라고 정의하였으며, Carter, Briggs-Gowan, Jones와 Little(2003)은 유아의 사회 · 정서 발달 구성 요인을 사회적 유능성(순종, 주의 집중), 외현적(활동성, 충동성, 공격성, 반항성) · 내현적(우울, 위축, 불안, 거부) 문제 행동, 조절 문재(수면, 식사) 등으로 광범위하게 포함하고 있다. 따라서 유아기의 사회 · 정서 발달과 관련된 활동을 중요하게 다루어야 한다.

유아의 연령별 발달 특징을 기술하면 다음과 같다(박찬옥, 김영중, 황혜경, 엄정례, 조경서, 2007).

1) 3세 유아

유아는 사회적 존재로서의 자신을 인식하기 시작하면서 타인과의 관계 속에 있는 자신을 발견하고 '나'와 '너'가 다른 존재임을 알게 된다. 타인의 칭찬과 인정에 민감해지고, 남녀 성차를 인식하여 성역할에 대한 관심이 높아진다. 또한 생활 습관과 규칙을 배우고 지켜야 한다는 것을 알게 된다.

이 시기의 유아는 친구와 함께 노는 방법을 알아간다. 또래 친구와 함께하는 기술이 부족하여 성인과의 상호작용을 더 좋아하지만, 점차 친구와 사이좋게 노는 방법을 터득하고 즐거워하게 된다.

또한 이 시기에는 감정과 행동을 조절할 수 있는 자기통제력과 독립심이 발달하기 시작하고, 자신의 감정을 자유롭게 말로 표현할 수 있을 정도로 언어가 발달한다. 따라서 무서움, 불안, 화 등의 부정적 감정을 어느 정도 극복할 수 있다. 그러나 새로 태어난 동생에 대한 질투심에 화를 내기도 하고 엄마와 떨어져 교육(보육)

기관에 가는 것을 힘들어하고 두려워하기도 한다.

3세 유아의 전반적인 발달 특성을 고려할 때, 이 시기는 사회적 자아개념 형성의 결정적 시기라고 할 수 있다. 예를 들면, 화장실 혼자 가기, 혼자 옷 입고 벗기, 놀잇감 선택하여 놀기, 친구 사귀기, 차례 지키기, 양보하기, 서로 나누기 등의 사회적 활동 기회를 통해 기본 생활 습관을 형성하고, 자신이 할 수 있는 것을 발견하여 스스로 할 수 있다. 때로는 참고 양보해야 친구와 함께 놀이할 수 있다는 것을 차츰 인식해 가는 시기다. 따라서 이러한 사회적 발달이 이루어질 수 있도록 적절한 수용과 인정, 칭찬과 격려를 해야 한다.

2) 4세 유아

또래 친구와 놀이하는 것을 좋아하며, 그중에서도 동성의 친구를 더 선호하는 경향이 있다. 자신의 놀잇감이나 소유물을 나누어 가지려는 시도도 하고, 놀이할 때는 순서를 지키려고도 하며, 놀이를 통해 서로의 경험과 감정을 공유하려 하지만 아직은 서툴다. 때로는 싫어도 참고, 물건 나누기와 순서를 지키기도 하지만 가끔 그것을 참지 못하는 유아의 공격적이고 파괴적인 행동으로 놀이가 깨지기도 한다. 이러한 분쟁으로 사회적 갈등이 생기고 이것을 해결하는 경험을 통해 친구 사귀기, 함께 놀이하기 등의 기술은 더욱 향상된다.

이 시기의 유아는 3세 유아보다 더 다양한 정서를 가지고 표현한다. 타인은 다른 감정을 가지고 있다고 생각하기 시작하면서 타인의 정서를 이해하고 자신의 감정을 통제해야 할 필요성을 느낀다. 또한 상황을 이해하는 능력이 발달하면서 감정을 통제해야 할 필요성을 느끼기도 한다. 그러나 유아는 감정에 의해 행동하는 경향이 더 많다.

이와 같은 발달 특성을 고려할 때, 이 시기는 자기 주도성 확립의 결정적 시기라고 할 수 있다. 신체 조절이나 정서 조절, 언어 인지적 능력이 발달하고, 특히 부모나 선망의 대상을 모델로 하여 목표 지향적 행동을 하고자 하는 시기이므로 사회적 관계 형성에 대한 교육이 필요하다. 예를 들면, 자기중심적 사고로 인한 친구와의 갈등 경험, 친구들과 궁금한 것 이야기 나누기, 자유선택활동 경험을 통해 집단에서 일어나는 갈등과 또래 문제를 해결하고 더불어 살아가는 사회적 관계 형성 능력을 향상시킬 수 있도록 해야 한다.

3) 5세 유아

5세 유아는 능동적이고 활동적이며, 성취 동기가 높고 목표 지향적인 행동을 하며, 놀이 규칙을 만들어 조직적이고 계획적인 놀이를 하기도 한다. 부모나 성인의 기대에 맞게 행동하려는 욕구와 자기중심적인 욕구를 함께 가지고 있어 가끔 의젓한 모습으로 부모를 기쁘게 하기도 한다. 그와 반대로 동생을 시샘하고 떼를 쓰기도 하며, 친구와의 놀이를 원만하게 하지 못하기도 한다. 이 시기는 자아중심적인 특성을 갖고 있는 유아가 타인을 배려하고 타인의 기대에 맞추며 규칙을 지키려는 사회적 면이 발달해 가는 중요한 시기다.

또래 간의 우정이 생기지만 지속적인 관계보다는 쉽게 변할 수 있는 친구관계가 이루어진다. 친구 간의 접촉이 늘어나면서 싸움도 빈번해지지만, 신체적 공격은 줄어들고 언어적 다툼이 많아진다. 친구와 협동하여 놀이하고 주도적으로 놀이나 일을 추진하려고 한다. 또한 옳고 그름을 판단하는 도덕성이 발달하며, 또래의 인정을 받고 싶어 한다.

이 시기의 유아는 성인이 느끼는 대부분의 정서를 표현할 수 있고 복합적인 감정을 이해하고 표현할 수 있다. 다른 사람의 정서에 감정이입을 할 수 있어서 친구의 슬픔을 위로할 수 있다. 또한 자신의 부정적인 정서를 긍정적인 정서로 바꿀 수 있는 능력이 생기기 시작하여 화가 났을 때 자신이 좋아하는 놀이를 하면서 화를 조절할 수 있게 되고 자신의 감정을 언어로 통제하려고 노력하게 된다.

이러한 발달 특성을 고려할 때, 이 시기는 사회적 의사소통 능력 형성의 결정적 시기라고 할 수 있다. 이 시기는 생각과 느낌을 친구와 공유할 수 있는 활동을 하는 것이 필요하다. 예를 들면, 동화 주인공에 대해 느낀 점 이야기 나누기, 주제에 대해 친구들과 토의하기, 함께 역할극하기, 역사 · 경제 · 지리 등 사회적 지식에 대해 함께 이야기 나누기 등을 통해 생각과 느낌을 언어로 의사소통하는 능력을 키울 수 있도록 도와야 한다.

4 사회교육의 내용 및 지도원리

1) 사회교육의 내용

이옥주(2006)는 유아 사회교육의 내용을 ① 사람과 사회현상의 핵심을 다루는 사회과학적 개념, ② 다른 사람과 사회를 이해하도록 하는 여러 가지 신념들, 즉 가치와 태도 형성, ③ 지식적인 이해와 가치 및 태도 형성이 구체적인 행동으로 나타날 수 있도록 해 주는 것을 사회적 기술의 세 가지 영역으로 보았다. 그러나 누리과정의 사회관계 영역에서는 유아가 자기존중을 바탕으로 자신과 타인의 감정을 인식하고 조절함으로써 가족 및 다른 사람과 더불어 살아갈 수 있는 능력을 갖추고, 우리가 살고 있는 사회현상에 관심을 가지도록 하는 것에 초점을 두고 있다.

이에 사회관계 영역은 나, 가족, 이웃, 사회로 확대되는 동심원적 접근에 기초하여 '나를 알고 존중하기', '더불어 생활하기', '사회에 관심 가지기'의 세 가지 내용 범주로 이루어져 있다. 이를 자세히 살펴보면 다음과 같다(교육부, 보건복지부, 2019).

(1) 나를 알고 존중하기

'나를 알고 존중하기'는 자신에 대한 인식으로부터 시작하여 자신의 몸과 마음을 소중히 여기는 태도를 갖게 하며, 이러한 자아존중감을 바탕으로 자신의 일을 스스로 계획하고 실천하는 자기 주도성 형성을 경험하는 것으로 구성되어 있다.

'나를 알고 소중히 여긴다'는 유아가 자신을 나타내는 나이, 성별, 모습 등에 대해 알고, 자신을 소중히 여기며 가치 있는 존재로 느끼는 내용이다.

'나의 감정을 알고 상황에 맞게 표현한다'는 유아가 자신의 감정에 대해 알고 다양한 상황에서 자신의 감정을 적절하게 표현하는 내용이다.

'내가 할 수 있는 것을 스스로 한다'는 유아가 자신이 할 수 있는 일을 알고 자신감을 가지며 자율적으로 실천해 가는 내용이다

(2) 더불어 생활하기

'더불어 생활하기'는 우리 사회는 서로 다른 사람들이 공동체를 이루고 함께 살아가고 있음을 알게 하는 내용이다. 친구와 협동하며 놀이하고 친구와의 갈등을 긍정적으로 해결하는 방법을 익히며, 다른 사람과 도움을 주고받으며 화목하게 지내는 내용을 다룬다.

'가족의 의미를 알고 화목하게 지낸다'는 유아가 자신의 가족 구성원을 알고, 가족과 함께 생활하며, 가족은 서로 돕고 살아간다는 것을 경험하는 내용이다. 가족의 구성원이 다양함을 이해하고 존중하는 내용이다.

'친구와 서로 도우며 사이좋게 지낸다'는 유아가 친구들과 함께 놀이하는 즐거움을 느끼고 친구와 서로 도우며 배려하고 협력하며 더불어 살아가는 내용이다

'친구와의 갈등을 긍정적인 방법으로 해결한다'는 유아가 친구와 갈등이 생겼을 때 자신의 감정과 생각을 제대로 표현하고, 배려, 양보, 타협 등을 통해 해결하는 내용이다

'서로 다른 감정, 생각, 행동을 존중한다'는 유아가 다른 사람들의 감정, 생각, 행동에 관심을 갖고 감정, 생각, 행동이 서로 다를 수 있음을 이해하고 존중하는 내용이다.

'친구와 어른께 예의 바르게 행동한다'는 유아가 친구와 어른께 배려, 존중, 공경하는 마음을 담아 예절을 실천하는 내용이다

'약속과 규칙의 필요성을 알고 지킨다'는 유아가 다른 사람과 더불어 살아가기 위해 필요한 약속과 규칙이 있음을 이해하는 내용이다. 상황에 따라 필요한 약속과 규칙을 의논하여 정하고 지키는 내용이다.

(3) 사회에 관심 가지기

'사회에 관심 가지기'는 사회가 유지되기 위해 필요한 물리적 요소와 사회가 잘 돌아가도록 하는 데 필요한 비물질적 요소, 즉 정직, 질서, 정의, 배려, 예절 등의 무형의 사회적 가치 및 규칙과 원칙의 중요성에 대해 아는 것이 포함된다. 유아가 사회를 구성하고 지지하는 요소에 대한 사회과학적 지식을 탐색하고 알아 감으로써 우리 사회에 보다 많은 관심을 갖고 문화적 소양과 가치관을 키워 가도록 한다.

'내가 살고 있는 곳에 대해 궁금한 것을 알아본다'는 유아가 자주 접하는 가까운 주변 지역과 이웃에 대해 관심을 가지고, 궁금한 것을 알아보며, 지역 구성원으로서 유대감과 소속감을 느끼는 내용이다.

'우리나라에 대해 자부심을 가진다'는 유아가 우리나라의 전통에 친숙해지고, 우리나라의 상징, 언어, 문화 등을 경험하면서, 우리나라에 대해 자랑스러운 마음을 가지는 내용이다.

'다양한 문화에 관심을 가진다'는 유아가 다른 나라의 다양한 문화와 생활양식에 대해 관심을 가지고, 문화의 다양성을 이해하며 존중하는 내용이다.

전미사회교육위원회(NCSS, 1994)는 유아에게 적합한 사회교육의 주제로 지리, 일, 경제, 환경, 전통, 통일, 다문화, 정보 자료의 여덟 가지를 선정하였다. 지리 개념은 현장에서 친근한 용어인 '주변 지역'으로 묶어 지역문화의 특성 및 정체성, 교통, 이동의 개념 등을 포함하는 것이며, '정보 자료에 관심 가지기'는 정보 문해 능력(information literacy)을 강조하는 시대적 · 사회적 흐름을 반영한 것이다.

결론적으로 유아를 위한 사회교육은 다음과 같은 입장에서 모색되어야 한다.

첫째, 다른 사람과 더불어 살아가기 위해 자신의 내적 욕구나 충동을 적절하게 통제하고 행동을 조절할 수 있는 자기통제 기술이 필요하다.

둘째, 다른 사람의 의견을 듣고, 자신의 의견을 적극적으로 표현할 수 있는 효과적인 의사소통 기술이 요구된다.

셋째, 바람직한 사회 구성원으로 살아가기 위해 필요한 공유하기(함께 나누기), 협동(도움 주고받기)과 협의(자신과 다른 의견 수용하기) 기술 등이 필요하다.

넷째, 가치와 태도에 대한 교육이 필요하다. 여러 가지 다른 생각, 신념, 가치를 통해 다른 사람과 사회를 이해할 수 있도록 해야 한다.

특히 가치와 태도에는 사회에서 요구하는 보편적 가치와 태도 그리고 개인에게 요구되는 개별적 가치가 있다. 보편적 가치와 태도에는 독특한 존재로서 자신이 존중받고 신뢰받을 만한 가치가 있는 사람이라고 인식하는 긍정적인 태도 및 가치가 있으며, 집단적 가치에 대해 긍정적으로 인식하는 민주적인 태도 및 가치가 있다. 개별적 가치에는 유아 자신이 소중하다고 생각하는 가치를 존중하여 교사의 가치관과 갈등 상황이 발생하지 않도록 적절히 조절할 수 있어야 한다. 또한 유아가 긍정적인 가치체계를 형성할 수 있도록 도와야 한다.

2) 사회교육의 지도원리

Bredekamp와 Rosegrant(1995)는 사회교육 내용 선정을 위한 지침으로 유의미성, 통합성, 도전성, 지식 · 기술 · 태도와 가치, 활동성을 제시하였다.

(1) 유의미성

유아들에게 의미 있는 적절한 주제를 선정한다. 가정(가족 구성원과의 관계, 역할 등), 이웃, 지역사회(기관, 환경문제 등), 그리고 유아들과 관련 있는 놀이나 유아교육기관에서의 여러 활동과 관련된 내용일 경우 더욱 흥미를 유발할 수 있다.

(2) 통합성

사물과 현상을 여러 각도에서 통합적으로 바라볼 수 있어야 한다. 또한 다른 영역과도 통합되어야 하며, 실제 유아의 삶과도 통합될 수 있도록 시도해야 한다. 이를 위해 다음과 같은 지도가 필요하다.

첫째, 다양한 각도와 다른 영역의 관점에서 개념을 바라볼 기회를 주는 활동이어야 한다.

둘째, 유아가 사물들과 사건들을 서로 관계 지을 수 있는 능력을 발달시킬 수 있도록 다양한 시간, 장소 그리고 문화를 다루는 교수법이어야 한다.

셋째, 교육과정은 유아에게 중요한 실제 생활의 경험을 통합시킬 수 있는 것이어야 한다.

넷째, 모든 종류의 학습도구와 다양한 정보를 통합한 교실 경험이어야 한다.

(3) 도전성

유아에게 기쁨을 주고 탐구에 대한 욕구를 일으키는 내용이어야 하며, 자신과 다른 사람에 대해 배우는 기회가 되어야 한다.

(4) 지식, 기술, 태도와 가치

사회교육은 유아에게 도전을 줄 수 있는 바람직한 지식, 기술, 태도와 가치를 발달시킨다. 지식은 자신이 누구이며, 자신이 또래 및 주변 환경과 어떻게 연관되어 있는지에 대한 감각을 발달시킨다. 기술은 사회집단에서 효율적으로 참여하는 방법에 대한 기술, 생각하고 탐구하는 기술, 다른 사람과 자신의 아이디어를 발표하고 공유하는 기술, 정보를 얻고 활용하는 기술 등을 말한다. 또한 태도와 가치에서 태도는 하나의 주제나 화제에 대하여 개인적이고 집단적인 반응과 행동이며, 가치는 사람들이 견지하는 바람직한 원리와 기준을 의미하는 것으로서 행동 지침이 된다.

(5) 활동성

활동성은 적극적이고 직접적인 참여의 기회가 풍부한 것을 의미한다. 활동성이 넘치는 교실이란 교사가 제공하고 북돋아 주는 환경 속에서 풍부한 재료들을 가지고 활동하면서, 상호작용의 기회가 많은 교실을 말한다. 유아는 사물이나 또래, 성인과 활발한 상호작용을 하면서 자신의 현실에 대하여 새롭고 개별화된 통찰을 얻게 된다(Hohmann & Weikart, 1995: 윤혜경, 민하영, 2001에서 재인용).

5 사회교육 활동의 실제

활동명: 인사말 게임	활동목표 • 대상과 상황에 따라 적절한 인사말을 사용하는 능력을 기른다.
	활동자료 • 얼굴판 2개, 돌림판(인사말을 연상할 수 있는 상황 그림 6개), 인사말 카드 2세트(빨간색, 파란색)
	교육과정 관련 요소 • 사회관계 – 더불어 생활하기 : 친구와 어른께 예의바르게 행동한다.

활동 방법	〈도 입〉 • 상황에 맞는 여러 가지 인사법에 대해 이야기 나눈다. – 엘리베이터에서 어른을 만났을 때는 어떻게 인사할까? – 인사할 때 어떤 자세로 하면 좋을까? – 어떤 인사말로 해야 할까? (아침에 일어나서 하는 인사는?) 〈전 개〉 • 교구 사용방법을 소개한다. – 얼굴판을 하나씩 나누어 갖는다. – 얼굴판 머리 부분에 여러 상황의 인사말 카드를 붙인다. – 순서를 정한 뒤 돌림판을 돌린다. – 화살표가 멈춘 칸의 그림을 보고 상황에 적절한 인사말을 해 본다. – 내가 한 인사말을 얼굴판의 머리 부분에서 찾아 입 부분으로 옮겨 붙인다. – 같은 방법으로 인사말 카드를 모두 입 부분에 옮겨 붙이면 게임이 끝난다. 〈종 결〉 • 어떤 인사말이 있었는지 이야기해 본다. • 활동 후 느낀 점에 대해 이야기 나눈다. • 자유선택활동 영역에 배치해 둔다.
평 가	• 대상과 상황에 따라 적절한 인사말을 사용하는 능력을 길렀는가?

<table>
<tr><td rowspan="3">활동명:
어떤
기분
일까?</td><td>활동목표
• 자신의 여러 가지 감정을 표현할 수 있다.</td></tr>
<tr><td>활동자료
• 활동판(그림 자료 첨부), 노래 가사판</td></tr>
<tr><td>교육과정 관련 요소
• 사회관계 – 나를 알고 존중하기 : 나의 감정을 알고 상황에 맞게 표현한다.</td></tr>
<tr><td colspan="2">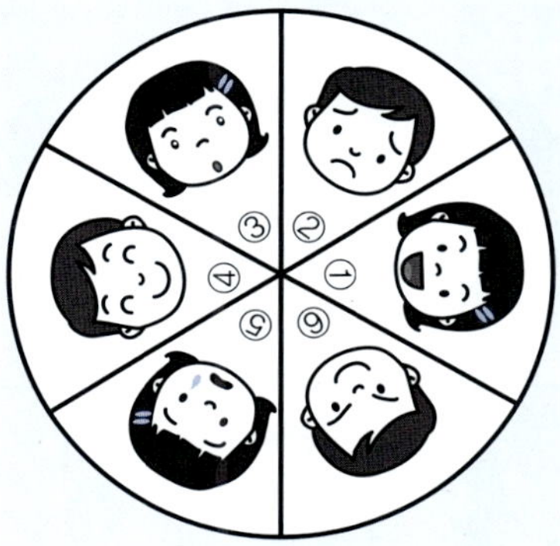
</td></tr>
<tr><td>활 동
방 법</td><td>〈도 입〉
• 여러 가지 감정에 대해서 알아본다.
– 기분 좋을 때는 언제였는가?
– 슬펐을 때는 언제였는가?
〈전 개〉
• 노래(돼지 임금♪♪)를 들려준다.
• 노래 속에 나오는 감정을 알아본다.
– 호랑이를 만났을 때 돼지 임금님의 기분은 어땠을까?
– 부하들은 어떤 기분이 들었을까?
• 노래를 부르며 감정을 표현해 본다.
〈종 결〉
• 노래를 부르면서 느꼈던 점에 대해 이야기 나눈다.
– 노래를 부르면서 어떤 느낌이 들었니?
– 내가 만약 돼지 임금님이었다면?
• 감정을 표현하면서 새로 발견한 점, 생각했던 점에 대해 이야기 나눈다.</td></tr>
<tr><td>평 가</td><td>• 자신의 여러 가지 감정을 표현할 수 있었는가?</td></tr>
</table>

활동명: 우리 가족이 하는 일은?	**활동목표** • 가족의 역할에 대해 이해한다. • 다양한 상황을 연상하여 말로 표현하는 능력을 기른다. **활동자료** • 집 모형 그림판, 가족 구성원 인형(할아버지, 할머니, 아버지, 어머니, 나 등) **교육과정 관련 요소** • 사회관계 – 더불어 생활하기 : 가족의 의미를 알고 화목하게 지낸다. • 의사소통 – 듣기와 말하기 : 상황에 적절한 단어를 사용하여 말한다.

활 동 방 법	〈도 입〉 • 교사는 집 모형과 가족 인형을 이용하여 유아들과 가족 구성원에 대해 이야기 나눈다. • 유아가 자신의 가족을 소개할 수 있도록 각각의 유아에게 질문하고, 유아는 가족을 소개해 본다. 〈전 개〉 • 가족이 하는 일에 대해 이야기 나눈다. • 집 모형 그림판에 있는 가족 구성원을 통해 각 구성원이 하는 역할을 이야기 한다. – 아버지는 가족을 위해 어떤 일을 하실까? – 어머니는 어떤 집안일을 하실까? • 여러 명의 유아들이 각 구성원의 역할을 맡아 간단한 역할극을 꾸며 본다. 〈종 결〉 • 활동 후 느낀 점에 대해 이야기 나눈다. – 가족이 하는 일 중 서로 도와야 하는 일에는 어떤 것이 있었는가? – 가족들의 역할 중 새로 알게 된 점에는 어떤 것이 있을까? – 가족을 위해 우리는 무엇을 할 수 있을까?
평 가	• 가족의 역할에 대해 이해할 수 있었는가? • 다양한 상황을 연상하여 말로 표현하는 능력을 기를 수 있었는가?

<table>
<tr><td rowspan="3">활동명: 친구를 기쁘게 해요</td><td>활동목표
• 친구와 도움을 주고받음으로써 친구의 소중함을 안다.
• 도움이 필요한 사람을 자발적으로 돕는다.</td></tr>
<tr><td>활동자료
• 비밀 상자, 반 친구 이름표</td></tr>
<tr><td>교육과정 관련 요소
• 사회관계–더불어 생활하기 : 친구와 서로 도우며 사이좋게 지낸다.</td></tr>
<tr><td colspan="2">
</td></tr>
<tr><td>활 동 방 법</td><td>〈도 입〉
• 친구와 사이좋게 지내려면 어떻게 해야 할지 이야기 나눈다.
– 어려운 친구를 도와준 적 있니?
– 어떨 때 친구의 도움이 필요할까?
〈전 개〉
• 친구를 돕고 친구를 기쁘게 해줄 수 있는 방법에 대해 이야기 나눈다.
• 친구에게 알리지 않고 친구를 도울 수 있다는 것을 알려 준다.
• 친구를 돕는 방법을 소개한다.
– 비밀 상자 속에 내 이름을 적은 종이를 넣고 섞는다.
– 비밀 상자 속에 손을 넣에 종이를 한 장 뽑는다.(자신의 이름이 나오면 다시 뽑는다)
• 비밀 상자에서 뽑은 종이에 적힌 친구가 내가 도와줄 비밀 친구가 된다.
– 비밀 친구에게 오늘 하루 동안 무엇을 도와주고 싶은가?
– 어떤 친구가 되어 주고 싶은가?
• 비밀 친구에게 내가 친구를 돕는다는 것을 알리지 않고 하루 동안 그 친구가 힘들 때나 어려운 일이 있을 때 돕는다.(편지를 쓰거나 선물을 하기도 한다)
〈종 결〉
• 활동 후 내가 뽑았던 종이를 보여 주며 나의 비밀 친구를 소개한다.
• 하루 동안 친구를 도우면서 새롭게 알게 되었던 점, 좋았던 점, 느낀 점을 이야기 나눈다.</td></tr>
<tr><td>평 가</td><td>• 친구와 도움을 주고받음으로써 친구의 소중함을 알게 되었는가?
• 도움이 필요한 사람을 자발적으로 도울 수 있었는가?</td></tr>
</table>

활동명: 알뜰 시장 놀이

활동목표
- 사용하지 않는 물건을 서로 바꾸어 쓰는 태도를 가질 수 있다.
- 계획해서 물건을 사는 경험을 해 봄으로써 경제생활에 관심을 가진다.

활동자료
- 집에서 사용하지 않는 유아의 물건들, 알뜰계획표, 돈, 지갑, 바구니, 가게 간판, 물건 가격표

교육과정 관련 요소
- 사회관계 – 사회에 관심 가지기 : 내가 살고 있는 곳에 대해 궁금한 것을 알아본다.
- 자연탐구 – 생활 속에서 탐구하기 : 물체를 세어 수량을 알아본다.

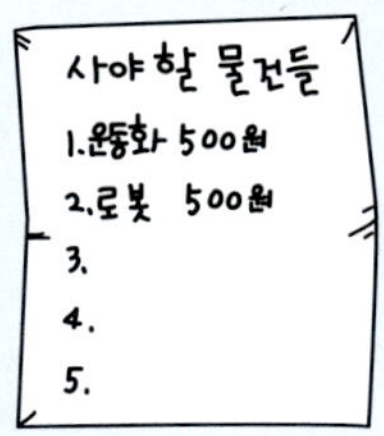

활동 방법

〈도 입〉
- 동화를 들려준다.
  - 난 알뜰이야. 우리 집에는 장난감이 아주 많아. 그런데 내가 전부 가지고 놀지는 않아. 이 장난감들을 버리지 않고 쓸 수 있는 방법은 없을까? 너희가 좀 도와줘.
- 알뜰이를 도와줄 방법에 대해 이야기 나눈다.

〈전 개〉
- 시장놀이의 이름을 정한다.
- 알뜰시장놀이를 계획한다.
  - 알뜰시장에서 어떤 물건들을 팔면 좋을까?
  - 알뜰시장놀이를 하려면 어떤 것들이 필요할까?
  - 시장에 가서 내가 꼭 필요한 물건만 사려면 어떻게 하면 좋을까?
- 알뜰시장놀이에 필요한 소품들을 만든다.
- 알뜰시장을 꾸민다.(물건 종류대로 분류해서 가격 붙이기, 가게 간판 붙이기)
- 역할을 정한다. / 손님은 시장에서 살 물건들을 알뜰계획표에 적는다.
- 알뜰시장놀이를 한다. / 역할을 바꾸어서 알뜰시장놀이를 해 본다.

〈종 결〉
- 알뜰시장놀이에 대해 평가한다.
  - 알뜰시장놀이를 해 보니 어땠니? / 자신이 계획한 대로 물건을 샀니?

평 가
- 사용하지 않는 물건을 서로 바꾸어 쓰는 태도를 가질 수 있었는가?
- 계획해서 물건을 사는 경험을 해 봄으로써 경제생활에 관심을 가질 수 있었는가?

제9장 미술교육

우리들의 작은 메아리

유아교육과에 대한 아무런 생각도 없이 대학생활이 시작되었다. '내가 잘할 수 있을까?' 두려움 반 기대 반으로 처음 학교를 찾은 날 아무것도 눈에 들어오지 않았다. 점심시간 삼삼오오 다들 짝을 지어 강의실을 나가는데 터벅터벅 혼자 계단을 향하고 있었다. 그런데 갑자기 누군가 뒤에서 "저기요." 하고 등을 두드렸다. 이름은 000, 그렇게 우리 둘은 지금까지 학교에 오면 점심을 같이 먹고 옆자리에 앉아서 강의를 듣는 그런 친구가 되었다.

함께한 친구가 있기는 했지만 고등학교 때에도 외롭게 보낸 시간들이 있었기에 대학에서는 친한 친구가 더 많았으면 좋겠다고 생각했다. 학기 초에는 강의실에 30분 전에 도착했다가 15분 전, 10분 전으로 줄다가 5분 전에만 도착해도 빨리 도착하는 것으로 변하기 시작했다. 어떨 땐 학교에 가기 싫어 시계만 보다가 어쩔 수 없이 가는 때가 많았다. 학교를 그만두고 싶을 때도 많았고, 친구들과의 갈등이 싫어서 그만두고 싶기도 했었다. 친구들이 무심코 던진 말 한마디 한마디에 많은 상처를 받았지만 빨리 잊어버리고 좋았던 일들만 기억하려고 노력했다.

도무지 무슨 말인지 이해는 안 됐지만 그래도 열심히 들었던 1학년이 지나가고, 떠올리고 싶지 않은 순간들이 가장 많았던 2학년 시절, 과제에 눌려 집에서도 과제로 밤을 새워야만 했다. 아침에 다니던 헬스도 못 가고, 교구 만드는 소리 때문에 언니는 잠을 설치고…… 말이 아니었다. 어떤 날은 내가 내 얼굴을 보면 한심했다. 다크 서클이 눈 밑에서 턱까지 내려와 있었다. 과제가 어려웠지만 그 과정들을 생각해 보면 잘한 것은 아니어도 뿌듯하고, 자신감도 생겼던 것 같다.

운동을 그리 좋아하지 않는데 3학년때 실습을 다녀오고 나서 운동을 해야겠다는 생각을 했다. 보통 체력으로는 버틸 수 없을 것 같았다. 학생이라는 가장 좋은 신분을 벗어나 사회인으로 돌아가야 할 시간이 얼마 남지 않았다. 유아교육과에서의 시간들이 힘들었지만 그 누군가는 부러워했을 시간이었을 것이다. 시간이 너무 빨리 지나가서 아쉽지만 그만큼 알차고 바쁘게 보낸 시간들이니 후회는 하지 않을 것이다. 출발선에 서서 내딛기 위해 오른발을 들었다.

한 발 한 발 올바르고 곧게 가도록 노력하겠습니다. 교수님! 감사합니다.

1 미술교육의 정의

유아는 끊임없는 호기심과 탐구심을 가지고 있으므로 주변을 탐색하고 본능적으로 무엇인가를 만들어 표현해 보고 싶어 한다. 유아의 이러한 발달적 특성을 고려하여 유아미술교육에서는 그리기, 만들기, 꾸미기 등과 같은 작품을 만드는 활동과 자연물이나 조형작품 감상하기 등의 활동을 한다.

미술교육은 유아교육현장에서 조형활동, 작업, 미술활동 등의 용어로 혼용되고 있다. 유아는 본능적으로 자신을 표현하려는 욕구가 있기에 미술활동, 즉 작업을 좋아한다. 유아가 그림을 그리고 무엇인가를 만들어 내는 것은 자신이 생각하고, 느끼고, 지각하는 것을 나름대로 창조하여 표현한 것이다. 이는 유아의 내면세계에 잠재해 있는 다양한 감정을 표출하는 것이므로 또 다른 의사소통의 수단이라고 볼 수 있다. 즉, 미술활동은 자기표현과 의사전달뿐만 아니라 긴장 완화와 자기만족 등 다양한 가치를 부여한다.

미술교육은 인간의 자아 표현 방법을 제공하고, 그 과정에서 좌뇌 · 우뇌를 균형 있게 개발하며, 개성과 창의성을 육성하여 삶을 아름답고 즐겁게 해 준다(한국미술교과교육학회, 2000). 유아는 다양한 매체를 통해 자신의 생각과 느낌을 표현하므로 대부분의 교육활동을 미술활동과 접목하여 행하고 있다. 이는 유아에게 미술교육이야말로 가장 생명력을 지닌 교육이고 모든 교육 중에서 가장 기본임을 의미하는 것이다(신지혜, 2005).

특히 언어 발달이 미숙한 유아기의 미술교육은 자기표현의 욕구를 충족시켜 주는 수단이 되고, 주변 사물에 대한 탐색이 활발한 유아에게는 기쁨의 원천이 되기도 한다(Parson & Blocker, 1993). 따라서 미술활동은 유아의 발달과 학습에 기여하는 교육이라 할 수 있다. 따라서 미술교육은 인간 내면에서 우러나오는 감정, 느낌 등의 정서적인 부분을 다양한 시각적 · 공간적 · 조형적 매체로 표현하고 그것을 이해하고 감상하는 제반 활동 모두를 포함한 것이라 볼 수 있다.

2 미술교육의 목적

유아는 미술활동을 통해 자신의 감정과 생각을 시각적인 형태로 전환할 수 있는 능력과 심미적인 가치관을 발달시킬 수 있다. 더불어, 다양한 방법과 매개물로서 자신의 지식과 사고를 미술활동에 반영할 수 있다(Eisner, 2002). 이와 같이 유아에게 있어 미술은 단순한 표상활동이 아닌 감각적으로 자신을 둘러싼 환경과의 만남을 통해 의미 구성을 하고 심미적 가치관을 형성해 나가는(Koster, 2001) 통합적 표현활동 과정이라고 할 수 있다. 따라서 미술교육은 다른 활동 영역과 마찬가지로 유아의 생활 주변에서 경험할 수 있는 소재를 활용하여 표현하고 그것을 감상하는 것이 함께 이루어질 때 실제적인 미적 체험의 목적을 이룰 수 있다. 다양한 미술활동을 통하여 이룰 수 있는 미술교육의 목적은 다음과 같다.

첫째, 유아의 정서 발달을 돕는다. 미술활동은 그 과정을 통해서 유아가 정서적 만족감을 느끼게 된다. 자신의 생각을 창의적으로 표현하면서 욕구 불만이 해소되고, 그를 통해 자신감을 가지게 되어 긍정적인 자아개념 형성도 돕게 된다. 예를 들면, 오리기, 찢기, 꾸미기, 반죽하기 등의 활동을 통해서 부정적 감정과 긴장감을 해소할 수 있다.

둘째, 유아의 신체 발달을 돕는다. 미술활동의 대부분은 색칠하기, 가위로 자르기, 풀칠하기, 굽혀 보기, 밀어 보기, 당겨 보기 등의 행동이 포함되는데, 이러한 행동 속에는 눈으로 보고 손으로 확인하는 과정이 필요하다. 다시 말해, 모든 미술활동은 본 것을 손으로 움직여 체험하는 과정이 통합되어야 하므로 눈과 손의 협응이 필요하다. 따라서 미술활동은 신체적 발달을 촉진하게 된다. 예를 들면, 큰 종이 위에 핑거페인팅(finger painting)을 하면서 대 · 소근육을 움직이고, 구조물을 만들기 위해 가위로 자르고 풀칠하는 등의 과정을 통해 소근육도 발달하게 된다.

셋째, 유아의 사회성 발달을 돕는다. 미술활동은 유아 혼자 작업을 하는 것도 있으나 여러 명의 유아가 공동으로 작업하는 경우도 있다. 유아는 조형물을 만들거나 교육기관의 행사에 필요한 안내문 및 현수막 등을 만드는 공동 작업을 통해 협동심과 사회성이 발달하게 된다. 양보와 배려 없이는 불가능한 협동 작업들 속에서 유아의 사회성 발달이 촉진되는 것이다. 공동 활동 과정 속에서 서로의 생각을 나누고, 재료 활용에 대한 의사결정을 하는 등의 상호 교류적인 태도를 경험하게 된다.

넷째, 유아의 인지적 발달을 돕는다. 유아가 그림을 그리고, 칠하고 혹은 다양한 미술활동의 재료를 사용하는 것은 유아의 인지 발달과 관계가 있다. 유아는 그림 그리기를 통해서 자신의 사고와 아이디어를 표현할 수 있으며, 물체를 구성하고 빚어 봄으로써 자신이 경험한 것들에 대한 개념들을 명백히 하고 보다 예리하게 주변세계를 지각하게 된다. 또한 개념 발달과 밀접한 관련이 있는 지각력은 유아가 다양한 종류의 자료에 대한 특성을 탐색하면서 발달하게 된다. 따라서 다양한 미술활동은 유아가 주위의 자극에 대해 보다 더 민감하도록 도움을 준다. 유아의 추리력을 포함한 문제해결력도 여러 가지 자료를 다루어 봄으로써 발달할 수 있다(이정환, 1997b).

다섯째, 유아의 창의성 발달을 돕는다. 미술활동의 가장 중요한 목표 중의 하나가 창의성 발달을 돕는 것이다. 자유로운 표현의 기회를 부여하여 잠재되어 있는 유아의 상상력과 창의력이 발휘될 수 있도록 도와야 한다. 유아는 스스로 자신이 가진 아이디어와 감정 등을 미술활동에 표현해 낼 수 있는 능력이 있다.

여섯째, 유아의 심미감 발달을 돕는다. 유아는 탐색, 표현, 감상 등의 미술활동을 통해서 색, 선, 형태, 공감, 촉감 등을 지각하여 미를 식별하여 가늠할 수 있는 심미감을 발달시키게 된다. 즉, 미(美)를 인식하는 차원 높은 내적인 감성 능력을 기를 수 있다.

3 미술교육의 내용

누리과정에서는 신체운동 · 건강, 의사소통, 사회관계, 예술경험, 자연탐구의 다섯 가지 영역이 있다. 미술활동은 이 다섯 가지 영역 모두와 관련이 있다고 할 수 있으나, 특히 '예술경험'과 밀접한 관련을 맺고 있다. 예술경험 영역은 '아름다움 찾아보기', '창의적으로 표현하기', '예술 감상하기'의 세 가지 내용 범주로 구성되어 있다(교육부, 보건복지부, 2019).

1) 아름다움 찾아보기

유아가 자연과 생활에서 아름다움을 느끼며 예술적 요소에 관심을 가지고 찾아보는 내용이다.

'자연과 생활에서 아름다움을 느끼고 즐긴다'는 유아가 자신의 주변에서 만나는 자연, 공간, 사물 등의 아름다움을 풍부하게 느끼며 즐기는 내용이다.

'예술적 요소에 관심을 갖고 찾아본다'는 유아가 주변의 자연과 생활에서 다양한 소리나 리듬 등의 음악적 요소, 색이나 형태 등과 같은 미술적 요소를 발견하고, 사물이나 동식물의 움직임에서 아름다움을 경험하는 내용이다.

이를 위해서 대상이 가진 미술적 요소를 유아가 자주 접하도록 하고 이를 생활 속에서 다루어 보는 경험이 중요하다. 아울러, 유아가 발견하고 인식한 미술적 요소들을 스스로 조합하고 실험해 볼 수 있는 여러 가지 종류의 재료와 도구를 다루어 보는 경험 역시 함께 제공되어야 한다.

2) 창의적으로 표현하기

유아가 노래를 즐겨 부르고, 간단한 소리와 리듬을 만들어 보며, 자유롭게 움직이며 춤추고, 다양한 미술 재료와 도구를 활용하여 표현하며, 경험과 이야기를 극놀이로 표현하는 내용이다.

창의적으로 표현하기에 포함되어 있는 내용 중에서 미술교육과 직접적인 관련이 있는 것은'다양한 미술 재료와 도구로 자신의 생각과 느낌을 표현한다'이다. 이것은 유아가 자연과 생활에서 발견한 다양한 재료와 도구를 활용하여 여러 가지 방법으로 표현하는 내용이다. 자신의 경험, 느낌, 생각 등을 창의적으로 표현하는 과정을 즐기는 내용이다.

미술활동은 유아에게 자신의 느낌을 자유롭게 표현할 수 있는 기회를 제공할 뿐만 아니라 심미감을 경험할 수 있게 해 준다. 유아는 미술 표현에 대한 이해를 바탕으로 그리고, 만들고, 꾸미는 등의 과정에서 즐거움을 느끼며 만족감과 자신감을 경험하게 된다.

3) 예술 감상하기

'예술 감상하기'는 유아가 자신과 또래의 작품뿐만 아니라 다양한 예술을 감상하며 상상하기를 즐기고, 서로 다른 예술 표현을 존중하며, 우리 고유의 전통 예술에 친숙해지는 내용이다.

'다양한 예술을 감상하며 상상하기를 즐긴다'는 유아가 자신과 또래의 작품이나 음악, 춤, 미술작품, 극 등 다양한 예술을 감상하고 자유롭게 상상하기를 즐기는 내용이다. 개인이 일생을 통해 경험하고 즐길 수 있는 예술의 영역과 그 깊이는 사람에 따라 다르므로, 이러한 감상의 능력이 유아기에 시작되어 인생 전반에 영향을 미치게 된다는 점에서 중요하게 다루어져야 한다.

'서로 다른 예술 표현을 존중한다'는 유아가 자신과 또래의 작품, 음악, 춤, 미술작품, 극 등에 포함된 다양한 표현을 존중하는 내용이다.

'우리나라 전통 예술에 관심을 갖고 친숙해진다'는 유아가 우리나라 고유의 전통 음악, 춤, 미술, 건축물, 극 등에 관심을 가지고 전통 예술을 감상하며 우리나라 문화에 친숙해지는 내용이다. 유아기는 우리의 전통예술을 받아들이고 익숙해지는 데 중요한 시기이므로, 전통예술을 즐길 수 있는 기본 소양을 기르도록 다양한 기회를 제공해 주어야 한다. 그러기 위해서는 전통 물건이나 음악, 춤, 조형 작품 등을 경험하고, 이를 유아의 일상생활과 연결 지어 경험해 볼 기회를 제공할 필요가 있다.

4 미술교육의 교수방법

유아미술활동은 창의적인 활동이어야 하며, 창의적인 유아미술을 위한 교수방법은 유아가 중심이 되는 유아중심 미술교육이 되어야 한다. 미술의 활동 유형은 평면활동과 입체활동, 조형놀이로 구분된다. 또한 어떤 유형의 활동이거나 그 활동의 요소는 주제, 재료, 기법 및 구성의 세 가지인데, 이 세 요소는 유아의 어떠한 미술활동에서도 함께 작용한다. 결국 이 세 가지 요소에서 누가 얼마나 주도권을 갖느냐에 따라 교사 혹은 유아 중심의 미술활동으로 결정된다. 여기서는 이에 따른 몇 가지 수업 형태를 살펴보고, 각 방법의 장단점을 알아보고자 한다(한국미술교과교육학회, 1999).

1) 세 가지 요소를 교사가 모두 결정하는 경우

- 부채를 만들자: 주제의 결정(교사)
- 나무젓가락과 종이접시와 고무 밴드를 이용하자: 재료의 결정(교사)
- 종이접시를 나무젓가락에 끼우고 고무 밴드로 묶자: 기법 및 구성의 결정(교사)

이 방법은 세 가지 요소 모두를 교사가 결정한 것이며, 유아는 다만 수동적으로 따를 뿐이다. 따라서 유아에게서 창의성을 거의 기대할 수 없게 만든다.

2) 두 가지 요소를 교사가 결정하는 경우

- 주제와 재료를 제시하는 경우
  - 저금통을 만들자: 주제의 결정(교사)
  - 우유갑을 이용해 보자: 재료의 결정(교사)
  - 어떻게 만들까? 무엇으로 장식할까?: 기법 및 구성의 결정(유아)
- 주제와 기법 및 구성을 제시하는 경우
  - 우주를 꾸미자: 주제의 결정(교사)
  - 무엇을 만들까? 각자가 만들고 싶은 것을 무엇으로 만들까?: 재료의 결정(유아)
  - 벽면에 검은색 천을 드리우고 그 위에 우주에서 볼 수 있는 것들을 만들어서 꾸며 보자: 기법 및 구성의 결정(교사)
- 재료와 기법 및 구성을 제시하는 경우
  - 무엇을 만들까? 인형? 탈?: 주제의 결정(유아)
  - 종이봉투로 만들자: 재료의 결정(교사)
  - 종이봉투를 오려 내거나 색종이를 붙이거나 그림을 그려서 만들자: 기법 및 구성의 결정(교사)

이와 같이 두 가지 요소를 교사가 부분적으로 결정하는 활동은 대체로 반구조적인 미술활동으로 구성된다. 따라서 교사의 의도적인 방향 결정이 상당히 작용하는 경우라고 할 수 있다. 이는 교육과정의 주제와 관련하여 진행할 때, 협동 작업을 구성할 때, 연간 미술 프로그램을 진행할 때 적용된다.

3) 한 가지 요소를 교사가 결정하는 경우

- 주제를 제시하는 경우
  - 동물인형을 만들어 보자: 주제의 결정(교사)
  - 무엇으로 만들지 자료를 찾아서 결정해 보자: 재료의 결정(유아)
  - 자료를 어떻게 이용해서 동물인형을 만들지 생각해서 만들어 보자: 기법 및 구성의 결정(유아)

- 자료를 제시하는 경우
  - 무엇을 만들까?: 주제의 결정(유아)
  - 스티로폼 조각으로 만들자: 재료의 결정(교사)'
  - 어떻게 만들까? 무엇으로 꾸밀 수 있을까?: 기법 및 구성의 결정(유아)
- 기법 및 구성을 제시하는 경우
  - 무엇을 만들까?: 주제의 결정(유아)
  - 무엇을 오릴까? 색종이? 신문지? 천?: 재료의 결정(유아)
  - 자르거나 오린 것을 종이에 붙여서 만들어 보자: 기법 및 구성의 결정(교사)

이와 같이 한 가지 요소를 교사가 결정하고 나머지를 유아가 생각하도록 하는 방법은 매우 융통성이 있으나, 한편 교사의 체계적인 계획도 있어야 한다. 그러나 우연히 확보하게 된 재료를 활용하고 싶을 때에도 이러한 유형의 활동이 가능하다.

4) 세 가지 요소를 유아가 모두 결정하는 경우

이러한 활동은 매우 창의적이며 가치가 있다. 즉, 유아는 자신의 경험을 자발적으로 표상하고자 하는 욕구를 가지고 있을 때 어느 누구의 제시나 간섭 없이 아이디어를 창안해 낸다. 예를 들면, 실외놀이터에 활짝 핀 코스모스를 그리거나 만들어 보는 경우다.

또는 '개구리'라는 활동 주제를 다루는 동안 교사는 유아가 지식과 경험을 내면화하고 스스로 어떤 활동으로든지 표상할 수 있기를 기대한다. 교사가 '개구리 만들기'를 의도적으로 구성하지 않아도 유아 스스로가 개구리를 만들고자 하는 의욕을 가지고 활동으로 표상하는 것은 곧 교사의 '개구리'에 대한 교수가 성공적이 되었다는 것을 의미한다. 교사는 활동 요소의 결정에 있어서 융통성 있는 입장을 취해야 한다. 단지 유아가 세 요소를 모두 결정하기를 기대하는 방향으로 교수 전략을 마련해야 할 것이다.

5 유아미술 발달 단계

현대 미술교육에 가장 크게 영향을 끼친 심리학자 겸 화가인 Lowenfeld의 발달 단계에 대한 분석(Lowenfeld & Brittain, 1970)은 일반적으로 가장 널리 알려진 연구다. Lowenfeld의 발달 단계는 다음과 같이 나뉜다.

① 유아가 처음으로 크레파스를 쥐고 마구 그리게 되는 긁적거리기 단계(scribbling stage: 2~4세)
② 전도식기 단계(pre-schematic stage: 4~7세)
③ 도식기 단계(schematic stage: 7~9세)
④ 여명기 단계(gang stage: 9~12세)
⑤ 의사실기 단계(pseudo-naturalistic stage: 12~14세)
⑥ 사춘기 단계(adolescent stage: 14~17세)

여기서는 유아기에 해당하는 세 번째 단계까지 살펴보고자 한다(최양미, 김애자, 최미현, 1998).

1) 긁적거리기: 자기표현의 시작 단계(2~4세)

긁적거리기란 '마구 그리다'라는 뜻으로 유아가 아무 의미 없이 마치 낙서하는 것과 같이 그리는 것을 의미한다. 이 단계의 특징은 무엇인가를 그린다는 목적보다는 손과 팔이 움직이는 대로 그려지는 일종의 선을 나타내는 것으로, 이는 유아가 크레파스를 움켜쥐거나 거꾸로 들고서도 대단한 흥미를 느끼고 즐거움을 얻기 때문에 나타나는 특징이라고 할 수 있다. 긁적거리기의 시작은 생후 18개월경이며, 이 시기는 유아의 그리기 발달뿐만 아니라 쓰기로 이끌어 주는 표현의 시작이므로 중요하다. 이러한 긁적거리기는 무분별한 긁적거리기, 조절된 긁적거리기, 의도적 긁적거리기의 3단계를 거쳐 발달한다.

(1) 무분별한 긁적거리기

무분별한 긁적거리기는 대개 1세가 되면서 나타나서 2세나 2세 반까지 지속된다(Brittain, 1979). 긁적거리기의 시작에서 나타나는 선들은 매우 어설프고 불규칙하게 구성되어 있다. 이러한 불규칙적인 선들은 유아가 팔을 움직이다가 우연하게 생긴 선들로 유아의 운동 신경 조절이 자유롭지 못함을 의미한다.

(2) 조절된 긁적거리기

무분별한 긁적거리기를 시작한 지 약 6개월 정도 지나면 유아는 자신의 선긋기 동작과 종이 위의 흔적들 사이에 어떤 관계가 있음을 발견하게 된다. 이는 유아가 만들고 있는 흔적에 대한 시각적 통제를 발견한 것이므로 매우 중요하다. 이러한 새로운 발견으로 인해 유아는 자신의 손의 움직임을 다양하게 시도한다. 열정적으로 선을 반복해서 그리거나 점 또는 작은 패턴을 반복하기도 한다. 이때 그려지는 선들은 대체로 수직선이거나 수평선 혹은 원으로 나타난다.

(3) 의도적(이름 붙이는) 긁적거리기

조절된 긁적거리기 단계에서 연속적으로 겹쳐진 선으로 이루어졌던 원의 모형이 점차 단선으로 나타나기 시작하여 비뚤어진 원이지만 원을 그리게 되는 시기다. 이처럼 원을 의식하고 그려 낼 정도가 되는 시기는 3세에서 3세 반 또는 4세 무렵이며, 이 시기에는 "이건 엄마야.", "내 친구야." 등 자신이 그린 그림에 이름을 붙이기도 한다. 이는 손의 움직임 자체에 만족했던 유아가 자신의 움직임과 주변세계를 관련지어 이름을 붙여 봄으로써 사고의 변화를 보이므로 중요한 의미를 갖는다. 그러나 그림 자체는 그 이전과 크게 달라지지 않는다.

2) 전도식기: 표상 시도의 초기 단계(4~7세)

긁적거리기의 마지막 단계를 벗어나면서 유아는 점차 표현 대상에 대한 사실적인 표현의 시도에 열중하게 되는 단계인 전도식기에 도달하게 된다. 이 시기의 유아가 의도적으로 그리는 첫 번째 표현 상징은 대개 사람이며, 이때의 사람 표현은 다리는 두 개의 수직선으로, 머리는 원으로 표현되므로 '두족인'이라고 부른다. 이러한 머리-다리의 표현법인 두족인은 초기 사람 표현에서 공통적으로 나타나는 것이며 유아기 내내 계속해서 나타난다.

한편, 이 단계 동안의 유아는 끊임없이 자신의 개념을 새롭게 형성시켜 가므로 매일매일 '사람'에 대한 표현이 달라질 수 있다. 이런 끊임없는 추구는 각 유아 나름대로의 표현 양식으로 발전하게 되며, 이러한 양식이나 도식은 7세까지의 아동화에서 쉽게 발견할 수 있다.

그리고 전도식기에는 색의 차이보다는 형태의 차이를 먼저 인식하게 되어 특정 부분의 생략이나 과장이 나타난다. 이는 자신을 중심으로 한 실제성과는 상관없이 자신의 감정과 관련된 부분을 더 중요시하여 세부 묘사는 그다지 중요하지 않기 때문에 나타나는 표현이다. 이처럼 고정된 관념 없이 자유로운 사고의 융통성을 지닌 이 시기의 그림은 유아의 창의성 발달에 상당한 주의를 가지게 한다.

3) 도식기: 형태 개념의 습득 단계(7~9세)

모든 것을 도식적 · 상징적으로 표현하여 주변과 사람에 대한 도식을 이루는 시기다. 도식이란 의도적인 경험으로도 변화시키지 못할 정도로 계속 반복해서 이루어진 유아의 개념 표현으로 매우 개별화되어 있다. 도식은 대부분 기하학적인 형태인 원, 삼각형, 사각형 등으로 이루어지며, 어떤 사물에 대한 도식은 유아가 최종적으로 도달한 개념이 된다. 즉, 여러 가지 방법으로 모든 형태를 묘사해 보는 동안에 자기 나름대로의 독특한 표현 공식을 만들게 되어, '사람'이나 '자동차'를 그린다면 더 이상 생각하지도 않고 마치 준비해 두었던 물건을 제시하듯 쓱쓱 그리게 되고 이러한 공식은 유아 그림에서 늘 반복된다.

한편, 이 시기의 유아는 전도식기처럼 서로 아무런 연관 없이 대상을 나열하는 것이 아니라 기저선(base-line)을 그어, 하늘과 땅을 구별하여 그 위에 사물을 세워 놓는 그림을 그린다. 이는 공간 관계에 대한 질서를 인식하고 있음을 나타내는 것으로, 기저선의 사용은 이 시기 유아에게 매우 보편적인 현상이다.

6 유아 색채표현의 특징

유아의 색채표현은 심리적 · 정서적 상태와 밀접한 관련이 있다. 그러나 색에 대한 고정관념으로 유아의 상태나 상황에 대한 깊은 통찰 없이 그림에 나타난 색만으로 성급하게 판단하는 것은 바람직하지 않다. 유아의 색채에서 나타나는 일반적인 특징은 다음과 같다(권상구, 1994).

빨강(red) 유아가 일반적으로 즐겨 쓰는 색이 빨강인데 비교적 자유로이 느낀 대로 행동하고 반응이 빠른 유아가 특히 즐겨 사용한다. 이런 유아는 주위와의 관계가 건강하며 협동적이다. 빨강은 애정과 연관된 감정의 표현이지만, 굵고 진하게 칠하는 경우는 적의가 있는 공격적인 면도 있다. 활동적이고 원만하나, 굵은 선으로 다른 색 위에 덧칠하는 경우는 욕구불만이 많고 고집스러운 성격이다.

주황(yellow red) 이 색을 선호하는 유아는 주위 환경에 잘 순응하고, 공상적 놀이로 실생활에서 도피하려는 반응이 나타난다. 매사에 적극적이고 활동적이며 건강하고 명랑한 유아가 주로 많이 사용한다. 성격이 소극적이고 내성적인 유아가 이 색을 사용하면 원기왕성한 생동의 충동을 느끼고 적응력이 생겨난다. 지나치게 많이 사용하면 이기적이고 경박하다고 볼 수 있다.

노랑(yellow) 이 색은 유아 단계를 나타내는 색으로 해석되며, 과잉보호 속에 자란 유아가 많이 쓴다. 또한 걱정이 없고 행복하며, 명랑하고 희망적임을 내포한다. 이 색을 지나치게 많이 쓰면 남에게 의지하고자 하는 의뢰심이 많은 것으로, 유아의 상태에 머무르고 싶어 하는 욕구가 있고, 또한 남에게 예쁘게 보이고 싶은 마음이 많은 것이다.

초록(green) 초록색을 선호하는 유아는 자기만족이나 스스로 확신을 갖는 편이며, 생각해서 행동하고 매사에 신중한 편이다. 일생생활에서 협조적인 태도를 보이며 질서의식과 이해심이 많다. 자기 감정을 쉽게 표현하지 않는 성격이며, 빨강을 좋아하는 유아에 비해서 자기억제적이나 성격은 안정되어 있다. 감정의 결여와 도피적인 성향이 있으며, 엄격한 가정의 유아가 많이 사용한다. 초록은 이상, 평화, 신성, 영원 등을 뜻한다.

파랑(blue) 파랑색을 엷게 칠하는 유아는 비교적 밝은 성격이며, 주위에 잘 적응하지만, 덩어리째로 진하게 칠하는 유아의 경우는 자기중심적이고 주위와 잘 조화되지 않는다. 성격은 이지적이고 이상적이며 영원을 바라는 심정이 강하다. 또한 냉철한 사고력을 가지고 있으며 자기 억제적이다. 명상에 잠기거나 냉정하고 내성적이어서 우울한 감정에 빠지는 경우도 있으나, 외적인 규범에 맞추려는 경향이 짙다.

보라(violet) 보라색을 고집스럽게 많이 사용하는 유아는 불행한 느낌과 관계가 있으며, 불안정함을 뜻한다. 친구들로부터 고립상태에 있는 유아가 많으며, 자기의 감정을 잘 표현하지 않는다. 사랑을 그리워하는 형이며, 감상적인 성격이어서 우울하고 고독한 감정에 잘 빠진다. 보라색은 숭고, 천사, 냉철, 천사의 사랑, 우아, 고귀와 무한한 사랑의 감정을 뜻한다.

고동색(brown) 이 색은 유아적 상태로서 타인에게 의지하고자 하고 현실에 대한 적응력이 부족한 유아가 많이 사용한다. 또한 청결한 습관을 강요받거나, 너무 빨리 대소변을 가리게 하고, 지나친 결벽증으로 자유스러운 분위기와 감정이 구속될 때 이 색을 많이 사용한다. 성격은 순박 · 정직하고 책임감과 의무감이 강하다. 주로 도시 유아보다 농촌 유아가 많이 쓴다.

흰색(white) 이 색은 유아기를 벗어난 아동이 주로 사용하며, 자신의 모습을 남에게 보이고 싶을 때 흰색을 좋아한다. 두려움과 무기력도 이 색으로 표출되며, 거짓말을 잘하는 유아는 다른 색 위에 흰색을 덧칠하는 경우도 있다. 흰색은 순수, 청결, 순결, 신성, 정직을 의미한다.

회색(gray) 회색을 많이 사용하는 유아는 어린이답지 않은 면이 있으며, 노숙하고 점잖게 보이려고 노력한다. 성격은 겸손하고 내성적이며, 무난하지만 우울한 면도 있다. 적극성과 생동감이 약하고 대인관계가 원만하지 않으며, 경계심이 강하고 열등감을 많이 갖고 있으며, 가정에서 억압당하는 느낌을 만성적으로 갖고 있는 유아다. 아주 밝은 회색은 흰색과 같은 상징이 나타나지만 회색은 만성적인 불안감을 상징한다.

검정(black) 검정을 많이 사용하는 유아는 자유로운 감정의 흐름이 결여되어 있고 공포나 불안을 안고 있으며 압박감을 느낀다. 공격적이고 사치스러운 경우도 검정을 많이 사용한다. 유아가 그림을 그린 뒤에 검정 선을 두르는 것은 정서적인 결핍으로 고립된 자신을 인정받고 사랑받고 싶은 심정에서 표현되는 현상이다. 색을 겹칠하는 경우에 밑의 색은 본래의 감정을 의미하고 위에 칠하는 색은 자기 감정이 외부에 노출되지 않게 숨기려는 의도적인 행동이라고 볼 수 있다. 검정은 허무, 절망, 침묵, 죄악, 죽음, 암흑, 고독을 의미한다.

7 미술교육 활동의 실제

활동명: 초대장 만들기	**활동목표** • 초대장을 형식에 맞추어 만들 수 있다. • 초대의 말을 글로 표현할 수 있다.
	활동자료 • 다양한 색깔과 모양의 종이류, 크레파스, 색연필, 사인펜, 연필
	교육과정 관련 요소 • 예술경험 – 창의적으로 표현하기 : 다양한 미술 재료와 도구로 자신의 생각과 느낌을 표현한다.
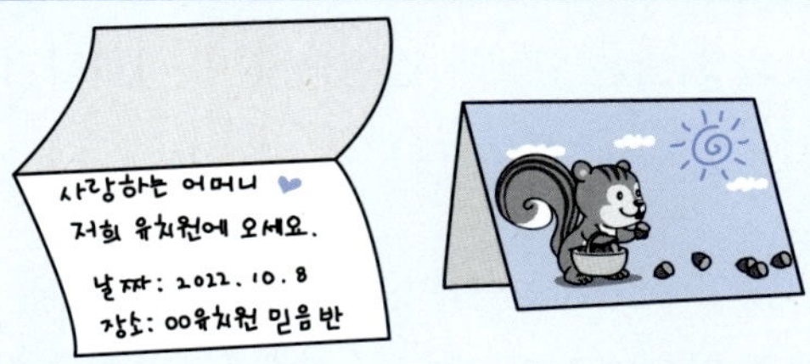 	
활 동 방 법	〈도 입〉 • 어머니에 대해 이야기를 나눈다. – 집에서 어머니를 위해 한 일은? – 친구들이 어머니를 도와드렸을 때 어머니의 기분은 어땠을까? 〈전 개〉 • 어머니 참여수업에 대해 이야기 나눈다. – 어머니가 유치원에 오면 어떨 것 같니? • 어머니를 유치원에 초대해서 친구들과 함께 활동도 하고 친구들의 멋짐 모습도 보여주고 싶은데 어머니를 초대하려면 어떻게 해야 할까? • 초대장에 대해 이야기 나눈다. – 친구들은 초대장을 받아 본 적이 있니? / 보내 본 적이 있니? – 누가 보낸 초대장이었니? / 누구한테 보냈었니? • 초대장을 만들기 위해서 무엇이 필요한지 이야기 한다. – 초대장을 어떻게 만들까? – 초대장에는 어떤 글을 쓸 수 있을까? / 글 말고 어떤 것을 넣을 수 있을까? 〈종 결〉 • 완성된 카드에 대해 말해 본다. – 초대장을 쓰고 나니 기분이 어떠니? – 만든 초대장을 어떻게 할까?(초대장을 봉투에 넣고 주소와 이름을 쓴다.)
평 가	• 초대장을 형식에 맞추어 만들 수 있었는가? • 초대의 말을 글로 표현할 수 있었는가?

활동명: 비누 거품으로 모양 꾸미기	**활동목표** • 색깔 비누 거품으로 창의적인 표현을 할 수 있다. • 세제의 특성을 활용하여 적절하게 모양을 꾸밀 수 있다.
	활동자료 • 액상 세제, 물감, 도화지, 컵, 빨대, 색연필, 사인펜
	교육과정 관련 요소 • 예술경험 – 창의적으로 표현하기 : 다양한 미술 재료와 도구로 자신의 생각과 느낌을 표현한다.

활 동 방 법	〈도 입〉 • 비눗방울 놀이를 해 본 경험에 대해 이야기 나눈다. –비눗방울 놀이를 해 본 적 있니? –어떻게 했을 때 비눗방울이 더 잘 불어졌니? –색깔 있는 비눗방울을 불어 본 적 있니? 〈전 개〉 • 비누 거품으로 모양 꾸미기 방법에 대해 이야기 나눈다. –여러 개의 컵에 여러 가지 색의 물감을 탄다 –물감에 세제를 타서 섞는다. –세제가 섞인 물감 물에 빨대를 꽂고 비누 거품이 생기도록 분다. • 컵 위에 올라온 비누 거품 위에 도화지를 올려 물감을 묻힌다. –도화지에 찍힌 비누 거품이 다양한 모양을 만든다. –비누 거품이 묻은 도화지가 마르면 주변에 그림을 그려 모양 꾸미기를 완성한다. • 주의점 –빨대로 거품을 낼 때 세제물을 먹는 일이 없도록 주의한다. 〈종 결〉 • 만든 작품을 친구들 앞에서 소개한다. –종이에 비누 거품을 찍으니 어떻게 됐니? –비누 거품으로 모양 꾸미는 활동을 해 보니 어땠니? –만든 작품을 친구들 앞에서 소개할 수 있겠니?
평 가	• 색깔 비누 거품으로 창의적인 표현을 할 수 있었는가? • 세제의 특성을 활용하여 적절하게 모양을 꾸밀 수 있었는가?

활동명: 연 만들기	**활동목표** • 종이가 물을 흡수하여 색깔이 변하는 과정을 관찰한다. • 자신의 생각을 글로 표현하고 적을 수 있다. • 다양한 모양의 연을 만들고 꾸밀 수 있다.
	활동자료 • 다양한 종이(창호지, 화선지, 복사지, 도화지 등), 사인펜, 크레파스, 물감, 가위
	교육과정 관련 요소 • 예술경험 – 창의적으로 표현하기 : 다양한 미술 재료와 도구로 자신의 생각과 느낌을 표현한다.

활 동 방 법	〈도 입〉 • 물들인 종이를 보여준다. –종이가 어떻게 물들었을까? / 어떻게 이런 무늬가 나왔을까? –이런 무늬는 어떻게 만들 수 있을까? • 염색해 본 경험이 있는지 이야기 나눈다. 〈전 개〉 • 연을 만들어본 경험에 대해 이야기 나눈다. –연날리기를 해본 적 있니? / 연을 만들어본 적 있니? • 가족의 소원을 담은 연을 만드는 방법에 대해 이야기 나눈다. –종이를 물감에 담근 후 마르면 원하는 모양으로 자른다. –연을 여러 가지 재료를 이용하여 꾸민다. –미리 알아온 가족의 소원과 자신의 소원을 연에 적는다. 〈종 결〉 • 만든 연으로 친구들 앞에서 가족과 자신의 소원을 소개한다. –가족들의 소원은 어떤 것이 있니? / 다른 친구들이 적은 소원을 들으니 어떠니? –가족의 소원을 담은 연을 만들어 보니 어떠니? • 다 만든 연은 교실 유리창이나 벽면에 진열한다.
평 가	• 종이가 물을 흡수하여 색깔이 변하는 과정을 관찰할 수 있었는가? • 자신의 생각을 글로 표현하고 적을 수 있었는가? • 다양한 모양의 연을 만들고 꾸밀 수 있었는가?

<table>
<tr><td rowspan="3">활동명:
광고
만들기</td><td>활동목표
• 좋아하는 친구를 소개하는 광고를 꾸며서 만들 수 있다.
• 좋아하는 친구를 다른 친구들 앞에서 소개할 수 있다.</td></tr>
<tr><td>활동자료
• 도화지, 크레파스, 색연필, 사인펜, 연필 등, TV 모양 상자, 캠코더 또는 녹화도구</td></tr>
<tr><td>교육과정 관련 요소
• 예술경험 – 창의적으로 표현하기 : 다양한 미술 재료와 도구로 자신의 생각과 느낌을 표현한다.
• 의사소통 – 듣기와 말하기: 자신의 경험, 느낌, 생각을 말한다.</td></tr>
<tr><td colspan="2">
</td></tr>
<tr><td>활 동
방 법</td><td>〈도 입〉
• 유아들과 광고에 대해 이야기한다.
–TV에서 본 광고 중 가장 재미있었던 것은?
–신문과 TV 또는 라디오 광고는 어떻게 다르니?
〈전 개〉
• 좋아하는 친구를 광고로 만들어 다른 친구들 앞에서 소개하는 방법에 대해 이야기한다.
–광고를 왜 하는 것일까? / 광고를 하면 어떤 점이 좋을까?
–좋아하는 친구를 광고하면 그 친구는 어떤 기분이 들까?
• 소개할 내용을 광고로 만든다.
–어떻게 하면 사람들에게 친구를 잘 알릴 수 있을까?
–어떤 것을 알릴까?(이름, 생김새, 특징, 좋아하는 것 등)
• TV 모양 틀 안에 들어가 친구를 소개하는 광고를 한다.
• 유아들이 광고하는 모습을 비디오로 찍는다.
• 신문으로 광고를 할 경우 종이에 친구의 얼굴을 그려서 붙이고 내용을 쓴다.
〈종 결〉
• 좋아하는 친구를 소개하는 광고를 만들어 발표해 본 느낌에 대해 이야기한다.
–누가 한 광고가 가장 재미있었니? / 친구의 특성을 모두 소개할 수 있었니?</td></tr>
<tr><td>평 가</td><td>• 좋아하는 친구를 소개하는 광고를 꾸며서 만들 수 있었는가?
• 좋아하는 친구를 다른 친구들 앞에서 소개할 수 있었는가?</td></tr>
</table>

제10장 음악교육

우리들의 작은 메아리

입학할 때는 고등학교 졸업하고 대학생이 된다는 생각에 마냥 좋았다. 대학생이 되면 고등학교 때처럼 간섭받지 않고 아무런 걱정이 없을 것만 같았다. 그리고 '취업'이라는 단어는 나에게는 오지 않을 것이라는 생각을 했다. 추억을 많이 만들어 좋기는 하지만 시간이 허무하게 지나가 버린 것 같아서 이제는 후회가 된다. 왜 열심히 하지 않았을까, 왜 더 잘하지 못했을까, 지금하면 더 잘할 수 있었을 텐데라는 생각이 든다. 대학교에 처음 입학하였을 때는 부푼 꿈을 안고, 대학교에 들어오면 정말 열심히 공부해서 장학금이라는 것도 한 번 타 보자라는 생각도 했다. 그러나 이젠 다 지나가 버렸다.

대학교를 다니면 MT도 가고, 동아리에 가서 친구들도 많이 사귀고, 미팅도 하면서 한가한 시간을 보낼 줄만 알았다. 하지만 기대를 너무 많이 한 탓인지, 입학하고 나서 허무함이 더 컸다. 처음 배우는 피아제, 프로이트, 발달 단계 등 알아들을 수 없는 단어들만 말하는데, 무슨 말을 하고 있는지 이해할 수가 없었다.

솔직히 유아교육과는 그냥 유아들과 놀아 주기만 하면 되고 그게 전부인 줄만 알고 있었다. 나의 무지였다. 유아교육과를 그냥 아이들과 노는 과라고 생각하는 사람은 다 나와! 내가 얼마나 힘든 과인지, 얼마나 많이 배워야 하는지 설명해 줄 테니…….

지금 나는 자신할 수 있다. △△여대 유아교육과에서 생활하고 공부한 것이 정말 다행이었고 이제는 당당한 모습으로 유아들 앞에 설 수 있다고……. 학교 다니는 동안 낭비한 시간들이 후회가 되기도 하지만, 그 후회되는 시간보다 나에게는 큰 보물로 남은 좋은 추억의 시간들이 더 많았기에 내가 더 당당해질 수 있는 것 같다. 나를 한층 더 성숙하게 만들어 준 유아교육과, 이제는 부끄럽지 않다.

교수님! 어디서든 최선을 다하고, 노력하는 사람, 그 자리에 없어서는 안 되는 사람이 되도록 하겠습니다. 교수님도 아자아자 빠샤!

1 음악교육의 정의

음악은 인간에게 중요한 표현활동 중 하나다. 인간은 태내기부터 산모와 외부의 소리를 민감하게 들을 수 있으며, 출생 초기부터 음악을 통해 자신의 의사를 표현하고 감정을 승화시키거나 타인과 감정을 교류한다(김은아, 2000). 생후 3개월이 지나면 아기는 어머니나 자신을 양육하는 사람의 목소리를 듣고 소리가 나는 쪽으로 고개를 돌리며 매우 편안해한다(Bayless & Ramsey, 1991). 이처럼 유아는 소리에 민감하여 음악적으로 의사소통이 가능하다. 이러한 음악을 교육한다는 것은 음악을 통해서 인간적 성장을 촉진시킨다는 것이다.

미국의 전국음악교사협의회(Music Educators National Conference: MENC, 1992)는 모든 유아가 음악적 잠재력을 지니고 있으며 질적으로 우수한 음악적 소리, 좋은 활동, 훌륭한 음악적 교육 자료 등을 경험해야 할 뿐만 아니라 음악활동 시 효과적인 성인 모델이 필요하다고 하였다. 그러므로 다양한 음악활동을 통하여 인간의 감정과 느낌을 표현할 수 있도록 음악에 대한 심미적 경험을 제공해야 한다.

음악교육은 과거의 단순한 음악활동에서 벗어나 다양한 음악활동으로의 질적 · 양적 향상이 있었다. 그럼에도 불구하고 아직까지 일부 교사는 음악교육을노래 배우기, 노래에 따른 율동, 손 유희, 음악 감상 등의 제한된 범위로 생각하기도 한다. 김영연(2002)은 유아음악교육이란 음악적 기능의 훈련보다는 오히려 노래 부르기나 악기 연주, 표현활동, 감상, 창작 등의 다양한 음악활동을 통하여 유아 스스로가 다양한 감정을 경험하도록 모든 교육여건과 환경을 제공해 주는 계획적이고 체계적인 교육활동이라고 하였다.

유아를 대상으로 하는 유아음악교육은 유아의 발달에 적합한 다양한 활동으로 구성되어야 한다. 그러나 음악을 하나의 교과로 가르치기보다는 생활 경험으로 접근할 때 가장 효과적이므로(Eliason & Jenkins, 2003) 유아의 일상생활 속에서 음악적 능력을 촉진시킬 수 있도록 해야 한다. 따라서 유아음악교육이란 음악과 함께 이루어질 수 있는 다양한 활동을 유아의 발달에 적합한 수준에 맞추어 직접 경험하고, 즐기는 과정을 통해 심미감을 체험하게 하고 이를 통하여 음악적 능력이 촉진되도록 돕는 교육활동이다.

2 음악교육의 목적

음악교육의 목적은 음악을 통하여 즐거움을 느끼게 하는 것이며, 더 나아가 개별 유아가 가지고 있는 심미적 가능성을 최대한 계발하는 것이다. 음악은 긴장된 몸과 마음을 이완시켜 정서적 만족감을 느끼게 한다. 전인옥과 이숙희(1997)는 유아음악교육의 목표를 유아의 음악적 잠재력인 음악 적성을 최대한 계발하고 음악적 개념을 형성하는 것에 있다고 보았다. 또한 다양한 음악적 활동을 통하여 유아의 생각과 느낌을 자발적이며 창의적으로 표현하게 함으로써 정서적 안정감 및 심미감과 유아가 음악적 맥락에 대한 구조적인 이해를 가지고 생각할 수 있는 능력을 기를 수 있다. 유아기의 다양한 음악활동은 유아에게 심미감을 길러 줄 뿐만 아니라 음악적 능력의 발달, 언어 발달, 인지 발달, 정서 발달, 사회성 발달, 창의성 발달, 신체 발달 등 전인적 발달을 돕는 것이 목적이다. 이러한 목적을 좀 더 구체적으로 살펴보면 다음과 같다(임혜정, 2006).

1) 음악적 능력과 음악적 개념의 발달

다양한 음악활동은 유아로 하여금 노래 부르기, 음악 듣기, 악기 다루기, 음악 만들기, 음악에 맞춰 동작으로 표현하기와 같은 음악 능력을 개발시켜 준다. 어린 연령일수록 이러한 활동이 통합적으로 나타나지만, 연령이 높아지고 경험이 많아지면서 각 활동의 특징이 구별되고 음악적 표현 능력도 더욱 발달한다.

또한 다양한 음악활동을 통하여 유아는 자연스럽게 멜로디, 리듬, 화성, 음색, 형식, 셈여림, 빠르기 등에 대한 음악적 개념이 형성된다. 유아는 지식을 통하여 음악적 개념을 습득하기보다는 다양한 음악적 경험을 통하여 체험적이고 점진적으로 그들의 음악에 관한 고유한 개념을 발달시켜 나간다. 이러한 개념은 유아의 음악에 대한 경험과 음악을 식별하고 상관관계를 알고 분류하고 일반화할 수 있는 능력이 성장한 결과로 나타날 수 있다. 계속 확장되고 발전되는 유아의 음악에 대한 개념은 유아가 자신의 경험의 결과로써 구성하고 재구성하는 폭넓은 이해와 사고다.

2) 심미감의 발달

심미감이란 느낌의 형태를 표현한 예술적 조건들을 보다 잘 지각하고 그 조건들에 보다 민감하게 반응함으로써 아름다움을 향수하는 활동이다. 마음속 깊이 감동을 주는 음악의 힘은 심미적 차원에서 비롯되는 것이며, 이는 음악적 경험에 대해 지각하고 느끼고 통합하고 사고하는 과정이다(Greenberg, 1979). 유아는 노래를 부르거나 음악을 듣거나 악기를 다루는 등의 다양한 음악적 체험을 통하여 풍부한 감정, 충만감, 아름다움 등을 경험함으로써 심미감이 증진된다.

3) 언어 발달

유아의 음악활동에는 실제로 언어적 요소가 매우 밀접하게 결합되어 있다. 노래 부르기 활동에서처럼 노랫말을 통하여 직접적으로 언어 표현과 문장력을 기르는 것 외에, 듣기나 창작의 경우 유아의 반응과 표현은 주로 언어를 통하여 이루어지며, 악기놀이나 신체 표현 등도 단순히 동작이나 기술만으로는 불가능하다. 이와 더불어 모든 음악활동에서 교사와의 언어적 상호작용은 유아의 음악적 표현을 돕는 중요한 요소다.

4) 인지 발달

유아의 음악적 경험은 소리에 대한 이해력과 문제해결력을 개발시킨다. 음의 특성을 이해하고 음악의 개념을 형성하는 과정은 유아가 음에 대한 변별력과 인식력, 분류 능력, 음의 서열 능력, 음에 대한 기억과 재생 능력 등을 동반하는 과정으로, 이는 유아의 인지 능력을 향상시켜 준다.

5) 정서적 발달

유아는 음악적 경험을 통해 자신의 느낌을 표현할 수 있는 기회를 가지며 타인의 감정을 이해하는 정서적 민감성을 증진하게 된다(Greenberg, 1985). 이로써 유아는 보다 성숙한 감정표현 및 감정조절 능력을 기르게 된다.

6) 사회성 발달

유아의 음악활동 대부분은 단독적으로 이루어지지 않고 소집단이나 대집단을 통하여 이루어지므로 교사 및 또래와의 상호작용이 활발히 일어나게 된다. 유아는 이러한 활동들 속에서 참여, 나눔, 협동의 사회적 기술을 익히게 된다(McAllester, 1991). 이러한 음악적 경험은 유아에게 자신이 속한 문화에 대한 문화적 정체감과 자신감을 갖게 한다.

7) 창의성 발달

유아의 음악활동은 유아로 하여금 스스로 적극적으로 활동에 참여하게 하고 자신의 느낌과 생각을 자유롭게 표현하도록 유도한다. 유아는 이러한 음악활동을 통하여 자신의 생각과 느낌을 탐색하고 실험하며 독창적으로 표현함으로써, 상상력과 표현력이 신장되고 창조적 희열을 느끼게 되며, 이는 유아의 창의적 사고력 향상을 돕는다(전인옥, 이숙희, 1997).

8) 신체 발달

노래 부르기, 악기 다루기, 신체 표현하기 등 유아의 음악활동은 신체적 움직임을 동반하며, 이러한 각 영역의 음악활동들은 빈번하게 통합적으로 나타난다. 악기를 다루거나 손뼉을 치고 음악에 맞춰 신체 표현을 하는 등의 활동을 통하여 유아는 눈과 손의 협응력이 길러지고, 대 · 소근육의 조절 능력이 향상되며, 다섯 가지 감각기관의 활용을 통한 신체 탐색과 표현력의 발달을 가져오게 된다.

9) 긍정적 자아개념 형성

음악활동은 유아의 호기심과 성취감을 충족시켜 줄 뿐만 아니라, 유아 자신이 창의적으로 시도하는 음악적 표현활동을 통하여 자신감을 가지도록 함으로써 긍정적인 자아개념을 형성하도록 돕는다(전인옥, 이숙희, 1997).

3 음악 능력의 발달

유아기는 신체, 인지, 정서, 사회성 등 제 발달 영역에 있어서 급격한 성장을 나타내는데, 음악 능력 또한 유아기에 기초 감각 능력이 발달된다. 출생에서 유아기까지의 음악 능력 발달을 정리해 보면 다음과 같다(이진우, 이순영, 2006).

1) 0~1세

영아는 생후 일주일이 되면 이미 소리에 대한 반응을 나타낸다. 이때 영아의 발가락 사이에 부드럽고 가느다란 막대를 가져다 대면 감각이 발달된 영아는 발가락을 옴찔거리며 바짝 오므린다. 이처럼 감각이 뛰어난 영아는 음악적 능력이 뛰어나다고 볼 수 있다.

0~1세의 영아는 눈 뜨고, 귀 트이고, 옹알옹알 입을 움직이며, 온몸을 지탱하면서 일어서고, 발을 떼는 데 1년이 걸린다. 따라서 이때는 음악적으로는 오직 받아들이기만 하는 수동적인 시기이므로 음악을 많이 들려줌으로써 음악적 감각이 심신에 배이고 무르익어서 음악적 잠재성이 계발될 수 있도록 해야 한다.

생후 3~4개월이 되면 옹알이를 하는데, 언어 표현이 빨라지도록 옹알이를 거들어 주는 것이 좋다. 옹알이는 최대의 자기표현이므로 응답해 주어야 영아의 표현력이 길러지게 된다. 이 옹알이의 표현이 발달되면서 언어 표현이 활발해지고 음악적 표현이 점점 왕성해지게 된다. 언어가 빠른 영아는 대체로 음악 표현도 빠르다. 학자들은 영아기 때의 언어 능력이 인지 능력과 비례한다고 주장하므로 옹알이를 적극적으로 도와주어야 한다. 영아는 울음에서 언어, 음악의 순으로 음악적 표현력이 계발된다. 큰 소리로 잘 우는 영아와 말 잘하는 영아가 음악적인 감각이 뛰어나게 되기 마련이다. 그러므로 옹알이에 대한 응답을 정성껏 해 주어 언어 능력이 일찍 계발될 수 있도록 도와주어야 한다.

2) 1~2세

이 시기는 대근육이 발달되어 설 수도 있고, 걷고, 뛰어다니며, 계단을 오르고, 언어가 미숙하게나마 발달되는 단계다. 음악적으로는 발동적 리듬기라 하여 움직임으로 음악에 반응을 일으키는 시기다. 음악이 흘러나오면 온몸으로 흔들지만 선율적인 흐름에는 그다지 민감하지 못하므로 리듬에만 반응을 한다고 볼 수 있다.

소리 나는 것에 흥미를 보여 리듬악기에 관심을 보이지만 음악에 맞추어 리듬악기를 사용할 수 있는 수준은 아니다. 또 무의미한 음절을 사용해서 흥얼거리기도 하지만, 아직 정확하게 노래를 부르지는 못한다. 그리고 사람의 목소리에 귀를 기울여 듣고 자신이 듣는 음악에 맞추어 아직 서툴지만 리듬감 있게 몸동작을 시도하기도 한다.

18개월이 되면 영아의 음악 생활에는 중요한 변화가 나타난다. 영아 자신이 만든 즉흥적인 노래를 부르는데, 2도, 3도, 4도 등의 음역을 구사한다. 이렇게 흥얼거리는 노래를 읊조림(chant: 중세 기독교 의식에서 사용하던 성가를 칭함)이라 한다. 또한 이때 영아는 종소리나 호루라기 소리에 흥미를 나타내므로 신체적인 움직임을 유발하는 노래들이 특히 좋다. 주의집중력은 그다지 길지 못하고 집단활동에는 관심이 없지만 음악에 대한 반응이 다양해지고 풍부해진다. 이 시기의 음악활동은 어디까지나 개인적인 활동일 뿐 타인을 의식한 것이 아니며, 두 사람 이상이 함께 음악을 만드는 일은 거의 없다.

3) 2~3세

2세가 되면 영유아의 운동 기능은 좀 더 발달해서 재빨리 뛰거나 의자에서 뛰어내리고 계단을 오르내리기 시작한다. 손가락도 잘 움직이고 의사소통을 하기 위한 언어를 이해하며 언어 사용 능력이 급속하게 성장하는 시기다. 여러 개의 서로 다른 단어의 발음과 순서, 문장 형태를 경험하며 말하는 법을 익히기 시작하고 주위 세계의 서로 다른 물체와 사건들 간의 관계들을 이해하기 시작한다.

음악에 있어서는 왕성한 표현을 할 수 있는 '마지막 음악적 준비기'라고 할 수 있다. 또한 이 시기는 '모방적 리듬 운동기'라 하여 영아는 호기심을 가지고 부지런히 배우려는 욕구로 가득 차 있다. 목소리나 박자를 사용하여 음악적으로 표현하게 되며, 몸의 움직임을 통해 크고, 작고, 빠르고, 느린 개념을 형성한다. 또한 음의 고저와 속도를 변화시킬 수 있어 단순한 노래를 할 수 있다.

신체 협응력이 증가하고 리듬적 동작을 할 수 있는 능력이 생기므로 보다 넓은 공간을 사용하고자 하며, 다양한 몸동작을 시도하려 한다. 오르기, 흔들기, 밀기 등의 동작이 연습을 통해 가능하다. 음악에 맞춰 움직이고 간단한 노래게임의 움직임을 따라 할 수 있으며, 뛰어오르기 등을 할 수 있다. 따라서 이때 음악성을 발휘하기 위한 충분한 음악적 경험의 기회를 제공해야 한다.

4) 3~4세

3세가 되면 유아는 성격의 틀이 어느 정도 형성되면서 각자의 개성이 드러난다. 음악 면에서도 물론 개성이 나타나게 되는데, 음악적 표현을 보면 자신의 내적 모습이 담겨 있다. 또 이 시기는 유아의 상상력이 왕성하게 발동하며 능동적인 학습과 지적인 발달이 급속히 이루어지는 시기다. 운동 능력도 계속 발달하여 사다리를 오르고, 뒤로도 걸을 수 있으며, 커다란 공을 잡고 던질 수도 있다.

음악에 있어서는 리듬과 어휘력이 향상되어 다양한 목소리로 노래 부르는 것이 가능하며 쉬운 선율을 모방할 수 있게 된다. 대부분의 리듬악기 연주가 가능하며, 자기 자신의 신체를 이용해서 음악적인 표현들을 구사한다. 또 음의 고저 및 음의 장단, 음색의 차이에 관한 개념이 생기며, 음악의 리듬 흐름에 따라 더욱 잘 놀고 움직인다.

4세 후반이 되면 유아의 창조적 상상력이 절정에 달한 다음 쇠퇴하기 시작한다. 여기에는 여러 가지 요인이 있는데, 상상을 허용하지 않는 사회적 압박, 기존의 전통을 따르는 행동에 대한 수용, 새로운 접근을 시도하는 것을 두려워하도록 만드는 교육환경, 질문과 실험을 제한하고 금지하는 엄격한 통제, 사회적 순응에 대한 높은 가치 부여, 기억과 암기에 대한 지나친 강조 등이 그 원인이다. 유아에게는 독창적인 생각을 하게 하고, 다른 관점을 갖게 하며, 문제를 바라보는 시각을 새롭게 갖도록 교육하는 것이 중요하다. 음악을 통하여 상상력을 현실에서 승화하도록 하는 일도 음악교육의 과제다.

5) 4~5세

가정을 벗어나 바깥 세계에 대한 호기심이 발동하게 되는 시기다. 자기 또래의 유아에게 관심이 쏠리고, 접근할까 말까 하는 고민을 하게 된다. 어떤 말과 행동을 해야 할지 유아의 마음과 생각은 바쁘게 움직인다. 대인관계를 맺을 만한 연령이 된 것으로 사회성이 발달하는 단계다. 음악적으로도 좋아하는 노래를 갖게 된다. 또 음악에 대해 반응하는 움직임이 다양해지며 음악에 집중하는 시간이 길어지고 주의 깊게 듣는 경향이 나타난다.

또한 음악에 자신의 몸동작을 그대로 맞출 수 있으며, 음악의 템포를 변화시켰을 경우 그 차이를 식별하고 언어화할 수 있다. 대부분의 리듬악기를 연주하거나 합주할 수 있게 되며, 리듬 패턴을 흉내 내기 시작한다. 이 시기에 중요한 것은 중주, 합주, 중창과 합창이 가능하여 독자성보다는 전체적인 조화와 아름다움을 느낄 수 있도록 이해시켜야 한다. 전체를 위해서 자신이 참여해야 한다는 참여 의식과 함께 어우러지면서 만들어진 아름다움을 체험하게 하는 것이다. 그러므로 단결심과 협동심이 중창, 합창, 중주와 합주 등을 통하여 이루어질 수 있도록 교육해야 한다.

이와 같은 내용을 간단하게 정리하면 〈표 10-1〉과 같다.

〈표 10-1〉 연령별 음악 능력의 발달

연령	듣기	노래부르기	악기 다루기	동작으로 표현하기
출생 ~ 1세	• 0~4개월에도 음악에 따라 달리 반응한다. • 4~8개월이 되면 소리 나는 곳을 향해 적극적으로 고개를 돌린다. • 10개월 이후에는 음악적 선호를 표현하기 시작한다.	• 모음과 자음을 옹알이로 발성화한다.	• 시계 소리, 음악 소리, 양육자의 소리 등에 관심을 나타낸다.	• 6~9개월이 되면 음악을 듣고 팔을 흔드는 동작을 한다.
1~2세	• 음악적 선호가 분명해지면서 악기보다 사람의 목소리를 더 좋아한다. • 적극적 소리 탐색이 증가하나 주의집중 시간은 매우 짧다.	• 음악적 특성이 가미된 옹알이가 증가한다. • 어른이 노래를 부르면 한 음절의 음정을 그대로 반복할 수 있다.	• 소리를 만드는 특별한 사물을 찾고자 하며, 간단한 리듬악기 뿐만 아니라 냄비 뚜껑, 그릇 등의 생활용품을 두드려 소리 내는 것을 즐긴다.	• 박자를 맞추지는 못하지만 흔들기, 끄덕이기, 손뼉 치기, 리듬감 있게 흔들기 등으로 음악에 반응한다.
2~3세	• 분명한 리듬이 있는 음악을 좋아하고 음악적 게임의 지시를 따를 수 있다. • 주의집중 시간이 길어져 몇 분 동안 조용히 앉아서 음악을 들을 수 있다.	• 한 노래를 끝까지 정확하게 부를 수 없으나 노래 부르기 시도를 많이 한다. • 친근하게 들었던 음정을 즐기고 성인에게 노래를 불러 달라고 요청한다.	• 실제 악기에 대한 흥미가 증가한다. • 박자에 따라 악기를 다루려 한다.	• 짧은 시간 동안 규칙적인 리듬감에 맞춰 움직일 수 있다. • 음악에 맞추어 동작을 창의적으로 표현하려 한다.
3~4세	• 짧은 음악 연주 시 조용히 들을 수 있으나 자신이 들었던 음악에 대해서 언어적 반응을 피한다.	• 단순한 음정의 노래를 정확하게 부를 수 있다. • 정확한 음정, 반복되는 리듬과 가락으로 노래를 만들 수 있다.	• 리듬악기를 사용하여 음악의 비트를 연주할 수 있다. • 노래의 분위기를 악기로 연주할 수 있다. • 악기나 주변의 물건을 이용해 리듬, 강약, 속도를 표현한다.	• 규칙적인 리듬에 맞춰 움직일 수 있는 시간이 길어진다. • 신체 협응력이 증가 한다.
4~5세	• 자신이 들었던 음악에 대해 언어로 이야기 나누는 능력이 확장된다. • 적극적 감상자가 되는 동시에 들으려는 욕구가 증가한다.	• 노래의 정확성이 점차 증가한다. • 집단에서 함께 노래하는 것을 즐기며, 자신의 차례를 지켜 노래 할 수도 있게 된다.	• 다양한 리듬악기로 자신의 노래를 만들기도 하고, 노래의 반주나 악기연주를 시도하기 시작한다.	• 노래를 부르면서 손뼉 치기, 춤추기와 같은 신체적인 움직임을 동반하는 경향을 갖는다. • 뛰고 스킵 하면서 춤출 수 있으며, 공을 던지고 받을 수 있게 된다.

4 음악교육의 내용 및 지도원리

1) 음악교육의 내용

음악교육은 누리과정의 다섯 가지 영역 모두와 관련이 있다고 할 수 있으나, 특히 '예술경험' 영역과 밀접한 관련을 맺고 있다. 예술경험 영역은 '아름다움 찾아보기', '창의적으로 표현하기', '예술 감상하기'의 세 가지 내용 범주로 구성되어 있다(교육부, 보건복지부, 2019).

(1) 아름다움 찾아보기

'아름다움 찾아보기'는 예술의 각 영역에 속하는 요소들을 탐색하고 인식하는 것으로 '자연과 생활에서 아름다움을 느끼고 즐긴다', '예술적 요소에 관심을 갖고 찾아 본다'의 두 가지 내용으로 구성되어 있다.

예술적 요소 중 음악적인 부분에서는 유아가 자연환경과 일상생활에서 들리는 다양한 소리의 특징, 즉 소리의 크기, 세기, 속도, 음색, 리듬 등에 민감하게 반응하고 이를 깊이 있게 탐색하는 능력을 기르기 위한 내용이 포함되어야 한다. 이러한 탐색 과정은 유아가 소리 자극에 보다 민감해지도록 하고, 동시에 음악적 활동의 기초가 된다.

(2) 창의적으로 표현하기

창의적으로 표현하기에 포함되어 있는 내용 중에서 음악교육과 직접적인 관련이 있는 것은 '노래를 즐겨 부른다', '신체, 사물, 악기로 간단한 소리와 리듬을 만들어 본다' 등이다.

'노래를 즐겨 부른다'는 유아가 흥얼거리거나 친구들과 함께 소리와 박자 등을 느끼고 노랫말을 바꾸어 불러 보며 노래 부르기를 즐기는 내용이며, '신체, 사물, 악기로 간단한 소리와 리듬을 만들어 본다'는 유아가 자신의 신체, 주변의 사물, 리듬 악기 등을 사용하여 소리와 리듬을 창의적으로 만들어 보는 내용이다.

유아가 노래나 전래 동요를 부르고 리듬악기를 연주하는 등의 다양한 음악활동을 통해서 자신의 생각과 느낌을 표현할 수 있다. 특히 유아는 전래 동요를 포함한 노래를 부르는 과정에서 즐거움을 느끼고 자신을 표현하는 기회를 갖게 되며, 사물에 대한 새로운 개념을 형성하기도 한다. 자신이 흥미 있어 하는 내용이나 느낌을 단순한 선율과 리듬으로 만들거나 즉흥적으로 리듬과 노래를 만드는 경험은 '음악은 듣는 것이다'라는 고정관념에서 벗어나 창의적으로 표현해 보는 경험을 갖게 해 준다는 점에서 가치가 높다.

(3) 예술 감상하기

'예술 감상하기'는 유아가 자신과 또래의 작품뿐만 아니라 다양한 예술을 감상하며 상상하기를 즐기고, 서로 다른 예술 표현을 존중하며, 우리 고유의 전통 예술에 친숙해지는 내용이다.

'다양한 예술을 감상하며 상상하기를 즐긴다'는 유아가 자신과 또래의 작품이나 음악, 춤, 미술작품, 극 등 다양한 예술을 감상하고 자유롭게 상상하기를 즐기는 내용이다. 개인이 일생을 통해 경험하고 즐길 수 있는 예술의 영역과 그 깊이는 사람에 따라 다르므로, 이러한 감상의 능력이 유아기에 시작되어 인생 전반에 영향을 미치게 된다는 점에서 중요하게 다루어져야 한다.

'서로 다른 예술 표현을 존중한다'는 유아가 자신과 또래의 작품, 음악, 춤, 미술작품, 극 등에 포함된 다양한 표현을 존중하는 내용이다.

'우리나라 전통 예술에 관심을 갖고 친숙해진다'는 유아가 우리나라 고유의 전통 음악, 춤, 미술, 건축물, 극 등에 관심을 가지고 전통 예술을 감상하며 우리나라 문화에 친숙해지는 내용이다. 유아기는 우리의 전통예술을 받아들이고 익숙해지는 데 중요한 시기이므로, 전통예술을 즐길 수 있는 기본 소양을 기르도록 다양한 기회를 제공해 주어야 한다. 그러기 위해서는 전통 물건이나 음악, 춤, 조형 작품 등을 경험하고, 이를 유아의 일상생활과 연결 지어 경험해 볼 기회를 제공할 필요가 있다.

유아의 음악적 경험을 바탕으로 하는 유아음악교육의 내용은 음악의 세 가지 영역인 '창작', '연주', '감상'으로 나누어 생각할 수 있다. 이를 유아의 활동과 관련하여 음악 만들기(창작), 연주하고 표현하기(연주), 음악 듣기(감상)로 구분 짓는데, 이들 중 연주하고 표현하기는 노래 부르기, 악기 다루기, 동작으로 표현하기로 세분될 수 있다(임혜정, 2006).

유아음악교육의 과정은 앞에서 언급한 다양한 음악활동의 영역들이 독립적으로 행하여지는 것이 아니라, 영역 간 상호작용을 통하여 다양한 형태의 통합된 방식으로 이루어진다. 또한 음악에 유아가 접근하는 방식은 노래하고 악기를 다루고 음악을 들으며 신체를 표현하는 등의 실제적 활동을 통해서다. 실제적 활동을 통하여 음악을 배운다는 것은 유아가 음악을 듣고, 노래하고, 연주하고, 동작으로 표현하고, 음악을 창조할 때 유아가 몸 전체나 일부분을 사용해서 음악을 지각하고 느끼고 이해한 음악의 심미적인 면을 표현하는 것을 의미한다(전인옥, 이숙희, 1997).

2) 음악교육의 지도원리

유아음악교육의 지도는 음악 감상하기, 노래 부르기, 악기 다루기로 나누어 살펴볼 수 있다(심성경 외, 2003).

(1) 음악 감상하기

음악 감상하기는 유아의 음악성 발달에 결정적인 요인이 되며, 성공적인 언어발달과 밀접한 관련이 있다. 음악 감상의 목적은 유아가 음악을 듣고 느낄 수 있도록 자극을 주는 데 있으므로 다양한 음악적 요소(셈여림, 고저, 음색, 역동성 등)를 나타내는 음악과 여러 장르(민요, 세미클래식, 록음악, 동요, 민속음악 등)의 다양한 음악을 들려주는 것이 중요하다. 또한 유아에게 있어 음악 감상 활동은 단순히 음악작품을 듣기만 하는 정형적 형태의 활동이 아니다. 즉, 다양한 소리를 듣고 탐색하기, 기억하기, 변별하기, 묘사하기 그리고 소리 만들기까지 포함하는 광범위한 의미를 갖는다. 유아의 음악 감상 활동은 다양한 소리 듣기, 음악 감상하기로 구분할 수 있다.

① 다양한 소리 듣기

다양한 소리 듣기는 주변에서 쉽게 들을 수 있는 여러 가지 소리를 듣고, 변별하고, 만들어 보는 활동을 말한다. 예를 들어, 사람의 목소리, 기계 소리, 자연의 소리(비, 바람, 파도 등) 등이 대상이 된다. 소리에 대한 탐색은 쉽게 변별할 수 있는 소리부터 시작한다. 또한 음악적 요소와 연결된 소리를 듣고 비교해 보고 다양한 소리를 만들어 보도록 한다.

② 음악 감상하기

음악 감상하기는 독립된 감상활동으로 전개할 수도 있고, 자유선택활동 시간에 배경음악으로 들려주는 방법도 있다. 독립된 음악 감상활동의 지도 방법을 살펴보면 다음과 같다.

첫째, 교사는 감상할 곡을 충분히 이해하고 있어야 한다. 교사는 유아에게 들려줄 곡을 완전히 파악하고 있어야 한다. 작곡자, 음악에 관련된 이야기, 음악의 분위기, 연주되는 악기 등을 충분히 파악한 후 수업을 진행한다.

둘째, 감상할 곡은 3~4분 정도가 적합하다. 유아의 집중시간은 길지 않기 때문에 3~4분 정도의 곡을 반복적으로 들려주는 것이 좋다. 만약 감상할 곡이 길다면 곡의 중심 부분만 녹음해서 들려주거나 두세 번에 나누어서 들려준다.

셋째, 감상할 곡은 친숙한 것부터 생소한 것으로, 단순한 것부터 복잡한 것으로 선택한다. 초기에는 대조되는 악기나 음성으로 연주된 곡을 들려주고 비교해 보도록 하는 것이 좋다. 이러한 특색을 가진 대표적인 노래로 〈엄마돼지 아기돼지〉를 들 수 있다.

넷째, 다양한 장르와 문화권의 질 좋은 음악을 제공한다. 음악 감상을 위해 고전음악이나 유명한 작품뿐만 아니라 여러 나라의 민속음악, 재즈, 록음악, 동요 등 다양한 음악을 제공한다. 또한 유아의 청각은 예민하므로 양질의 좋은 음악을 제공해야 한다.

다섯째, 음색이나 빠르기, 분위기 등 음악적 요소와 관련지어 서로 비교할 수 있는 음악을 함께 제공한다.

여섯째, 같은 곡을 다른 악기로 연주한 것이나 독주곡과 합주곡, 서양의 민요와 그 번안 곡을 비교해서 들어 보게 할 수 있다. 또는 다양한 형태의 행진곡(〈결혼행진곡〉, 〈군대행진곡〉 등)이나 슬픈 분위기와 기쁜 분위기의 곡을 서로 비교해서 들어 보게 할 수 있다.

일곱째, 감상할 작품에 대한 이해를 돕는 그림, 비디오와 같은 교수 자료를 제공한다. 작품과 관련지어 작곡가의 생애, 음악이 만들어진 배경, 음악 속의 이야기를 그림 자료나 동화 자료로 만들어서 다루어 준다. 또한 음악을 들을 때 연주되는 악기 그림을 음악에 맞게 제시하거나, 작품의 음악적 요소를 시각화할 수 있는 교수 자료나 비디오 자료를 활용한다. 예를 들어, 음악을 들으면서 빠르기의 변화를 손가락 인형으로 움직이면서 나타내 볼 수도 있고, 음악을 비디오로 형상화한 작품을 보여 줄 수도 있다. 월트 디즈니의 〈판타지아 1, 2〉는 음악을 비디오 자료로 표현한 대표적인 예다.

여덟째, 음악 감상의 느낌을 동작, 그림, 말(편지)로 표현해 보게 하고, 음악을 들으면서 자연스럽게 몸을 움직여 보게 한다. 몸을 좌우로 흔들고, 손을 흔들고, 손뼉을 치고, 책상을 치고, 발을 구르면서 유아는 자연스럽게 리듬감과 박자감을 익힌다. 또한 음악을 듣고 난 후, 그림을 그리거나 말이나 글을 통해 음악에 대한 느낌과 생각을 표현하도록 한다. 음악에 대한 느낌은 단순히 "좋았어요."라는 표현보다는 "바람이 세게 부는 것 같았어요.", "새가 아파서 우는 것 같았어요."와 같이 구체적인 표현이면 더욱 좋다. 하지만 유아에게 음악의 느낌이나 해석을 강요해서는 안 된다.

(2) 노래 부르기

노래 부르기는 일과 활동 속에 자연스럽게 포함되어 있어야 한다. 노래 부르기 활동은 유아가 부른 노래를 녹음하여 들어 보거나, 노랫말을 바꾸어 불러 볼 수도 있다. 또한 노래의 내용이나 멜로디를 이용하여 동극이나 음악극 및 신체 표현 등의 활동으로 연결할 수도 있다. 따라서 선정된 노래는 유아에게 친숙한 경험을 포함한 노랫말을 담고 있고, 즐겁고 아름다운 선율로 구성되어 있으며, 반복적인 노랫말과 리듬으로 구성된 것이 적합하다. 일주일에 한두 번은 주제와 관련된 새 노래를 가르쳐 주는 활동을 실시한다.

유아의 노래는 이야기가 있고, 기승전결의 흐름이 있다. 노래의 흐름을 전체적으로 이해하도록 노래를 끊지 않고 처음부터 끝까지 듣고 불러 보면서 익히도록 하는 것이 '전체노래 방법(whole-song method)'이다. 이에 비해 한 마디나 두 마디씩 끊어서 따라 불러 보게 하는 것은 '부분노래 방법(phrase-phrase method)'이다. 또한 전체노래 방법으로 하되, 어려운 부분은 따로 떼어서 부분노래 방법을 사용하는 '결합노래 방법(combination whole-song, phrase-by phrase method)'도 있다. 유아의 노래는 대부분 짧기 때문에 전체노래 방법과 결합노래 방법을 사용하는 것이 적절하다.

새 노래를 지도할 때는 교사의 철저한 사전준비가 필요하다. 교사는 가사와 음을 정확히 외우고, 즐겁고 감정 표현이 풍부하게 노래 부를 수 있도록 노래를 충분히 익혀야 한다. 노래 부르기 활동을 할 때 교사의 분위기는 매우 중요한데, 준비를 철저하게 할수록 자신감과 여유가 있어 편안하고 즐겁게 노래 부르기 활동을 유도할 수 있다. 새 노래 부르기 활동의 구체적인 지도방법 및 노래 부르기 활동 지도 시 고려해야 할 사항을 살펴보면 다음과 같다(김혜경, 1996; Eliason & Jenkins, 2003).

① 새 노래 부르기 활동의 지도방법

● 1단계: 도입(동기 유발)

다양한 방법으로 유아의 흥미를 이끈다. 예를 들어, "오늘 배울 새 노래에는 이 동물이 나올 거야. 어떤 동물인지 맞혀 보자. 나는요, 귀가 커요……." 등으로 수수께끼를 낼 수 있다. 또는 노래에 이야기가 들어 있는 경우 짧은 이야기나 동화로 각색하여 들려준다. 그림 자료를 사용해서 들려주고, 노래를 들려주거나 함께 부르면서 그림 자료를 다시 활용하면 효과적이다.

● 2단계: 전개

첫째, 노래 소개하기

교사가 노래를 전체적으로 불러 준다. 노래가 가지고 있는 본래의 분위기를 살려서 정확하게 들려준다. 노래를 들려줄 때는 교사의 육성으로 자신감 있게 불러 주며, 반주를 하지 않고 노래만 들려주는 것도 좋다. 한 번 들려주고 난 후 노랫말에 대해서나 또는 어떤 느낌인지에 대해 간단히 이야기를 나눈 후 다시 한 번 들려준다.

둘째, 부분적으로 노래 부르기

유아에게 노래를 부분적으로 불러 보게 한다. 처음에는 노랫말 없이 '라' 또는 '아' 소리로 불러 보게 하여 멜로디를 익히게 한다. 다음으로 부분적으로 노랫말을 넣어 부르게 하는데, 의성어 부분만 불러 보게 하거나 묻고 대답하는 노래의 경우에는 대답(또는 묻는) 부분만 부른 후 바꾸어 부르거나 하는 식이 적절하다.

셋째, 전체적으로 노래 부르기

유아에게 노래 전체를 불러 보도록 한다. 노랫말을 넣어서 처음부터 끝까지 노래를 불러 보게 한다. 3~5번 이상 부르게 하지 않으며, 다양한 방법으로 불러 보게 한다. 새 노래 부르기 활동은 모든 유아가 그 시간에 노래를 다 익히도록 하는 것을 목표로 해서는 안 된다. 미리 알고 있는 유아의 경우를 제외하고는 새 노래 부르기 활동 시간에 노래를 다 익히는 것은 어려운 일이므로 추후 자주 불러 볼 수 있는 기회를 제공하여 자연스럽게 익히도록 하는 것이 적절하다.

● 3단계: 평가 및 마무리

첫째, 노래에 대한 느낌과 생각을 이야기 나누기

"노랫말 중에 제일 재미있었던 부분은 어디니?"와 같은 질문을 통해서 노래에 대한 느낌과 생각을 자연스럽게 이야기해 보도록 한다.

둘째, 음악적 요소와 관련지어 이야기 나누기

노래의 특성(음악적 요소, 가사 내용)을 생각하여 구체적으로 이야기 나눈다. 즉, "노래에서 가장 빠른 부분은 어디니?", "올챙이가 어떻게 개구리가 되었니?"와 같은 질문을 할 수 있다.

② 노래 부르기 활동 지도 시 고려 사항

첫째, 노래 부르기 활동 시 교사는 항상 유아를 보면서 노래한다. 눈을 마주치고 노래하기(eye to eye singing)는 가장 효과적인 노래 부르기다. 교사가 즐거운 마음으로 노래하고 유아의 눈을 보면서 노래할 때, 노래의 느낌과 분위기를 효과적으로 전할 수 있다(Eliason & Jenkins, 2003). 따라서 노래 반주를 할 때도 유아와 시선을 마주할 수 있는 오르간이나 기타와 같은 악기를 사용하는 것이 좋다.

둘째, 다양한 접근 방법과 교수 기술을 사용한다(Eliason & Jenkins, 2003). 노래를 부를 때는 한 가지 방법을 사용해서는 안 된다. 다양한 방법과 교수 기술을 이용하여 유아가 재미있게 흥미를 유지하면서 노래를 부를 수 있게 해야 한다. 이를 위해 다음과 같은 접근 방법들을 활용할 수 있다.

- 허밍으로 불러 본다.
- 한 소리(아아, 오오, 우우 등)로 불러 본다.
- 노래 속에 나오는 재미있는 의성어(콩콩콩, 싹싹싹)로 불러 본다.
- 교사가 노래할 때 유아는 소리 내지 않고 입만 벌려 노래한다.
- 교사와 유아, 유아와 유아가 한 소절씩 교대로 부른다.
- 유아 혼자 또는 소집단으로 노래하게 한다.
- 다양한 악기를 이용하여 노래 부른다.
- 속도나 크기에 변화를 주어 노래 부른다.
- 동작과 함께 노래 부른다.

셋째, 교수 자료나 소품을 활용한다. 노랫말을 전달하기 위한 교수 자료는 글보다 그림을 주로 사용하고, 평면적인 교수 자료와 입체적인 교수 자료를 함께 사용한다. 또한 노래 부르기 활동을 도울 수 있는 소품을 이용한다. 예를 들어, 상자인형으로 입을 크게 또는 작게 벌린다든지, 개구리의 혀를 이용하여 길게 또는 짧게 움직이면서 노래 부른다.

넷째, 유아가 노래가사나 느낌을 이해하면서 노래 부를 수 있도록 지도한다. 일반적으로 유아에게 노래를 잘 불러 보자고 하면 목청껏 크게 부르는 것으로 인식하는 경우가 많다. 노래를 잘 부른다는 것은 무조건 크게 부르는 것이 아니라 노래의 가사나 느낌을 이해하고 부르는 것을 의미한다. 또한 노랫말은 노래와 함께 이해하도록 한다. 유아가 노래를 이해하는 것과 같이 노래 속의 새로운 단어도 이해해야 하지만, 노래와 분리되어 노래 속의 단어만 반복하여 가르쳐서는 안 된다(Wolf, 1992). 흔히 교사는 노랫말을 노래와 분리시켜 가르치려는 경향이 있다. 노래 부르기는 새로운 단어를 읽고 익히는 활동이 아니라는 점을 주지해야 한다.

다섯째, 유아에게 노래 부르기를 강요하지 않는다(Eliason & Jenkins, 2003). 다른 유아들과 집단으로 편안하게 노래를 부를 수 있기까지 시간이 걸리는 유아도 있다. 참여를 강요하는 것은 효과적이지 않다. 그러나 노래 부르기를 거부하는 유아에게는 가능한 한 자주 참여의 기회를 주어 자연스럽게 더 많이 참여하도록 유도한다.

(3) 악기 다루기

악기 다루기는 유아에게 소리의 과학적인 지식에 대해 알 수 있게 해 주고, 소리를 만들어 가는 과정을 통해 음악적인 요소에 반응해 볼 수 있게 해 준다. 유아는 다루기 쉽고, 재미있고, 다양한 악기를 경험하는 것이 좋다. 폭넓고 다양한 악기의 경험은 유아에게 악기를 적절히 다루는 방법과 연주방법에 대한 감각을 길러 준다. 나이가 어리거나 처음으로 악기를 다루는 유아에게 타악기나 리듬악기를 주고, 그다음에 멜로디 악기를 주는 것이 좋다. 악기 다루기는 악기 탐색하기와 악기 연주하기로 구분된다.

① 악기 탐색하기

유아들과 악기 이름과 사용방법을 자유롭게 탐색한다. 교사는 유아에게 악기를 제공할 때 악기의 이름과 사용방법을 일방적으로 알려 주지 않는다. 유아가 악기를 보고, 만지고, 두드리는 과정을 통해 악기의 이름을 알아 가고, 악기의 사용방법을 정확하게 터득해 나가도록 하는 것이 중요하다. 예를 들어, “오늘은 선생님이 이렇게 생긴 악기를 가지고 왔는데 이 악기를 본 적 있니?”, “악기를 본 적 있다면 어디서 보았니?”, “무슨 악기라고 하는지 아니?”, “이 악기는 어떻게 소리를 낼 수 있을까?” 등의 언어적 상호작용을 한다.

또한 악기의 특성에 따라 어떻게 정확한 소리를 낼 수 있는지 탐색해 본다. 여러 가지 악기의 소리 비교, 만들어진 재료의 비교, 연주되는 방법에 대해 다양하게 탐색하여 어떤 방법으로 소리를 냈을 때 가장 아름답고 정교한 소리가 나는지 알아본다.

② 악기 연주하기

계획적인 악기 연주하기 활동의 지도단계는 다음과 같다.

● 1단계: 도입

첫째, 악기 연주하기를 위해 준비된 악기를 소개한다. 교사는 악기의 소리만 들려주거나 악기에 대한 수수께끼를 내면서 동기 유발을 할 수 있다.

둘째, 악기 연주하기에 적합한 곡을 선정한다. 너무 길거나 복잡하지 않고, 유아가 전부터 알고 있는 친숙한 노래(동요)를 선택한다. 노래 전체를 악기로 연주할 수도 있고, 노래의 특징적인 부분만 악기로 연주할 수도 있다.

● 2단계: 전개

첫째, 악기 연주를 위한 그림악보 만들기

연주할 악기를 선정하여 그림악보에 표시할 경우에는 노랫말과 음악에 맞는 악기를 유아와 함께 토의하여 선정해야 한다. 예를 들어, 〈시계〉라는 노래로 악기연주를 한다면 큰 시계는 어떤 악기로, 오빠 시계는 어떤 악기로, 언니 시계는 어떤 악기로 연주해야 하는지를 토의한다. 그다음 유아들과 함께 결정한 대로 악기의 그림 자료를 그림악보의 해당되는 노랫말 위나 아래에 붙여 표시한다.

다음으로 악기를 연주하는 방법을 선정하여 그림악보에 표시하는 경우에는 선정한 악기를 어떤 방법으로 연주할 것인지를 정하고, 해당되는 노랫말 위나 아래에 연주 방법의 그림 자료를(악기그림 옆에 함께) 붙여 표시한다. 예를 들어, 시계의 경우에 큰 시계는 큰북으로 둥둥 두 번을 치고, 오빠 시계는 우드블록으로 똑똑똑똑 네 번을 치고, 언니 시계는 탬버린으로 찰찰찰찰 빠르게 네 번을 칠 수 있다.

둘째, 그림악보를 보면서 신체를 이용하여 연주하기

악기로 연주하기 전에 신체악기를 이용하여 연주해 본다. 예를 들어, 입으로 '둥둥', '똑똑똑똑', '찰찰찰찰' 하고 소리를 낼 수 있다. 교사의 노래나 피아노 반주에 맞추어 연주하며, 부분적으로만 연주하는 경우에는 나머지 부분을 유아와 함께 노래 부르면서 할 수 있다.

셋째, 그림악보를 보면서 악기로 연주하기

그림악보대로 악기를 연주한다. 여러 명의 유아가 함께 연주하는 경우에는 악기를 맡아서 연주한다. 예를 들어, 세 명의 유아가 함께 연주한다면 〈시계〉 노래의 경우 첫 번째 유아는 큰북, 두 번째 유아는 우드블록, 세 번째 유아는 탬버린을 연주하고, 마지막은 다 같이 연주할 수 있다.

넷째, 상황에 따라 그림악보를 수정하여 악기로 연주하기

이 단계를 몇 회 반복하여 실시할 수 있다.

● 3단계: 평가

악기 연주를 하고 난 느낌, 약속된 방법으로 악기를 연주했는지, 연주가 조화롭게 되었는지, 한 악기소리만 너무 크게 나지는 않았는지 등에 대해 이야기 나눈다.

악기 연주하기 활동 지도 시 일반적인 유의점은 다음과 같다.

첫째, 연주할 노래나 음악을 주의 깊게 들을 기회를 준다. 익숙한 노래일지라도 강조되는 부분이나 박자, 리듬, 분위기 등을 강조하며 두세 번 정도 주의 깊게 들려준다.

둘째, 다양한 악기를 연주하도록 격려한다. 유아가 한 악기만을 연주하지 않도록 한다. 가능한 한 다양한 악기를 연주해 볼 수 있는 기회를 제공한다.

셋째, 유아의 악기 연주를 녹음하여 들려준다. 자신의 연주를 들음으로써 스스로 평가해 보도록 격려한다.

집단으로 악기 연주하기 활동은 혼란스러워지기 쉬우므로 규칙이 특히 중시되어야 한다. 한 번에 두세 종류 이상의 악기를 다루지 않아야 한다. 다만, 다양하고 폭넓은 악기 소리의 비교와 분류학습을 목표로 할 때는 예외로 한다. 집단활동으로 악기 연주하기 활동 지도 시 유의점을 정리하면 다음과 같다(Greenberg, 1979).

첫째, 유아에게 악기를 조용히 나누는 방법을 알려 준다. 소집단인 경우, 악기가 담긴 상자나 통 앞에 한 줄로 서서 자신이 연주하고 싶은 악기를 가져가도록 하거나 한 유아로 하여금 나누어 주게 한다. 대집단인 경우에는 악기를 종류별로 상자에 넣고 집단별로 악기를 나누어 준다.

둘째, 때로는 악기를 실험해 보도록 허용한다. 나이 어린 유아는 빨리 악기를 만지고 소리내 보고 싶어 한다. 이때 활동을 멈추는 신호(손을 들거나, 피아노나 다른 악기 소리)를 정한 뒤 신호에 따라 멈추도록 한다.

셋째, 악기는 조심스럽게 다루기로 규칙을 정한다. 악기는 장난감이 아니라 수업활동을 위한 자료라는 것을 인식하도록 한다. 규칙을 어긴 유아는 연주를 한 번 쉬게 하거나 악기를 회수한다.

넷째, 교사가 이야기하고 있는 동안은 악기를 연주하지 않으며, 악기 연주 중에 옆의 유아와 이야기하지 않도록 한다.

다섯째, 연주를 시작하는 신호가 있기 전까지는 악기 소리를 내지 않도록 한다. 연주하지 않을 때는 악기를 무릎 위, 의자 옆, 마루 위에 가만히 놓게 한다.

여섯째, 유아들이 서로 악기를 바꾸어 연주해 보도록 한다.

일곱째, 악기 연주가 끝난 후, 유아 각자가 악기를 약속된 보관 장소에 놓거나, 혹은 한 유아가 통을 들고 다니면서 걷어서 정리하도록 한다.

5 음악교육 활동의 실제

<table>
<tr><td>활동명:
새 노래
(사과 같은
내 얼굴)</td><td>활동목표
• 노랫말과 음을 정확히 듣고 즐겁게 부를 수 있다.
• 자신의 느낌과 생각을 노랫말에 적절하게 표현할 수 있다.</td></tr>
<tr><td></td><td>활동자료
• 새 노래 교구판(그림자료), 쓰기도구</td></tr>
<tr><td></td><td>교육과정 관련 요소
• 예술경험 – 창의적으로 표현하기 : 노래를 즐겨 부른다.</td></tr>
<tr><td colspan="2">
</td></tr>
<tr><td>활 동
방 법</td><td>〈도 입〉
• 유아들의 얼굴 생김새와 특징에 대해 말해 본다.
–자신의 얼굴 중 제일 마음에 드는 곳은? / 얼굴은 누구를 닮았을까?
〈전 개〉
• 새 노래의 악보를 보며 노랫말의 내용을 읽어 본다.
–이 노래의 제목은 ‘사과 같은 내 얼굴 ♬’이다.
• 노래를 배운다.
–단음으로 피아노 멜로디만 들려준다. / 교사가 노랫말을 넣어 전체를 불러 준다.
–‘라라라♩♩♪’, ‘아아아♬’ 등으로 불러 본다.
–유아들이 한 소절씩 따라 불러 보고, 곧 전체를 부른다.
• 노랫말을 바꾸어 노래를 부른다.
–‘사과 같은 내 얼굴’ 대신에 어떤 말을 넣어서 불러 볼까?
–노랫말을 어떻게 바꾸어 볼까?
–자신이 바꾼 노랫말 가사를 발표해 본다. / 바꾼 가사로 다 같이 불러 본다.
〈종 결〉
• 새 노래를 배운 것에 대해 이야기 나눈다.
–내 얼굴 생김새에 대해 노래로 불러보니 어떠니?
–노래 말로 바꾸는 것이 어렵지는 않았니? •</td></tr>
<tr><td>평 가</td><td>• 노랫말과 음을 정확히 듣고 즐겁게 부를 수 있었는가?
• 자신의 느낌과 생각을 노랫말에 적절하게 표현할 수 있었는가?</td></tr>
</table>

<table>
<tr><td rowspan="3">활동명:
사랑의
인사
(음악감상)</td><td>활동목표
• 음악 감상을 바르게 하는 태도를 기를 수 있다.
• 음악을 듣고 그 느낌을 말로 표현한다.</td></tr>
<tr><td>활동자료
• 컴퓨터 또는 CD 플레이어</td></tr>
<tr><td>교육과정 관련 요소
• 예술경험 – 예술 감상하기 : 다양한 예술을 감상하며 상상하기를 즐긴다.</td></tr>
<tr><td colspan="2"></td></tr>
<tr><td>활 동
방 법</td><td>〈도 입〉
• 음악 감상에 대해 이야기한다.
–음악 감상을 잘하려면 어떻게 해야 할까?
• 음악의 제목과 종류, 작곡가에 대해 소개한다.
–이 음악은 엘가의 〈사랑의 인사〉라는 곡이란다. 이 곡은 사랑하는 사람을 만난 기쁨과 반가운 마음을 노래한 것이란다.
• 음악을 먼저 들려주고 제목과 작가에 대한 이야기는 나중에 하는 방법도 있다.
–이 음악은 어떤 마음을 표현한 것 같니?
〈전 개〉
• 음악을 감상한다.
• 음악에 대한 느낌과 감상을 이야기 나눈다.
–이 음악을 들어본 적 있니? / 이 음악을 듣고 어떤 느낌이나 생각이 들었니?
–좋아하는 사람을 만나면 어떤 마음으로 인사할까?
• 음악을 다시 한 번 듣는다.
〈종 결〉
• 음악을 다시 듣고 난 후의 느낌을 이야기한다.
–음악을 다시 한 번 들으니 느낌이 어떠니?
–처음 감상했을 때와 두 번째 감상했을 때와는 무엇이 다르니?
–음악의 어느 부분이 가장 마음에 드니?</td></tr>
<tr><td>평 가</td><td>• 음악 감상을 바르게 하는 태도를 기를 수 있었는가?
• 음악을 듣고 그 느낌을 말로 표현할 수 있었는가?</td></tr>
</table>

활동명: 마라카스 연주 하기	**활동목표** • 리듬 악기를 탐색하고 즐긴다. • 음악에 맞춰 마라카스를 연주할 수 있다.
	활동자료 • 다양한 종류의 알갱이(쌀, 콩, 꽃씨 등) 투명한 페트병, 시트지, 녹음기
	교육과정 관련 요소 • 예술경험 – 창의적으로 표현하기 : 다양한 미술 재료와 도구로 자신의 생각과 느낌을 표현한다.

활 동 방 법	〈도 입〉 • 준비해 온 다양한 종류의 알갱이에 대해 이야기한다 –이것들이 무엇인지 아니? / 이름을 말해 볼 수 있겠니? • 다양한 종류의 알갱이를 관찰한다. –어떻게 생겼니? / 이것으로 무엇을 할 수 있을까? 〈전 개〉 • 교사가 미리 만들어둔 마라카스를 보여 주며 유아들과 마라카스 만드는 방법에 대해 이야기한다. –투명한 페트병에 알갱이를 넣고 뚜껑을 덮어 고정한다. –다양한 색의 시트지를 모양별로 잘라 페트병을 꾸민다. • 마라카스를 흔들면서 소리를 탐색하고 비교한다. –쌀이 들어간 마라카스를 흔들면 어떤 소리가 날까? –쌀로 만든 마라카스와 콩으로 만든 마라카스의 소리는 어떻게 다를까? –흔들어 본 느낌이 어떠니? • 간단한 음악에 맞추어 마라카스를 흔들면서 연주한다. (유아들이 연주한 것을 녹음한다.) 〈종 결〉 • 녹음한 것을 들어 보고 이야기한다. –연주한 것을 들어보니 느낌이 어떠니? –어떤 소리가 제일 잘 들리니?
평 가	• 리듬 악기를 탐색하고 즐겼는가? • 음악에 맞추어 마라카스를 연주할 수 있었는가?

제11장 언어교육

우리들의 작은 메아리

떨리는 마음으로 면접에 와서 앉아 있던 생각이 납니다. "왜? 00여대를 지원하게 되었습니까?" 이 질문에 저는 "전통이 있고 무엇보다도 선배님들이 00여대에 다니고 있고 또 부모님들께서 이곳을 추천해 주셨기 때문입니다."라고 답변했던 것 같습니다. 입학이 허락되고 오리엔테이션에 참석했는데 학교생활에 대한 내용과 성적 관리 문제, 자격증 문제 등을 꼼꼼하게 일러 주셨습니다. 이것이 유아교육과에서의 시작이었습니다.

학교생활이 그리 쉽게만 지나가는 것은 아니었습니다. 학교생활에서 특히 과제와 시험은 저에게 많은 중압감을 주었습니다. 부모님을 생각해서 장학금을 받아 보려 했지만 쉽지 않았습니다. 그래도 마음만은 '장학금은 못 받더라도 열심히, 성실히 하자!'라는 생각으로 시작을 했습니다.

또 하나의 중압감은 과제였는데 밀려오는 파도같이 끊이지 않던 과제 때문에 잠시도 마음을 놓고 있을 수가 없었습니다. 조별과제와 개별과제는 수시로 밤을 새워야 하는 곤욕이었지만, 하고 나면 그 뿌듯함은 이루 말할 수 없이 컸습니다. 조별 과제 때문에 시간이 촉박해지면서 나중에는 조원들과 비가 철철 내리는 날 옷을 다 적셔 가면서 학교에 나와 작업을 하기까지 했습니다. 학교에는 조원 4명만 덩그러니 나와 만들기를 하겠다고 앉았는데 우리의 모습이 하도 불쌍해서 맛있는 것이나 시켜 먹자고 시킨 것이 기껏해야 짬뽕이었습니다. 창밖으로 해는 기울고 머리카락에는 반짝이가 붙어 밤무대 가수의 머리스타일이 되어 휘날리고, 손에는 각종 재료들이 덕지덕지 붙어 쉽게 떨어질 것 같지 않았습니다. 이런 후면 꼭 집에 가서 철수세미(?)로 손을 닦아야만 했습니다.

한 사람을 길러 내는 것이 모진 산고를 겪어 내는 것과 마찬가지라고 생각합니다. 현장에서 아이들과의 또 다른 만남을 준비하며 제가 받은 사랑을 돌려주러 떠나겠습니다.

1 언어교육의 정의

언어란 개인과 개인의 상호작용을 매개해 주는 중요한 변인이다. 개인은 대화를 통하여 자신의 의견을 타인에게 전하기도 하고 타인의 생각과 감정을 이해하기도 한다. 즉, 언어가 서로 간의 감정과 사상을 교환하는 의사소통 기능을 하기 때문에 인간은 언어를 통하여 상호관계를 맺어 가는 것이다.

또한 언어는 의사소통의 도구일 뿐만 아니라 우리가 생각하고 세상을 인식하는 데 필요한 가장 중요한 도구다. 인간이 언어를 사용할 수 있기 때문에 세상을 이해할 수 있고, 새로운 것들을 끊임없이 배울 수 있다. 이 세상에 태어난 인간은 쉬지 않고 주변세계에 주의를 기울이고, 정보를 받아들이고, 지각하고, 이해하고, 기억하고, 판단하는 등의 사고를 한다. 이 모든 과정은 언어가 없다면 결코 일어날 수 없다(이차숙, 2005). 따라서 언어가 없는 인간생활은 생각할 수 없다. 언어는 인간에게 주어진 가장 소중한 도구이기 때문이다.

『유아교육사전』(1997)에서는 언어란 인간이 의사소통의 목적으로 사용하는 음성이나 문자로 나타낸 기호체계라고 정의하였으며, 『브리태니커백과사전』에서는 문화를 공유하고 있는 사람들이 서로 의사소통하기 위해 사용하는 구어적 · 문어적 상징체계라고 정의하였다. 또한 언어는 타인이 이해할 수 있는 소리나 신호 및 상징을 통해 이루어지는 의도적인 의사소통 체계이며, 언어 발달에는 정보를 보내고 받는 과정이 포함되어 있다(Machado, 2003).

따라서 언어는 사상이나 감정을 표현하고, 의사소통을 하기 위하여 여러 가지 소리나 문자 등을 수단으로 사용하는 능력이며, 인간이 선천적으로 가지고 태어난 생득적 언어능력이 환경을 통해 성숙된 것이다(Chomsky, 1986). 다시 말해, 언어란 인간의 발성 기관에서 만들어져 청취 가능하게 발음되는 음성적 소리임과 동시에 이를 통해 인간은 자기 자신을 표현하며 다른 사람과 의사소통함으로써 사회적 존재로서의 인간 본질적 특성을 가능하게 한다. 그러나 인간의 삶을 이해하기 위해서는 인간의 출생에서부터 성장과정, 환경, 죽음에 이르기까지의 전 과정을 이해해야 하듯이, 언어 역시 언어가 갖는 제반 속성을 이해해야만 비로소 그 개념을 이해할 수 있을 것이다(이경화 외, 2003).

이처럼 언어는 타인이 이해할 수 있는 음성, 문자 그리고 상징 등을 통해 이루어지는 의사소통 기호다. 이를 통하여 서로의 경험과 생각을 공유하고, 정보와 아이디어를 교환하는 것이다. 인류 문명이 발달하고 진보한 것도 바로 언어가 있었기에 가능한 일이었다. 유아기의 언어교육은 언어에 친숙할 수 있도록 도와 언어사용 기능을 신장시키고 언어를 효과적으로 활용하여 의사소통할 수 있도록 돕는 것이다.

2 언어교육의 목적

언어교육은 누리과정에서 의사소통 영역으로 제시되고 있다. 의사소통 영역은 유아가 일상생활에서 언어 사용을 즐기고 의사소통 능력을 기르며 바른 언어 사용 능력과 태도를 기르기 위한 영역이다. 인간은 영유아기부터 언어 사용의 즐거움을 경험함으로써 능동적이고 적극적인 언어 사용자로서의 능력을 갖추게 된다. 그뿐만 아니라, 바르게 듣고 말하는 것은 인간관계 속에서 상대방을 존중하고 있다는 것을 보여 주는 것으로 이러한 태도는 곧 민주시민으로서의 인성 등 기본 자질을 기르는 것이다. 따라서 바른 언어 사용 능력 및 태도가 형성될 수 있도록 유아기 때부터 자연스러운 일상생활 속에서 바르게 듣고 말하는 습관을 갖도록 지도해야 한다.

의사소통 영역은 '듣기와 말하기', '읽기와 쓰기에 관심 가지기', '책과 이야기 즐기기'의 세 가지 내용으로 구성된다. 이와 같이 세 가지 범주로 구분되어 있긴 하지만, 같은 근원을 가지고 역동적인 관계 속에서 함께 발달하므로 언어라는 큰 체제 속에서 상호 통합되도록 지도한다.

의사소통 영역의 목표는 일상생활에서 필요한 의사소통 능력과 상상력을 기르는 데 있다. 유아기에 말과 글을 바르게 사용하는 것은 이후 성인기에도 영향을 미칠 가능성이 높으므로 말과 글을 바르게 사용하는 태도는 전생애적 관점에서 기본적으로 요구되는 중요한 소양이라고 할 수 있다. 의사소통 영역에는 다음과 같이 세 가지 하위목표가 설정되어 있다(교육부, 보건복지부, 2019).

1) 일상생활에서 듣고 말하기를 즐긴다.

유아가 다른 사람의 말이나 이야기를 관심 있게 듣고, 자신의 경험, 느낌, 생각을 상황에 적절한 단어를 사용하여 말하고, 고운 말을 사용하는 내용이다.

다른 사람의 이야기에 귀를 기울여 말소리에 집중하고 동시에 말하는 사람의 눈길이나 표정, 손짓 그 밖에 주위의 분위기를 종합하여 듣고 있는 내용과 의미가 무엇인지를 판단하는 능력을 기르도록 한다. 또 유아의 말하기 능력은 실제적 경험을 통해 향상되므로 일상생활 속에서 유아가 다양한 생각과 느낌을 자유롭게 적극적으로 표현할 수 있는 허용적인 기회와 분위기를 마련해야 한다.

2) 읽기와 쓰기에 관심을 가진다.

유아가 말과 글의 관계에 관심을 가지고, 주변의 상징, 글자 등을 읽으며, 자신의 생각을 글자와 비슷한 형태로 표현해 보는 내용이다.

유아기에는 자신을 둘러싸고 있는 주변 환경과 일상생활에서 자연스럽게 글자와 친숙해지는 경험을 통해 읽기와 쓰기에 관심을 가지도록 해야 한다. 유아의 일상생활과 관련하여 주변에서 쉽게 볼 수 있는 안내 글자나 책을 통해 읽기를 시도할 수 있도록 격려하고 글자 정보와 함께 즐거움을 주는 동요, 동시, 동화에 대한 흥미로운 경험 등 보다 다양하고 풍부한 문해 환경을 제공하는 것이 중요하다.

3) 책이나 이야기를 통해 상상하기를 즐긴다.

유아가 다양한 책에 관심을 가지고 상상하며, 동화, 동시에서 말의 재미를 느끼고, 말놀이와 이야기 짓기를 즐기는 내용이다.

3 언어 발달의 과정

언어 발달을 연령별로 세분하여 살펴보면 다음과 같다(Glazer & Burke, 1994: 이차숙, 2005에서 재인용).

1) 5주~3.5개월

불편할 때는 소리를 내며 울고, 만족할 때는 즐거운 소리를 낸다. 영아는 원하는 것이 무엇인지에 따라 각각 다른 소리를 내며, 어머니는 대체로 이 소리들을 분간할 수 있다. 영아는 다른 사람이 하는 말을 이해하지는 못하지만 말소리를 듣고 자신도 말소리를 만들어 내려고 애를 쓰게 되며, 웅얼거림(cooing)을 시작한다.

2) 3.5~5.5개월

가까이서 나는 말소리를 듣고 즐기며 자신도 말소리를 만들어 본다. 도구적 기능의 의사소통이 가능하게 되고 의사소통을 해야 한다는 것을 알게 된다. 따라서 비언어적(non-verbal) 의사소통이 이루어진다.

3) 5.5~8개월

5개월경에는 옹알이를 활발하게 한다. '마마마마……', '다다다……' 등의 소리를 많이 내며, 구분 가능한 말소리들을 반복적으로 나타낸다. 6~7개월경이면 자기 이름을 부르는 소리에 반응하며, 8개월 말경에는 특별한 단어에 반응하고 단어의 뜻을 이해하기도 한다. 그러나 단어의 뜻을 이해는 하지만 말을 하지는 못한다. 처음으로 이해하는 단어들은 대개 '엄마, 아빠, 빠이빠이, 아기, 신, 까까, 주스' 등 유아와 밀접하게 관련이 있는 명사들이다.

4) 8~12개월

8개월경이면 이해언어가 급속하게 증가하고, 간혹 일어문(holophrase)의 말을 하기도 한다. 명명활동이 활발하게 일어나고, 아무렇게나 말소리를 만들어 말을 실험해 보기도 한다. 언어를 사용하여 사회적 관계를 형성하는 것을 배우게 된다. 아이디어, 감정, 원함, 필요 등을 공유하기 위해 언어를 사용한다는 것을 알기 시작하는데, 이것들이 문해 발달의 기초가 된다.

5) 12~15개월

산출언어보다 이해언어가 훨씬 잘 발달되어 있다. 기본음을 소리 낼 수 있고, 인간이 내는 모든 소리에 반응하지만 여전히 산출언어는 제한적이다. 대화의 형태가 나타나고, 어른과 언어적 상호 교환을 매우 원하게 된다. 이 시기 유아가 내는 '다다'나 '바바'는 질문일 수도 있고, 지시일 수도 있으며, 껴안아 달라는 말일 수도 있다. 책 읽어 주는 것을 무척 좋아하고, 책 읽어 주기를 요구하기도 하며, 책을 읽어 주면 내용 중 빠진 부분을 지적하기도 한다.

6) 15~18개월

두 단어 문장(two-words sentences)은 14~18개월 사이에 말하기 시작하는데, 두 단어는 반드시 의미가 있는 것들로 짝지어진다. 사람이 언제 행동하고, 그 행동에는 결과가 있다는 것을 알기 시작한다. 그리고 구문조직을 통하여 그것들을 여러 가지로 표현하기 시작한다. 예를 들면, "엄마, 여기."라고 소리치며 위치에 관한 언어를 사용하기 시작한다. 그러나 인과관계나 전후관계는 분명히 알지 못한다.

7) 18~21개월

21개월경이면 음식이나 배변의 필요성에 관해서 말할 수 있고, 자신의 신체 부분들을 지적하면서 이름을 말할 수 있다. 장난감 전화 놀이를 즐긴다. 콧노래를 부르기도 하고, 노랫말을 반복하기도 한다. 운율이 있는 동시 듣기를 즐기고, 자기 말로 노래하기도 한다.

8) 21~24개월

대명사를 많이 사용하고, 남의 말을 흉내 낼 수 있으며, 좋아하는 동시가 생긴다. 리듬이 있고 반복적인 이야기에 반응하며, 반복적으로 나오는 구절을 열심히 따라 한다. 친숙한 사람들이 지나가면 손가락으로 가리키며 이름을 말하고 여러 가지 사물에 이름 붙일 수 있게 된다. 자신의 이름도 성까지 붙여서 정확하게 말한다. '예쁘다', '더럽다' 등의 서술적 용어들을 사용하고, 동요 듣기를 즐기며, 보이지 않는 것들도 편안하게 말할 수 있다. 집 주변을 산책하거나, 공원이나 시장 혹은 할아버지 댁을 방문하는 일을 좋아하고 그것들에 관하여 말하는 것을 무척 좋아한다. 듣기 능력도 크게 향상된다.

9) 24~30개월

2~3세 사이의 유아는 수다쟁이가 되고, 두 단어 이상의 문장을 사용하며, 점점 더 긴 문장을 이해하게 된다. 그러나 관용 어구는 잘 이해하지 못한다. 사물과 사람의 이름을 말하고 어떤 행위들을 서술할 수 있다. 문법을 터득하기 시작하고, 그것을 적용하여 새로운 문장을 더 많이 만들어 낸다. 자신이 행하는 것, 만지는 것 그리고 보는 것들에 대하여 이름 붙이기를 좋아한다.

말놀이를 좋아하고, 운율을 즐긴다. 자신이 알고 있는 간단한 이야기들에 반응할 수 있고, 예측할 수 있는 간단한 구성의 이야기들을 듣기 좋아한다. 대화하기를 원하고 자신에 관하여 표현하기를 원하는데, 이것이 언어 사용의 주요한 동기가 된다. 역할놀이를 좋아하고, 역할놀이를 하면서 많은 말을 한다. 자신에 관한 이야기와 생각과 감정을 조직하여 말하기 시작한다. 말로 표현할 수 있는 언어보다 이해할 수 있는 언어가 훨씬 많다.

10) 30~36개월

언어 발달이 하루가 다르게 나타나는데, 이때부터 3세가 될 때까지 300~1,000단어 정도의 어휘를 습득하게 된다. 실제로 사용할 수 있는 단어보다 2배 이상의 단어를 이해한다. 또한 이전에 사용하던 전보식 문장(telegraphic sentences)은 더욱 복잡해지고, 문장을 만들기 위해 과잉으로 규칙을 적용한다. 단어놀이를 할 수 있으며, 운율과 반복을 사용한 말놀이를 할 수 있다. 이야기를 만들 수 있고, 누군가를 조롱할 줄도 알게 된다. 대명사와 접속사를 사용하며, '내 거야.', '엄마 거야.' 등 관계를 나타내기 위해 소유대명사를 사용한다.

11) 36~48개월

어휘 발달은 3~4세에 가장 급격하게 일어난다. 그래서 이 시기를 어휘 폭발의 시기라고도 한다. 네 단어 혹은 그 이상의 단어를 사용한 문장을 말한다. 글자, 그림, 사물, 사람들에 대하여 끊임없이 질문한다. 상상적 친구를 만들고 끊임없이 대화한다. 그러나 곧 다른 친구들에게 관심을 가지고 상상적인 친구는 없어진다. 단수, 복수, 과거 및 현재 등 올바른 문법을 사용하며 더 많은 말을 듣고 말한다. 노랫말을 기억하고, 노래를 부르며, 엄마나 선생님에게 노래 부를 것을 요구한다.

12) 48~60개월

친구와의 상호작용이 원활하게 일어난다. 상호작용의 과정에서 행해지는 많은 대화가 말하기, 듣기 기술을 크게 향상시킨다. 친구와 편안하게 어울릴 수 있게 되고, 타협할 수도 있게 된다. 그리고 집단에서 대화를 이끌어 나갈 수도 있게 된다. 단어를 분석할 수도 있고, 단어의 일부분을 듣고 단어 전체를 생각해 낼 수도 있다. 접속사를 사용하여 문장을 길게 늘일 수도 있다. 책을 좋아하게 되는데, 동물에 관한 책, 자동차에 관한 책 등 특별히 좋아하는 책이 생긴다. 어휘 습득이 더욱 많아지고, 이야기를 읽고 듣는 것을 좋아하며, 글자와 관련한 노래도 즐긴다.

13) 60~72개월

글자와 단어에 관한 놀이를 즐기고 노랫말을 만든다. 예전에 들었던 이야기를 본떠서 새로운 이야기를 만들어 내기도 한다. 그림을 그려 놓고 다른 사람에게 글을 써 달라고 부탁하기도 한다. 자신이 알고 있는 것들이나 불러 주는 말을 다른 사람이 대신 써 주기를 원한다. 사물이나 글자를 손으로 지적하며 이름을 말한다. 모든 말소리를 적절하게 발음할 수 있다. 글자를 천천히 쓰면서 소리 내어 말한다. 말을 할 때 좋아하는 책이나 자주 보는 책의 문구를 인용하여 말한다. 아는 단어를 반복해서 쓰거나 같은 유형의 문장을 단어만 바꾸어 반복해서 쓰기를 즐긴다.

4 언어교육의 내용 및 지도원리

1) 언어교육의 내용

의사소통 영역은 듣기, 말하기, 읽기, 쓰기가 역동적인 관계 속에서 함께 발달한다. 말하기와 쓰기는 표현 언어로서, 듣기와 읽기는 이해 언어로서 같은 뿌리에서 출발한다.

듣기란 수동적인 청각적 수용보다는 소리나 음으로부터 의미를 얻는 것을 목적으로 하는 적극적이고 의도적인 듣기를 의미한다. 이러한 듣기는 주의 깊게 듣기(attentive listening), 감상하며 듣기(appreciative listening) 및 분석적 듣기(analytic listening)로 분류된다(교육부, 1998). 따라서 듣기란 남의 말을 듣고 이해하는 것으로, 낱말과 문장 듣고 이해하기를 기초로 해서 문학 작품 듣기로 확장해 갈 수 있다.

말하기는 자신의 생각과 느낌을 말로 표현하는 능력으로, 타인에게 자신의 의사를 전달하는 과정이라 할 수 있다(교육과학기술부, 2008c). 즉, 말하는 사람과 듣는 사람과의 상호 이해를 전제로 하는 의사소통 과정이다. 말을 할 때에는 다른 사람이 이해할 수 있는 발음과 어휘 및 문법 규칙을 적용하여 상황과 목적에 맞게 표현해야 한다. 말하기에는 두 가지 과정이 있는데, 계획과 표현이다. 계획과정에서는 말하는 상대방에 대한 이해가 전제되어야 하며, 상대방의 연령, 관계, 신분이나 상황에 대한 이해 및 배려 등이 포함된다. 표현과정에는 정확한 발음, 적절한 어휘와 문장의 사용, 알맞은 크기의 목소리 및 효과적인 몸짓 등이 포함된다. 따라서 유아교육기관에서는 대화, 토의, 발표, 요구하기, 지시하기, 설명하기, 묘사하기 등 다양한 형태의 말하기를 경험해 볼 수 있는 기회를 가지도록 해야 한다(교육부, 1998).

읽기는 글을 바르게 읽고 이해하는 것이므로 일상에서의 다양한 경험을 통하여 유아로 하여금 책을 많이 접하게 하여 읽기에 관심과 흥미를 가질 수 있도록 하여야 한다. 쓰기는 자신의 생각이나 느낌을 그림이나 글로 표현하는 것으로서 일상과 관련된 다양한 맥락에서 쓰기에 관심을 가지게 하며 다양한 쓰기 도구를 활용해 보는 경험을 통하여 쓰기에 흥미를 갖게 하는 것이 중요하다(교육과학기술부, 2008c).

읽기와 쓰기는 문자 자체를 가르치는 것이 목적이 아니라 풍부한 언어 환경을 구성해 주고, 의미 있는 맥락에서 제시해 주는 것이 바람직하다. 따라서 문자에 대한 동기가 자발적으로 일어나도록 학습활동을 계획하고 운영하는 것이 보다 효과적이다.

언어교육은 초등학교 단계의 문자 교육이 아니므로 유아의 긁적거리기, 글자놀이, 그림책 읽기, 편지 쓰기 등의 모든 문해활동을 통하여 글과 자연스럽게 친숙해지도록 하는 것이다. 따라서 단순한 문해능력을 기르는 것이 아니라 하루 일과 중 유아에게 의미 있는 상황에서 자발적이고 능동적인 학습이 통합적으로 이루어지도록 돕는다. 듣기, 말하기, 읽기, 쓰기의 자연스러운 통합을 통해 교사는 유아의 개인차를 고려한 개별화 교육이 이루어질 수 있도록 해야 한다. 이러한 교육을 통하여 유아가 바른 언어 생활 습관과 태도를 형성하며, 우리말과 우리글에 대한 자긍심을 가질 수 있도록 한다(교육부, 1998).

누리과정의 세 가지 내용 범주에 따른 내용은 다음과 같다(교육부, 보건복지부, 2019).

(1) 듣기와 말하기

듣기와 말하기의 범주에 따른 내용은 6가지가 있다.

'말이나 이야기를 관심 있게 듣는다.' 유아가 다른 사람이 하는 말과 흥미로운 주제, 익숙한 경험이 담긴 이야기에 관심을 가지며 듣는 내용이다.

'자신의 경험, 느낌, 생각을 말한다.' 유아가 상대방에게 자신의 경험, 느낌, 생각을 자유롭게 말하는 내용이다.

'상황에 적절한 단어를 사용하여 말한다.' 유아가 때와 장소, 대상과 상황을 고려하여 적절한 단어와 문장을 선택하여 말하는 내용이다.

'상대방이 하는 이야기를 듣고 관련해서 말한다.' 유아가 다른 사람이 이야기하는 내용을 듣고 말하는 사람의 생각, 의도, 감정을 고려하여 말하는 내용이다.

'바른 태도로 듣고 말한다.' 유아가 말하는 사람에게 주의를 기울이며 듣는 내용이다. 말을 끝까지 듣고, 자신의 의견을 말하는 내용이다.

'고운 말을 사용한다.' 유아가 일상생활에서 자주 쓰는 유행어, 속어, 신조어, 상대방을 비난하는 말을 사용하지 않고, 우리말을 바르게 사용하는 내용이다.

(2) 읽기와 쓰기에 관심가지기

읽기와 쓰기의 범주에 따른 내용은 3가지가 있다.

'말과 글의 관계에 관심을 가진다.' 유아가 일상에서 말이 글로, 글이 말로 옮겨지는 것에 관심을 갖는 내용이다.

'주변의 상징, 글자 등의 읽기에 관심을 가진다.' 유아가 일상에서 자주 보는 상징(표지판, 그림문자 등)이나 글자 읽기에 관심을 가지는 내용이다. 유아가 상징이나 글자에는 사람들의 생각과 감정, 정보가 담겨있다는 것을 이해하는 내용이다.

'자신의 생각을 글자와 비슷한 형태로 표현한다.' 유아가 자신의 생각이나 말을 끼적거리거나 글자와 비슷한 선이나 모양, 글자와 비슷한 형태로 표현하는 내용이다.

(3) 책과 이야기 즐기기

책과 이야기 즐기기의 범주에 따른 내용은 3가지가 있다.

'책에 관심을 가지고 상상하기를 즐긴다.' 유아가 책에 흥미를 가지며 책 보는 것을 즐기고 상상하는 즐거움을 경험하는 내용이다.

'동화, 동시에서 말의 재미를 느낀다.' 유아가 동화와 동시를 자주 들으며 우리말의 재미와 아름다움을 느끼는 내용이다.

'말놀이와 이야기 짓기를 즐긴다.' 유아가 끝말잇기, 수수께끼, 스무고개 등 다양한 말놀이를 즐기는 내용이다. 자신의 경험, 생각, 상상을 기초로 새로운 이야기를 만드는 과정을 즐기는 내용이다.

2) 언어교육의 지도원리

의사소통 영역은 듣기, 말하기, 읽기, 쓰기 등의 활동을 형식적으로 분리하여 가르칠 것이 아니라 통합적으로 접근해야 한다. 각 영역별 지도 방법은 다음과 같다.

(1) 듣기 지도

듣기는 상대방의 생각을 받아들이는 첫 단계다. 유아의 주변에는 많은 소리가 있다. 그러나 진정한 의미의 듣기는 상대방의 말에서 유아가 중요하고 의미 있다고 생각하는 것에 주의를 기울이고 상대방의 말을 바르게 이해하고 반응하는 것이다. 듣기 능력에는 청각적 기능과 인지적 사고과정이 포함된다. 따라서 유아가 상대방의 말소리를 청각적으로 구분하고 사고과정을 통해 그 의미를 이해해야만 한다. 유아의 듣기 능력 자체를 지도하는 것보다는 듣기 태도와 관련된 사항을 지도한다.

교사는 듣기 능력을 지도하기 위해 다음의 사항들을 고려해야 한다(이경화 외, 2003).

첫째, 교사가 듣기의 모델이 된다. 교사는 하루 일과를 진행하는 과정에서 유아와 상호작용하는 일이 많다. 이때 유아의 말에 귀를 기울여 열심히 경청하는 모습을 보여 줌으로써 듣는 태도를 길러 줄 수 있다. 그러나 간혹 교사가 다른 일이나 다른 유아를 돌봐야 할 때는 "내가 지금은 좀 바쁜데, 잠깐 기다려 줄래?"라고 말한 후 일을 끝낸 다음에 그 유아의 말을 들어 준다.

둘째, 유아는 대집단보다 소집단에서 더 잘 들을 수 있다. 또한 개별적으로 일대일 상호작용은 듣기 능력을 더욱 배양할 수 있다.

셋째, 교사는 대화 중에 질문을 통해 유아가 듣고 있는 것을 확인한다. 이 과정에서 유아가 들은 것이 맞을 경우, 자신이 들은 것에 대해 신뢰감을 발달시킬 수 있다. 반면, 잘 듣지 못한 유아의 경우 필요한 정보를 줌으로써 더 잘 들으려고 노력하게 하며 듣기 태도를 지도한다.

넷째, 교사는 유아의 주의집중 시간이 짧다는 것을 기억할 필요가 있다. 특히 대집단 시간에 교사의 언어나 질문이 명확하거나 논리적이지 않을 경우 유아는 듣기를 거부하고 다른 곳으로 관심을 돌린다.

다섯째, 유아의 듣기를 방해하는 요소들을 치운다. 예를 들어, 이야기 나누기 시간에 간식이 오면 유아는 듣기에 몰입하기 어렵다.

여섯째, 협동적인 작업을 계획한다. 협동 작업에 참여할 때 유아는 하나의 공동 목적을 이루어 내기 위해 서로의 생각을 잘 듣게 된다.

일곱째, 소리를 듣고 변별할 수 있는 활동을 준비한다. 특히 소리 변별은 녹음기를 이용하면 효과적이다. 주변의 여러 소리를 녹음해 오거나 유아 자신 및 친구의 목소리를 녹음해서 듣는다.

여덟째, 이 시기의 유아는 구체적인 시청각 자료를 통해 더 잘 이해한다. 듣기 능력을 돕기 위해 유아의 관심을 끌 수 있는 다양한 자료를 제공한다.

아홉째, 유아의 듣기에는 개인차가 있음을 인식한다.

듣기 지도의 활동에는 동시 · 동화 듣기, 주변 소리 듣고 구별하기, 음악 감상하기, 수수께끼, 가라사대 등 언어적 지시의 내용에 따르는 게임 활동 등이 있다.

(2) 말하기 지도

유아는 자신이 보고 들은 것을 다른 사람에게 말하고 싶어 한다. 그러나 유아는 아무 상황에서나 말하기를 즐겨하지 않는다. 즉, 말하기 능력은 정서와 관련이 깊다. 따라서 주변 사람이 자신을 얼마나 수용하고 인정하는가에 따라 자유롭게 말을 하기도 하고 표현을 억제하기도 한다. 교사는 유아의 말하기를 돕기 위해 다음 사항을 고려해야 한다(이경화 외, 2003).

첫째, 교사는 자연스럽고 자유로운 분위기 속에서 유아와 대화할 수 있도록 교실을 수용적인 분위기로 조성한다.

둘째, 유아는 끊임없이 교사에게 말한다. 따라서 교사는 유아에게 말할 기회를 많이 줄 필요가 있다. 특히 대집단 이야기 나누기 시간에 교사가 주도적이 되어 말을 많이 하고 지식을 전달하려 하기보다는 유아가 스스로 동기 유발이 되어 개별적인 경험을 이야기하도록 많은 기회를 준다.

셋째, 교사는 유아의 말을 듣고 구체적으로 반응해 준다. 이때 유아의 눈을 보며 고개를 끄덕여 주고 때로는 "~그랬단 말이지?"라고 유아의 말을 다시 한 번 확인해서 유아가 자신이 말한 것에 대해 신뢰감을 갖도록 한다.

넷째, 교사는 정확한 발음과 단어, 완전한 문장을 사용하여 말함으로써 성숙한 말하기를 돕는다.

다섯째, 말하기를 돕는 여러 가지 자료를 활용한다. 구체적인 시청각 자료, 실물, 동화책, 인형, 인형극 틀 등은 말하고자 하는 욕구를 증진시킨다.

여섯째, 말하기에도 개인차가 있으므로 유아의 말이 늦을 경우 지나치게 재촉하지 않도록 하고 관심을 갖고 관찰하고 원인을 살핀다.

일곱째, 말하기를 돕는 활동을 계획한다. 이와 관련된 활동으로는 주말을 지낸 이야기, 새 소식 발표, 물건 보여 주며 말하기, 그림 보고 말하기, 동극, 사회극놀이, 다양한 주제에 대해 말하기 등이 있다.

듣기와 말하기는 동시에 이루어진다. 즉, 다양한 주제나 토의에서 교사-유아, 유아-유아 간 언어적 상호작용은 듣기와 말하기가 동시에 이루어질 수 있는 기회다. 이외에도 동화 듣고 동극하고 그림 그리기, 음악 듣고 그림 그리고 말로 표현하기 등 다양한 활동이 여기에 해당한다.

(3) 읽기 지도

읽기 지도는 모든 학습의 기초가 되므로 언어 생활에서 중요한 부분이다. 유아는 성인이나 교사가 글자를 읽는 모습을 보고 글자가 말과 생각을 나타내는 또 하나의 도구라는 것을 알고 글자에 관심을 가지게 된다. 따라서 교사는 유아가 읽기에 대한 자신감을 가질 수 있도록 도와야 한다. 유아의 읽기 지도를 위한 방법은 다음과 같다(노명완, 이차숙, 조정숙, 1997).

첫째, 일상생활 속에서 읽기에 대한 동기 부여를 할 수 있도록 분위기를 조성한다. 유아는 자신의 사회적인 경험과 글을 연결시킬 줄 모르므로 교사는 글이 일상생활과 어떻게 관계를 맺고 있는지 이해하도록 도와야 한다. 따라서 유아는 자신의 생각에 관하여 말해 보고, 그것을 극화해 볼 수 있는 기회가 필요하다. 이야기 속에서 발견되는 아이디어와 자신의 아이디어를 비교해 볼 수 있는 기회를 제공하여 읽기, 쓰기 및 이야기 듣기 등이 자신의 생활과 밀접하게 관련되어 있음을 인식할 수 있도록 도와주어야 한다. 즉, 사회 생활을 하는 데 읽기는 꼭 필요한 활동이라는 것을 인식시켜야 한다.

둘째, 다양한 읽기 기능들이 동시에 습득될 수 있도록 통합적인 접근을 해야 한다. 유아의 읽기 지도는 읽기의 어느 한 측면만 강조되어서는 안 된다. 어휘, 문법, 철자의 이름 등 어느 한 측면만을 강조해서 지도할 것이 아니라 글이 전달되고자 하는 의미를 이해하게 하고, 그 글이 자신과 사회를 어떻게 관계시키고 있는지 이해할 수 있게 해야 한다. 따라서 이야기책을 읽어 주는 일은 유아의 듣기 이해를 촉진할 뿐만 아니라 문해 발달을 촉진할 수 있다. 교실에 '사랑의 편지함'을 만들어 서로 메시지를 전달하는 경험을 가지게 하거나, '슈퍼마켓'을 만들고 여러 가지 상품의 목록과 가격이 적힌 가상적인 물건들을 늘어놓고 사고파는 경험을 하게 하는 것도 좋다. 교사는 유아가 자신의 생각과 느낌을 주저하지 않고 표현할 수 있고, 더불어 책과 친숙해질 수 있는 모든 방법을 활용할 수 있도록 도와야 한다.

셋째, 유아 주변에는 글자와 글이 많이 활용되고 있음을 알게 한다. 글자와 글에 친숙해질 수 있도록 교실의 여러 가지 사물에 이름을 써 붙이는 일도 중요하다. 이것은 건물이나 가게의 간판 혹은 상품에 이름을 써 붙이는 일과 마찬가지다. 유아가 늘 사용하는 교실 비품 그리고 학습 영역에 이름을 써 붙여서 글자와 친숙해지고, 글자가 의미를 가지고 있다는 것을 알게 해 주는 것이 좋다. 유아가 읽어 보기를 원하는 책의 제목을 함께 써 보기도 하고, 그 제목이 무엇을 말하는지 제목에 관해 함께 토의하고 기술해 보는 일도 매우 훌륭한 읽기 지도 방법이다. 또 유아가 제시하는 어떤 말을 그림으로 그려 보게 하거나 유아가 제시하는 낱말들의 관계성을 알아보는 것도 좋다. 따라서 주변 환경 속에서 글과 글자가 사용되는 것을 자연스럽게 보면서 글과 글자와 친숙해질 수 있는 읽기 학습이 좋은 방법이라 할 수 있다.

넷째, 유아에게 친숙한 정보와 배경 지식을 중심으로 의미 있는 학습과정이 되도록 한다. 유아는 가정에서 부모와의 상호작용을 통하여 읽기에 관한 지식을 이미 갖추고 있다. 예를 들면, 여러 가지 일상생활에 사용되는 기초적 낱말들, 철자의 이름 등에 관한 지식들을 갖추고 있다. 이러한 지식들에 기초하여 유아들에게 문해 능력을 더욱 확장시켜 줄 수 있는 기회를 제공한다면 유아의 읽기는 더욱 발달할 것이다.

다섯째, 생각하고 추리할 수 있는 능력을 개발시켜 줌으로써 유아가 읽기 과정에 능동적으로 참여할 수 있도록 유도한다. 읽기는 글에 대하여 추리하고 생각해서 의미를 구성해 내는 특별한 형태의 지적 활동이다. 비록 유아라 할지라도 추리하고 생각하는 정신적 활동을 하도록 유도해야 한다. 교사는 책 속에 나오는 이야기나 교실 속의 여러 사건에 관하여 유아들이 서로 토의해 보게 함으로써 추리할 수 있는 능력과 자신의 아이디어를 표현할 수 있는 능력을 길러 주어야 한다.

읽기와 관련된 활동으로는 동화책 함께 읽기, 동시 읽고 낭송하기, 동시 · 동화 창작하여 읽기 등이 있다.

(4) 쓰기 지도

쓰기는 단순히 글자만 쓰는 것이 아니다. 쓰기는 자기가 표현하고자 하는 생각이나 감정, 경험 등을 표상하여 기술하는 활동이다. 이는 언어활동에서 요구되는 듣기, 말하기, 읽기의 모든 기능이 통합적으로 작용되어 나타날 수 있는 기능이다. 듣기, 말하기, 읽기, 쓰기의 활동 중에서 가장 어려워하는 활동이 바로 쓰기다. 따라서 부모나 교사가 기계적으로 반복하여 글쓰기를 지도하는 것은 바람직하지 못하다. 유아가 글쓰기를 그림 그리기처럼 재미있다고 느낄 수 있도록 하여야 한다. 즉, 글로 자신의 생각이나 느낌을 표현하고 싶은 욕구가 생기도록 유도하여 자연스럽게 문자를 접하도록 해야 한다.

쓰기 지도의 원리(노명완 외, 1997)를 정리하면 다음과 같다.

첫째, 쓰기 지도는 유아의 개인차를 고려해야 한다. 유아의 쓰기는 개별 유아가 가지고 있는 아이디어, 흥미, 언어, 각 유아의 독특한 능력 등의 개인차를 고려해야 한다.

둘째, 유아와 유아, 유아와 교사 간의 상호작용이 많이 일어나도록 계획한다. 유아의 쓰기 능력은 상호작용을 통해서 습득된다. 따라서 쓰기 지도는 유아 상호 간에 혹은 교사와 유아 간에 상호작용이 많이 일어날 수 있도록 계획하여야 한다. 그것은 읽기와 쓰기 활동이 의미 추구의 활동이며, 의미 추구는 적극적인 의사소통의 기회를 통해서 가능해지기 때문이다.

셋째, 쓰기 지도는 통합적인 방법으로 지도해야 한다. 쓰기 지도는 다른 언어 영역, 즉 말하기, 듣기, 읽기와 연결해서 가르쳐야 할 뿐만 아니라 다른 영역의 교육 활동과도 통합적으로 지도되어야 한다.

넷째, 쓰기 지도는 자연스러운 방법으로 이루어져야 한다. 자연스러운 방법으로 쓰기 지도가 되지 않을 때 유아는 심리적인 억압을 느끼기 쉽다. 심리적인 억압이 계속되는 한 유아의 쓰기 기능은 자발적인 효율성을 띠면서 발전할 수 없게 된다. 예를 들면, '나무'라는 글자를 반복적으로 계속하여 쓰게 할 경우 유아는 글자에 대한 흥미를 잃고 지루하고 재미없는 것으로 받아들이게 된다. 또한 소근육 발달이 충분하지 않아 글자 쓰기에 어려움이 있는 유아의 경우에는 자신에 대한 낮은 자아개념과 자신감의 결여 등으로 연결될 수 있다.

쓰기 지도에는 그림책 읽고 주인공에게 편지 쓰기, 시장놀이 관련 자료나 광고 또는 그림책 만들기, 요리 순서표 만들기, 조사한 내용 쓰기 등의 다양한 활동이 있다.

5 언어교육 활동의 실제

<table>
<tr><td rowspan="3">활동명: 끝말 잇기</td><td>활동목표
• 단어에 관심을 가지고 친숙해진다.
• 낱말을 정확히 듣고 발음하고 이해한다.</td></tr>
<tr><td>활동자료
• 종이, 필기도구</td></tr>
<tr><td>교육과정 관련 요소
• 의사소통 – 듣고 말하기 : 말이나 이야기를 관심 있게 듣는다.
– 책과 이야기 즐기기: 말놀이와 이야기 짓기를 즐긴다.</td></tr>
<tr><td colspan="2">
</td></tr>
<tr><td>활 동
방 법</td><td>〈도 입〉
• 단어에 대해 이야기한다.
–우리가 아는 단어는 어떤 것이 있을까?
• 끝말잇기 놀이에 대해 알아본다.
–끝말잇기는 어떤 것일까? / 끝말잇기를 할 줄 아니?
〈전 개〉
• 끝말잇기를 한다.
–누가 먼저 시작할까? / 선생님이 먼저 시작할까? OO가 먼저 시작할까?
–사과–과자–자동차–차표.......
(발음이 불분명하여 유아들이 알아듣기 어려운 단어는 교사가 적어 준다.)
• 끝말잇기가 어느 정도 익숙해지면 방법을 바꾸어 첫말잇기를 한다.
–끝말잇기를 다른 방법으로 할 수 있을까? / 어떻게 바꾸어 해 볼까?
〈종 결〉
• 끝말잇기를 하고 난 느낌을 이야기한다.
–끝말잇기에서 무엇이 힘들었니? / 끝말잇기를 하고 난 느낌이 어떠니?</td></tr>
<tr><td>평 가</td><td>• 단어에 관심을 가졌는가? / 낱말을 정확히 듣고 발음하였는가?</td></tr>
</table>

활동명: 단어 사전 만들기	**활동목표** • 단어를 알고 이해하여 단어 사전을 만들 수 있다. • 글자에 관심을 가지고 관련된 단어를 찾아 쓸 수 있다.
	활동자료 • A4 용지, 가위, 풀, 스테이플러, 헌 잡지, 신문, 색연필, 사인펜 등
	교육과정 관련 요소 • 의사소통 – 읽기와 쓰기에 관심가지기 : 말과 글의 관계에 관심을 가진다.

활 동 방 법	〈도 입〉 • 사전이 무엇인지에 대해 이야기한다. –사전이 무엇인지 아는 친구? / 사전을 사용해 본 적 있니? –사전은 언제 사용할까? 〈전 개〉 • 사전 만드는 활동에 대해 이야기한다. –'가'로 시작하는 글자는 무엇이 있을까? –헌 잡지나 신문에서 '가'와 관련 있는 글자를 찾을 수 있겠니? • 교사는 글자 하나(예 : 가, 나, 다.....)를 정해 주고 헌 잡지나 신문에서 정한 글자로 시작하는 단어가 들어 있는 그림을 오리게 한다. • 유아들은 '가로 시작되는 것'이란 단어 사전에 오린 그림을 붙이고 그 그림의 이름을 적는다. • 오려 붙인 글자들을 묶어 사전으로 만든다. 〈종 결〉 • 단어 사전을 만들어 본 느낌을 발표한다. –어떤 단어들을 찾았니? / 단어 찾기가 어렵지는 않았니?
평 가	• 단어를 알고 이해하여 단어 사전을 만들 수 있었는가? • 글자에 관심을 가지고 관련된 단어를 찾아 쓸 수 있었는가?

활동명: 무엇을 했나요?	**활동목표** • 그림을 보고 문장을 만들어 이야기할 수 있다. **활동자료** • 그림 카드, 삼각대 **교육과정 관련 요소** • 의사소통 – 읽기와 쓰기에 관심가지기 : 말과 글의 관계에 관심을 가진다. – 책과 이야기 즐기기: 말놀이와 이야기 짓기를 즐긴다.

활 동 방 법	〈도 입〉 • 준비해 온 여러 가지 상황이 그려져 있는 그림 카드를 보여 준다. –이 그림은 어떤 장면인 것 같니? • 여러 가지 그림 카드를 보여 주며 어떤 장면인지 같이 생각하고 말해 본다. 〈전 개〉 • 여러 장의 그림 카드로 이야기를 만들어 본다. –이 그림 카드를 보고 이야기를 만들 수 있겠니? –어떤 그림을 제일 먼저 볼까? • 유아들과 그림의 순서를 바꾸어 가며 이야기를 꾸며 본다. –이 그림이 뒤로 가면 어떨까? –또 다른 순서로 이야기를 꾸며 볼 친구 있니? 〈종 결〉 • 이야기 만들기를 한 느낌에 대해 이야기 나눈다. –그림 보고 이야기를 만들어 보니 느낌이 어땠니? –친구들이 꾸민 이야기가 재미있었니?
평 가	• 그림을 보고 문장을 만들어 이야기할 수 있었는가?

제12장 문학교육

우리들의 작은 메아리

유아교육과에 처음 들어왔을 때, 지각에 결석에 무단조퇴에 정신 못 차렸었지요. 점점 쌓여 가는 리포트와 교구 만들기…… 허억! 지금 생각해도 숨이 막힙니다. 학교 올라오는 학생 중에서 커다란 우드락에 딱딱한 하드보드지, 날이 잘 선 가위(?)를 들고 다니는 학생은 다 유아교육과 학생입니다.

유아교육과 학생들만의 그 애살!! 그 애살로 해낸 것들이 너무 많습니다. 인형극, 동화구연 자격증, 종이 접기 자격증 그리고 어떤 교구라도 만들 수 있는 자신감……. 이런 자격이 있다고 말하면, 솔직히 유아교육과 아닌 타과 학생들은 "그게 뭔데? 종이 접는 것도 자격증 있나?" 이러면서 비웃지만, 유아교육과 학생들에게는 자부심 아니겠습니까? 프하하하 니들이 뭘 알아서…….

동화구연대회 하루 전날 얼떨결에 총대에게 붙잡혀 대회에 나간 것이었지만 동화구연대회에 나가 장려상과 인기상도 받고, 지금 생각하면 저 자신에게 너무나 많은 자신감을 심어 준 것 같습니다.

이제 기말시험을 치르고 나면 가고 싶었던 유치원에 이력서를 내고 답을 기다려야 하는데요. 현장에 나가서 잘할 수 있을까 하는 것이 요즘 저의 최대 고민입니다. 잘할 수 있겠지요? 저는 항상 마음속으로 제 자신에게 '너는 할 수 있어!!' 하고 외칩니다. 초등학교, 중학교, 고등학교를 다니는 동안 무엇인가를 내가 해야겠다, 해내야겠다라고 생각한 적이 거의 없었습니다. 하지만 지금은 아니에요. 유치원 1급 정교사를 따고, 원감자격을 따고, 원장자격을 따서 아이들이 좀 더 좋은 경험과 다양한 경험을 많이 할 수 있도록, 많은 것을 보고 느낄 수 있도록 교육하는 교사가 되고 싶습니다.

원감 연수에서 교수님 꼭 뵐게요. 저의 꿈을 키운 곳!! 저의 꿈이 자랄 수 있도록 도와주신 교수님, 이제는 제 꿈이 이루어질 수 있도록 용기를 주세요.

아자아자 파이팅!!

1 문학교육의 정의

문학은 인간의 삶을 표현하는 예술의 한 부분으로 사상과 감정을 작가의 창조적인 상상력으로 언어라는 매체를 통해 아름답게 표현한 것이라고 할 수 있다. 유아문학은 '유아'와 '문학'이 결합된 용어로 유아의 발달적 특성을 고려한 문학작품이다. 유아문학을 이해하기 위해서는 보다 포괄적인 아동문학의 관점을 알아야 한다.

『브리태니커 백과사전』의 정의에 따르면, 아동문학은 어린이를 즐겁게 하거나 가르치기 위해 글로 쓴 작품과 거기에 딸린 삽화를 통틀어 일컫는 말이다. 이 장르는 세계문학의 고전으로 인정받는 작품을 포함하여 어린이만을 위해 쉽게 읽을 수 있도록 쓴 소설, 그림책, 동화, 자잘가, 우화, 민요와 그 밖에 주로 구전되어 온 자료 등 광범위한 작품을 포괄한다. Sutherland와 Arbuthnot(1991)은 아동이 읽고 즐길 수 있도록 하기 위해 쓰인 작품으로 고도의 문학적이고 예술적인 기준을 만족시켜 주는 작품이 아동문학이라고 하였다. 이재철(1986)은 아동문학(children's literature)이란 작가가 일차적으로 아동에게 읽힐 것을 목적으로 창작한 특수문학으로 동요, 동시, 동화, 아동소설, 아동극 등의 장르를 총칭한 명칭이라고 하였으며, 석원용(1982)은 아동문학이란 작가가 아동이나 동심의 고향으로 돌아가고 싶어 하는 어른에게 읽힐 것을 목적으로 창조한 시, 동화, 소설, 희곡 등이라고 정의하였다.

여러 학자의 아동문학에 대한 정의를 바탕으로 유아문학에 대한 정의를 내리면 다음과 같다. 유아문학은 아동문학 범주에 포함되어 있는 것으로 유아의 발달적 특성을 고려하여 음성 및 문자 언어와 시각적 언어까지 포함하여 보고 읽고 즐길 수 있는 작품이다.

2 문학교육의 목적

유아는 좋은 책을 통해 자아를 갖게 되고 주변세계에 대한 올바른 이해를 하며 현실세계를 좀 더 넓게 인식할 수 있는 태도와 기술을 갖추게 된다. 문학작품은 지식이나 정보를 제공함은 물론, 인간 삶에 대한 간접적인 경험을 통해 기쁨과 위안을 얻는 등 정서적 풍요로움을 느끼게 해 준다. 또한 다양한 문학작품을 통해 인간세계에 대한 이해와 미래에 대한 희망과 희로애락 그리고 권선징악을 알게 된다.

Whitehead(1994)는 문학교육의 목표는 문학에 대한 지식이나 기술을 형성하고 문학 작품에 대한 유아의 태도를 변화시키며 이해력을 증진시키는 데 있다고 보았다. 그리고 문학작품에 대해 또래와 의견을 나누는 기회를 가짐으로써 서로를 보다 잘 이해할 수 있게 된다고 하였다.

문학교육은 문학의 내용, 문학작품의 감상, 문학창작과 표현으로 나누어 볼 수 있는데, 유아교육기관에서는 감상과 표현활동에 중점을 두어 지도하고 있다. 즉, 문학 경험을 통해 문학을 감상하고 감상한 후의 느낌을 그림이나 동작, 동극 등으로 표현한다. 또 작가처럼 문자언어나 음성언어 등 다양한 방법으로 표현하는 활동을 강조하고 있다.

이춘희(2005)는 문학교육의 목적을 유아의 경험을 확산시켜 풍부하게 해 주며, 사고력과 창의력 발달을 돕는 것이라고 하였다. 또한 즐거움 속에서 세상을 이해하며 살아가도록 도움을 주고, 자기를 잘 표현할 수 있도록 해 주며, 이는 독서에 대한 좋은 태도와 언어 능력, 심미적 감상력 등을 기를 수 있도록 한다고 하였다. Cullinan과 Galda(2002)는 문학을 통해 즐거움과 정보, 언어 능력 발달, 긍정적인 독서 태도, 정서적 안정, 상상력, 심미적 감상력, 도덕적 기준과 태도를 기를 수 있다고 보았다.

이처럼 유아문학은 많은 교육적 목적과 가치를 가지고 있다. 재미있고 흥미로운 내용의 문학을 통해 바르게 독서하는 방법을 알고, 책 읽는 습관을 형성하는 것 또한 문학교육의 목적이다. 이를 통해 문해능력을 향상시키고, 우리 말의 아름다움을 느끼게 하며, 현실의 갈등 해결, 기본 욕구 충족, 상상력과 정서 발달을 돕는 것이 주된 목적이다.

3 문학교육의 내용 및 지도원리

1) 문학교육의 내용

누리과정의 영역 중 문학활동과 가장 밀접한 관련이 있는 것은 의사소통 영역과 예술경험 영역이라고 할 수 있다.

먼저, 문학과 관련 있는 예술경험 영역의 내용 범주를 보면 '아름다움 찾아보기', '창의적으로 표현하기', '예술 감상하기'로 나누어져 있다. 의사소통 영역의 내용 범주를 보면, '듣기와 말하기', '읽기와 '쓰기에 관심 가지기', '책과 이야기 즐기기'로 구성되어 있다. 세 가지 내용 범주 모두 문학 활동과 관련이 있다. 책을 통해 유아는 이야기를 바르게 듣고 이해할 수 있는 능력을 기르고, 글자와 친숙해지는 경험을 통해 자신의 생각과 느낌을 말이나 글로 표현하는 능력을 기를 수 있기 때문이다.

2) 문학교육의 지도원리

유아문학의 대표적 형식이라고 할 수 있는 그림책은 여러 활동과 교육내용을 위한 자료로 사용하는 경우가 많다. 그러나 그림책을 중심으로 다른 활동에 통합하여 적용한 것이 유아문학이라고 보기는 어렵다. 유아문학이 단순히 그림책만 사용하는 것은 아니기 때문이다. 따라서 유아문학의 고유한 성격과 교수방법을 찾아야 한다. 다양한 활동을 통해 문학작품에 대한 반응을 끌어낼 수 있는 교수방법은 다음과 같다(이은경, 2007).

① 유아의 개인차를 존중한다. 이는 개인차에 따라 작품에 대한 반응이 각기 다르다는 것을 나타내며, 교사는 이를 충분히 인식하여 유아 개개인의 반응을 존중해야 한다. 개인차에 따라 동일한 반응보다는 다양한 반응이 나올 수 있음을 인식해야 한다.

② 작품의 배경, 분위기, 전해지는 메시지, 등장인물의 성격 등에 대해 관심을 갖는다. 교사의 이런 관심은 유아의 관심을 유도할 수 있으며, 더 나아가 유아가 비판적인 안목을 기르는 데 도움이 된다.

③ 심미적인 반응을 이끌어 낼 수 있도록 한다. 문학작품을 읽고 심미적인 반응을 이끌어 내기만 하면 작품이 지닌 정보나 내용 그리고 감동 등에 대해 자신의 생각과 느낌을 자유롭게 표현할 수 있기 때문이다.

④ 창의적인 사고를 적극적으로 장려해야 한다. 작품 속에 있는 이야기의 전개양상을 다른 쪽으로 상상한다거나, 등장인물의 행동에 대해 다른 엉뚱한 행동으로 대치하거나, 혹은 중간의 이야기를 생략하면 어떤 이야기가 나올까 등의 질문을 통해 다양하고 엉뚱한 생각을 많이 할 수 있도록 기회를 제공해 준다. 이는 창의적 사고력을 증진시키는 데 도움이 된다.

⑤ 작품을 읽고 난 후 다양한 활동을 통해 문학작품에 대한 즐거움을 느낄 수 있도록 한다. 한 작품을 읽거나 듣고 난 후 극놀이로 구성해 보거나, 배경을 바꾸어 표현해 보거나, 등장인물의 행동이나 재미있었던 부분을 직접 행동으로 표현해 볼 수 있다. 또 신체적 표현으로 유도하는 활동을 하면 유아는 작품의 내용을 보다 더 잘 이해할 수 있으며, 생각에 따라 얼마든지 새롭고 다양한 형태의 창작품이 나올 수 있다는 것도 알 수 있게 된다. 이러한 과정에서 유아는 즐거움과 기쁨을 느끼게 된다.

⑥ 교사는 유아의 다양한 반응에 대해 열린 마음과 열린 사고를 가지고 있어야 한다. 편견과 고정관념에서 벗어나 자유롭고 창의적인 사고를 할 수 있도록 교사 자신이 먼저 마음가짐을 바르게 하고 개방된 사고를 가져야 한다.

⑦ 교사 자신이 먼저 문학작품에 흥미와 관심을 보여야 한다. 교사의 모든 행동은 유아가 무의식중에 학습할 수 있는 모방의 대상이기 때문에 작품을 대하는 교사의 자세부터 고치지 않으면 안 된다. 따라서 교사가 먼저 문학작품에 대한 흥미를 보이고 작품을 경험하고 난 후 유아 앞에서 자연스럽게 작품에 대한 반응을 보여 주도록 한다.

⑧ 풍요로운 문화적 환경을 만들어 주어야 한다. 교실 한쪽에 독서 코너를 마련해 놓고 다양한 종류의 책을 구비해 놓는다. 또한 문학적 반응을 이끌어 낼 수 있도록 녹음기, 테이프, 쓰기 활동 자료 등 다양한 자료를 준비해 놓아 물리적으로 책을 읽고 싶은 생각이 들 수 있도록 세심한 배려를 한다. 그리고 문학적 반응을 보인 자료 등을 교실의 환경 구성판에 비치할 수 있도록 한다. 교사는 유아의 다양한 문화적 반응을 함께 공유할 수 있도록 배려한다.

⑨ 소집단 활동을 장려하여 문학적 반응을 공동 작업할 수 있도록 한다. 예를 들어, 웹 구성을 한다거나 문학작품에 대한 반응을 친구들과 협동으로 이끌어 갈 수 있는 소집단 활동을 함으로써 유아는 사회적인 기술을 쌓게 되고, 서로에게 많은 것을 배울 수 있는 좋은 기회가 된다. 더불어 상대방의 생각을 존중하는 마음이 생기고 타인을 배려하는 마음도 생기게 된다.

4 유아문학의 종류

유아문학의 장르를 구분하는 기준은 여러 가지가 있다. 길이와 음률에 따라 산문과 운문으로 나누고, 시대와 저자의 유무에 따라 전승문학과 창작문학으로 나누기도 하며, 허구냐 사실이냐에 따라 환상적 동화와 사실적 동화로도 나눌 수 있다. 이 중에서 유아문학으로 주로 활용되는 동화, 동시, 동극의 내용을 살펴보고자 한다.

1) 동화

동화는 구전되어 온 전래동화와 작가가 창작한 창작동화로 나뉜다. 전래동화는 주로 신화, 전설, 우화, 민담(옛날이야기) 등을 말하며, 창작동화는 환상의 세계를 다룬 환상동화와 일상의 생활을 사실적으로 다룬 생활동화를 말한다.

(1) 전래동화

전래동화는 신화, 전설, 우화, 민담의 형태나 내용을 유아에게 맞게 개작 또는 재구성하거나 현대적 감각이나 기법으로 재현한 것이다. 따라서 국가나 민족의 생활, 문화, 풍속, 사상, 신앙과 정신이 담겨 있으며, 옛날부터 구전되어 온 구비문학의 한 형태다(이상현, 1987).

전래동화의 종류와 특징을 살펴보면 다음과 같다(강성화, 김경희, 2004).

① 전래동화의 종류

- **누적적 이야기**: 사건이 점진적으로 연이어 일어나며 행위는 반복과 반전을 계속하는 이야기로 '욕심 많은 할머니', '금도끼 은도끼' 등이 있다.
- **익살과 유머가 있는 이야기**: 바보나 못난이가 등장하는 우스꽝스럽고 엉뚱한 이야기를 담고 있다. 사회의 권위나 경직된 관념을 풍자함으로써 삶의 진실과 인간의 진실을 보여 준다. '게으름뱅이 잭', '나귀를 이고 가는 이야기' 등이 있다.
- **동물 이야기**: 의인화된 동물이 주인공으로 교훈적 암시가 있다. '브레멘의 음악대', '늑대와 7마리 아기염소', '아기돼지 삼형제' 등이 그 예다.
- **마술 이야기**: 요정이나 괴물, 도깨비, 마귀, 거인 등이 등장하여 마술적 힘을 통해 현실에서 얻지 못한 보상을 얻는 내용이 주를 이룬다. 카타르시스적 보상이 특징이며, '소가 된 게으름뱅이', '백설공주', '콩쥐팥쥐' 등이 있다.

② 전래동화의 특징

- 서두와 결말에 공통점이 있다. 대부분의 전래동화는 '옛날 옛날에'로 시작하여 '행복하게 살았습니다'로 결론을 맺는다는 특징이 있다.
- 시간과 공간을 초월한다. 전래동화의 시간은 옛날이며, 장소 역시 분명하지 않아 '어느 마을' '어느 숲 속에' 등으로 표현되거나 그 개념이 제시되지 않는다.
- 표현형식에서 대립법, 반복법, 소거법, 의인법 등을 많이 사용하며 직접화법을 쓴다. 또한 행동 중심의 서술이 많으며 인물, 정경, 심리 묘사는 적다.
- 등장인물의 행동이 시간적 순서에 따라 전개된다.
- 현실과 환상의 세계를 자유로이 왕래한다.
- 이야기가 짧고 구성이 간단하며 극적인 요소와 주제가 분명하다.
- 권선징악의 도덕관과 인과응보의 윤리관을 담고 있다.

(2) 창작동화

창작동화란 작가가 어떤 의도를 가지고 창작한 동화로 전래동화에 비해 지은이가 확실하게 있는 동화다. 창작동화에는 환상동화, 생활동화 등이 있다.

① 환상동화

환상동화는 현실과 다른 소재나 대상, 사건이 중심이 되는 초자연적이고 마술적인 요소가 강한 이야기다. 환상동화는 요술적 · 마술적 · 공상적이며 시간과 공간을 초월하는 경우가 많은데 이는 전래동화의 환상성에서 그 기원을 찾을 수 있다.

환상동화는 다음의 특징을 갖는다.

첫째, 시간과 공간을 초월하므로 마술적이고 공상적이며 초현실적이다.

둘째, 독창적인 표현과 내용이 담긴 독특한 사고와 상상력, 창의력이 있다.

셋째, 갈등과 문제 상황을 해결하는 등장인물이 유아의 물활론적인 사고, 실재론적인 사고, 인공론적인 사고에 부합되는 요소가 많다.

② 생활동화

유아의 일상적인 생활 경험을 소재로 사실적으로 쓴 동화가 생활동화다. 또래 유아나 어린이의 주변 생활 이야기를 다루므로 마치 자신의 이야기를 하는 것 같아 정서적 공감대가 형성되기 쉽다. 생활동화의 특징은 유아가 동화를 읽고 그 내용 안에서 자신의 모습을 비춰 볼 수 있는 거울 같은 기능을 한다는 점이다. 잘 쓰인 동화는 유아가 읽는 동안 '이건 내 이야기다', '나도 그렇게 느꼈어'라는 동일시가 이루어진다(Cullinan & Galda, 2002).

이러한 생활동화의 교육적 가치는 다음과 같다.

첫째, 작품에 대한 이해가 쉬워 주인공에 대한 동일시가 쉽다.

둘째, 일상생활에서의 문제해결과 현재의 고통을 치유하기도 한다.

셋째, 이야기의 주제나 소재가 유아들에게 친숙하여 사고를 보다 긍정적으로 이끌 수 있다.

2) 동 시

동시는 내용 면에서 동요와 비슷하나 동요가 가지고 있는 형식적인 틀에서 벗어나 자유로운 리듬과 운율을 가지고 있다. 또한 동시는 동심을 기본으로 유아의 마음과 생각을 자유롭게 함축된 언어로 표현한 것이다.

유아를 위한 동시의 선택 기준은 다음과 같다(Burke, 1990).

- 진실하고 솔직한 표현이 담겨 있는 동시
- 독창적인 내용과 정서적인 공감대를 형성할 수 있는 동시
- 리듬과 운율, 음악적 요소가 뚜렷한 동시
- 생동감 있는 움직임의 묘사와 간결한 심상이 있어 그림으로 표현하기 좋은 동시
- 재미있는 소리를 담고 있어 듣는 즐거움을 경험할 수 있는 동시
- 상상력을 자극하는 동시
- 유아에게 친숙한 소재를 다루고 있는 동시
- 전달하고자 하는 주제가 명확하게 담겨 있는 동시
- 교사가 읽어 보아도 재미있는 동시

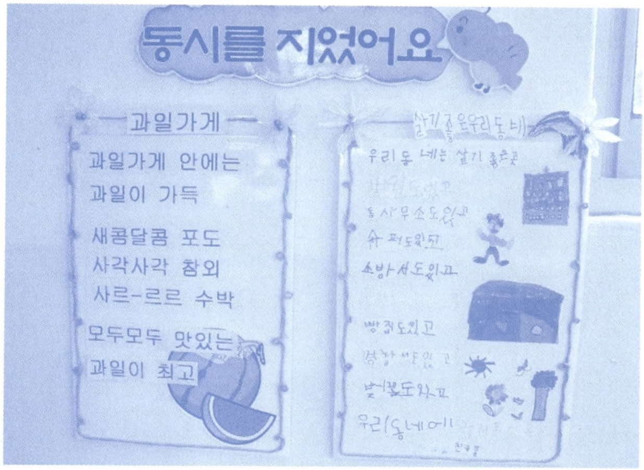

동시

동시를 지도할 때는 유아의 흥미를 자극하여 지속적인 관심을 끌도록 하는 것이 중요하다. 동시 지도 시의 고려해야 할 사항과 지도 방법은 다음과 같다(강성화, 김경희, 2004).

- 동시를 소개하는 기본 목적이 유아가 동시에 대해 흥미를 느끼고 시를 즐길 수 있는 안목을 길러 주는 데 있음을 기억해야 한다.
- 유아가 동시를 충분히 감상하고 즐길 수 있도록 시간과 자료를 충분히 제공한다.
- 동시는 소리 내어 읽거나 들으면서 즐기는 방법을 스스로 배워야 하므로 좋은 시 한두 편을 반복해서 들려준다.
- 유아의 발달 정도, 성격, 경험 여부, 흥미, 상황 등에 적합한 시를 선정한다.
- 암기는 자발적으로 이루어져야 하므로 암기할 것을 강요하지 않는다. 반복해서 듣고 낭송하는 과정에서 자연스럽게 암기된다.
- 시를 낭송할 때는 속도와 목소리의 높낮이, 크기 등을 조절하여 강조점이나 의미의 변화를 부각시킨다.

무엇보다도 동시를 잘 지도하기 위해서는 교사가 시를 좋아하고 즐길 줄 알아야 한다. 낭송을 하는 과정에서는 단어에 대한 의미 토론을 하지 않는 것이 좋으나 어휘의 뜻을 물어보면 짧게 그 뜻을 알려 준다. 낭송 후에는 유아들과 다 함께 말하는 과정을 통해 집단 속에서 안정감, 참여의식과 리듬감을 경험하게 하는 것이 좋다.

동시를 지도하는 과정은 다음과 같다.

- 동시와 동시의 내용을 상징하는 그림이 있는 4절 크기의 동시판을 보여 주며 동시를 읽어 준다.
- 유아들과 모두 함께 동시를 읽어 본다. 이때 동시 전체를 제창할 수도 있고, 후렴 부분을 제창할 수도 있다. 동시에 따라 대화식으로 읽을 수도 있고 한 부분을 유아에게 읽도록 할 수도 있다.
- 내용을 이야기해 본다.
- 반대 개념이나 유사 개념을 찾아본다.
- 동작으로 표현할 부분을 찾아본다.

3) 동극

동극은 유아가 문학작품을 경험하고 난 후 자신이 문학작품에 등장하는 인물이 되어 이야기를 재연해 보는 표현활동이다. 동극은 인간의 정서적 갈등구조를 가장 현실에 가깝게 재연하고 언어와 행위 등 예술적 소재를 동원하여 표현하므로 호소력이 크다. 문학작품을 읽고 극화하는 것은 유아에게 작품의 내용을 숙지하도록 하는 효과가 있으며, 등장인물이나 장면에 대한 이해를 깊게 하는 효과가 있다 (McLane & McNamee, 1990).

동극활동으로 연결하기 위해서 동화 내용을 개작하기도 한다. 유아와 동극하기에 적절한 이야기는 적당한 갈등 상황이 있고 사건이 풍부한 이야기다. 또한 유아가 이야기 속에서 다른 등장인물들과 구별할 수 있도록 성격 묘사가 잘 되어 있어야 하며, 유아가 동극을 잘 이끌어 갈 수 있도록 대화가 풍부하여야 한다. '아기돼지 삼형제', '콩쥐팥쥐', '해님과 달님', '도깨비 방망이' 등과 같은 전래동화는 유아가 반복하여 동극을 하여도 싫증 내지 않는 장르다(박화윤, 김영애, 이선원, 이희자, 안라리, 2002).

교사는 동극을 계획할 때 다음과 같은 일반적인 지도 방법을 활용해야 한다(이정환, 1997a).

- 동극 하기에 적당한 이야기나 동시를 선택한다. 선택한 후 교사는 이야기를 제시하기 전에 유아가 자유롭고 쉽게 이야기할 수 있도록 극화에 필요한 분위기를 만들어야 한다. 등장인물이 동물인 경우 교사가 동물의 행동을 무언극으로 하면 유아가 알아맞힐 수 있을 것이다.
- 이야기를 읽어 주거나 구연한다. 읽어 줄 때에는 유아가 이야기의 전체를 잘 이해할 수 있도록 플롯의 중요한 부분을 강조해야 한다.
- 이야기 속의 등장인물을 알아보고 극화에 필요한 장면을 생각하여 미리 분석해 놓을 수 있다.
- 극화의 처음 단계는 등장인물에 대한 토론부터 시작된다고 할 수 있다. 등장인물에 대해 토론하며 인물의 성격을 묘사하는 무언극을 할 수 있다. 등장인물이 어떻게 보이는지, 어떻게 행동하였는지, 어떤 생각을 하였는지에 대해 생각해 보게 하고 등장인물을 결정한다.
- 미술활동을 통해서 극화에 필요한 가면이나 소품, 배경 그림을 만들 수도 있다.
- 각자 자신의 역할에 따라 연기를 하고, 해설도 유아가 할 수 있다.
- 교사가 시작과 끝을 종소리나 다른 음악으로 알릴 수 있으며, 장면의 도입과 장면의 변화에 따라 설명해 줄 수 있다.
- 역할을 서로 바꾸어 극화하거나 새로운 대화를 추가 혹은 변경하여 동극을 해 보도록 격려한다.
- 동극에 대해 평가해 보도록 한다. 비평보다는 유아의 표현에 대해 격려를 하는 것이 적절하다.

5 문학교육 활동의 실제

<table>
<tr><td rowspan="3">활동명:
나의
사랑
나무</td><td>활동목표
• 생각이나 느낌을 시로 표현할 수 있다.
• 자신이 쓴 시를 낭송할 수 있다.</td></tr>
<tr><td>활동자료
• 종이, 연필, 사인펜, 색연필, 크레파스, 나무 관련 그림 자료</td></tr>
<tr><td>교육과정 관련 요소
• 의사소통 – 책과 이야기 즐기기 : 동화, 동시에서 말의 재미를 느낀다.</td></tr>
<tr><td colspan="2">
</td></tr>
<tr><td>활 동
방 법</td><td>도 입〉
• 좋아하는 나무에 대해 이야기한다.
– 어떤 나무를 좋아하니? 왜 좋아하니? / 그 나무가 어떻게 생겼는지 말해 줄 수 있겠니?
– 그 나무는 주로 어디에서 볼 수 있겠니?
• 그림 자료를 보면서 이야기한다.
– 이 나무의 이름은 무엇일까? / 이 나무에는 꽃이 핀단다. 언제 필까?
〈전 개〉
• 동시 짓는 방법에 대해 이야기한다.
– 동시는 어떻게 지어야 할까? / 나무의 모습을 상상해 볼까?
– 나무를 표현할 수 있는 재미있는 말에는 어떤 것이 있을까?
– 나무에게 해 주고 싶은 말은?
• 동시를 짓는다. / 동시를 적고 종이를 예쁘게 꾸민다.
〈종 결〉
• 지은 시를 낭송한다.
–친구들이 지은 시를 감상하니 어떠니? / 시를 지어 보니 어떤 느낌이 들었니?</td></tr>
<tr><td>평 가</td><td>• 생각이나 느낌을 시로 표현할 수 있었는가?
• 자신이 쓴 시를 낭송할 수 있었는가?</td></tr>
</table>

활동명: 뒷이야기 만들기	**활동목표** • 작가의 사고과정을 경험한다. • 동화를 듣고 느낌과 생각을 말로 표현할 수 있다.
	활동자료 • 동화책(『커다란 무』), 종이, 연필, 사인펜, 색연필, 크레파스 등
	교육과정 관련 요소 • 의사소통 – 듣기와 말하기 : 말이나 이야기를 관심 있게 듣는다. – 책과 이야기 즐기기 : 동화, 동시에서 말의 재미를 느낀다.

활동 방법	〈도 입〉 • 동화책에 대해 탐색한다. –(동화책 겉표지를 보여 주며) 어떤 내용일 것 같니? –동화책 페이지를 넘기면서 그림만 보여 준다. –오늘 들려줄 동화는 『커다란 무』란다. • 동화책을 읽어 준다. 〈전 개〉 • 동화를 듣고 난 후의 느낌에 대해 이야기한다. –동화를 듣고 어떤 느낌(생각)이 드니? / 커다란 무를 혼자 뽑을 수는 없었을까? –동화 속에 누가 나왔니? 제일 처음 나온 사람은? –몇 명이 모여 커다란 무를 뽑았니? • 소집단으로 나누어 뒷이야기 꾸미기를 한다. –이 다음에 어떤 일이 일어날까? / 무슨 일이 일어날지 생각해 볼까? • 동화의 전체적인 줄거리를 들려준다. 〈종 결〉 • 각자 집단에서 꾸민 뒷이야기를 발표한다. –다른 친구들이 지어낸 이야기와 어떻게 다른지 비교해 볼까? –다른 친구들이 지은 부분과 어떻게 달랐니?
평 가	• 작가의 사고과정을 경험할 수 있었는가? • 동화를 듣고 느낌과 생각을 말로 표현할 수 있었는가?

<table>
<tr><td rowspan="3">활동명:
동극
하기</td><td>활동목표
• 동화 내용을 이해하고 자신의 역할을 적절한 언어와 행동으로 표현한다.
• 동극을 바른 태도로 관람한다.</td></tr>
<tr><td>활동자료
• 동화책(『사과가 쿵』), 동극 내용에 필요한 소품들(등장인물 머리띠 등)</td></tr>
<tr><td>교육과정 관련 요소
• 의사소통–듣기와 말하기 : 말이나 이야기를 관심 있게 듣는다.</td></tr>
<tr><td colspan="2">
</td></tr>
<tr><td>활 동
방 법</td><td>〈도 입〉
• 동화 내용을 들려주고 동화 내용을 회상해 본다.
–어떤 내용일 것 같니? 누가 나올까? / (동화를 듣고 난 후)누가 나왔었니?
–등장인물을 순서대로 말해볼 수 있겠니?
〈전 개〉
• 동극을 하기 위한 방법과 준비에 대해 이야기 나눈다.
–『사과가 쿵』으로 동극을 하려면 무엇이 필요할까?
–○○는 어떻게 만들면 좋을까? / 무대는 어느 쪽으로 할까?
• 배역을 정한다.
–○○ 역할은 누가 하면 좋을까? / ○○는 누가 하고 싶니?
• 배역을 맡은 유아들은 앞에 나와서 자기소개를 하고 동극을 시작한다.
• 해설은 교사가 하며 유아가 대사를 기억하지 못할 때 도와준다.
〈종 결〉
• 동극을 하고 난 느낌에 대해 이야기 나눈다.
–동극을 하고 난 느낌이 어떠니? / 친구들이 한 동극을 보니 어떠니?
–어떤 점이 가장 재미있었니? 어떻게 하면 더 재미있는 동극을 할 수 있을까?
• 역할을 바꾸어 동극을 다시 해볼 수 있다. / 동극이 끝나면 무대를 정리한다.</td></tr>
<tr><td>평 가</td><td>• 동화 내용을 이해하고 자신의 역할을 적절한 언어와 행동으로 표현할 수 있었는가?
• 동극을 바른 태도로 관람할 수 있었는가?</td></tr>
</table>

제13장 수·과학교육

우리들의 작은 메아리

내 나이는 스물한 살, 짧지만 스무 살, 스물한 살에 내 인생의 길을 조심스레 열어 놓은 등불이 바로 유아교육과라는 대학 문에서다. 유치원 교사라는 직업을 분명하게 해 준 것도 있지만 내 인생에서 추구해 갈 가치와 목표를 밝혀 준 등불이다. 사실, 유아교육과에 처음부터 큰 꿈을 가지고 들어오게 된 것은 아니었다. 사람의 마음가짐에 따라 모든 만사가 결정되고 해결되듯이 처음에는 혼란에 빠져 힘들기만 하였다. 공부에 대한 흥미와 의지 부족으로 과를 잘못 선택한 것이 아닌가 하는 생각도 했다. 유아교육과에 대해 잘못 알고 있던 지식으로 학교생활에 적응하지 못했었다. 아니 하지 않으려고 한 것은 아닌가 하는 생각이 든다.

내가 지금 왜 이러고 있는 것일까, 내가 하고 있는 공부가 정말 나에게 맞는 것인가? '하기 싫다, 하기 싫다.' 외치고 있던 부끄러운 내 모습에 슬프고 괴로워서 울고, 나는 스스로를 망치고 있었다. 그러나 다행스럽게도 나는 유아교육과에 걸맞게 나 자신을 바꾸어 나가려고 노력을 하게 되었다. 적지 않은 상처들이 따뜻한 친구들로 인해 치유되고 덮어지면서 많이 좋아졌다. 그들은 이제 나에게 정말 소중한 친구가 되었고, 내가 진정으로 숨을 쉬며 살아가도록 해 주는 산소 같은 존재들이다. 무엇과도 바꾸지 못할 나의 소중한 보물을 갖게 해 주었고, 살아가면서 대인관계에서 중요한 것이 있다는 것을 깨닫게 해 주었다. 사랑하는 마음으로 먼저 그들에게 다가가 말 한 마디 더, 미소 한 번 더 지을 수 있는 것도 내가 배운 것들이다.

시간과 함께 유유히 흘러온 듯하지만 탈도 많고 말도 많았던 학교생활 속에서 내가 배우게 된 여러 가지 공부들은 어떤 것과도 바꾸지 못할 만큼 소중한 나의 재산이 되었다. 중요한 시기에 있는 우리 아이들에게 보다 넘치는 사랑과 책임감, 성실함으로 멋진 유치원 교사가 될 수 있도록 노력할 것이다.

내 인생에 불을 밝힌 유아교육과! 사랑합니다.

1 수·과학교육의 정의

1990년대 이전까지는 수학과 과학에 관련된 내용이 유아에게는 어렵다는 인식 때문에 중요하게 다뤄지지 않았다. 그러나 21세기는 과학과 기술이 급속히 발전하면서 수학과 과학에 대한 이해능력과 활용능력인 수학적 소양(mathematical literacy)과 과학적 소양(scientific literacy)의 여부가 인간 삶의 질을 결정한다고 보고 있다(Berlin & Lee, 2005; NCTM, 2000).

따라서 오늘날은 수학과 과학에 관련된 직업을 가진 사람들뿐만 아니라 모든 사람을 위한 수학적 소양과 과학적 소양을 길러 줄 수 있는 교육이 실시되어야 함을 강조하고 있다.

1) 수학교육의 정의

수는 인류의 역사와 함께 시작되었다고 할 만큼 오래되었다. 인류가 언제부터 수를 사용해 왔는지는 확실하지 않지만, 수의 기원이 아주 오래된 것만은 틀림없다. 원시 공동 사회인 수렵시대부터 수를 사용해 왔다고 볼 수 있다. 원시 공동 사회에서 나무 열매와 사냥감을 분배하기 위하여 셈하기를 시작하였는지도 모른다. 이렇게 시작된 수학은 지금 우리의 일상에서 밀접하게 연관되어 존재하고 있다.

수학이란 일상생활 속에서 규칙성을 지각하고 자료를 이해하며 올바른 판단과 행동을 하게 하는 것으로 단순한 계산 기술뿐만 아니라 인간의 경험을 조직하고 주변세계를 다루기 위한 방법까지 포함된 것이다(Shaw & Blake, 1998). 또 유아의 발달 수준을 고려하여 수학의 기초 개념을 학습하도록 하며, 일상생활 속에서 발생하는 문제를 수학적 과정을 통해 해결할 수 있도록 도와주는 것이 수학교육이라고 보았다(문연심, 이화영, 2005).

이경우(1991)는 유아수학교육이란 유아가 수학의 기본적인 개념을 학습하도록 하는 것이며, 이를 위해 교육학과 심리학에서 교수방법을 적용하는 분야라고 정의

하였다. 권영례(1997)는 유아수학교육은 유아의 발달 수준을 고려하여 수학의 기초 원리와 개념을 학습하도록 돕고, 수학적 기능을 통해 문제를 해결해 나가도록 배려하고 권장하는 환경을 구성하는 일이라고 정의하였다. 또한 박홍자(2002)는 유아수학교육을 유아가 수학의 기본적인 원리와 개념을 학습하도록 유아의 발달 수준에 적합한 교수방법을 통해서 도와주며, 유아가 생활 주변의 문제를 해결하는 데 습득한 수학적 지식과 기술을 사용하도록 돕는 것이라고 정의하였다.

수학교육에 대한 이러한 정의를 바탕으로 종합해 보면, 유아수학교육은 일상생활에서 다양한 활동을 통해 수학의 기초 개념과 원리를 습득하여 문제해결 능력과 논리 수학적 사고력을 길러 주기 위한 것이다.

2) 과학교육의 정의

최근에는 한 국가의 국력과 국제적인 지위를 과학기술 문명의 발전을 중심으로 결정하기도 한다. 이는 과학이 그만큼 중요하고 선도적인 역할을 한다는 것을 의미한다. 이러한 인식 때문에 대부분의 국가에서 기초과학기술 분야에 집중적이고 혁신적인 투자를 아끼지 않고 있다. 미국과학진흥위원회(American Association for the Advancement of Science)에서 주도하는 '프로젝트 2061'은 모든 국민이 과학을 이해하고 실생활에 응용할 수 있는 능력을 갖추는 것이 목표인데, 이는 21세기 과학교육의 나가야 할 방향을 제시해 주고 있다(유민임, 2002).

유아기부터 과학에 대한 관심을 가질 수 있도록 과학적 소양을 기르는 교육을 한다. 유아는 생득적으로 지적 호기심을 가지고 태어나기 때문에 유아기의 이러한 교육은 효과가 높다. 유아는 자신이 가지고 있는 호기심과 의문, 또 자신의 생각을 실험에 옮김으로써 주변세계를 탐구해 나가는 과학자와 같은 특성을 지녔다. '과학(science)'이란 '안다(to know)'를 뜻하는, 즉 '지식(scientia)'과 '알기를 원하다(scire)'라는 라틴어에서 유래된 것이다(Harlan & Rivkin, 2004).

Spodeck(1991)은 물리적 세계에 대한 지식 체계가 과학이므로 과학교육은 유용한 과학적 사실을 모아서 지식을 일반화하고 입증하는 방법이라고 하였다.

Holt(1993)는 유아가 계속적으로 의문을 가지고 알아내려고 시도하는 과정, 즉 생각하고 행하는 두 요인을 결합시켜 나가는 것이 과학이라고 하였다.

또한 『교육학용어사전』(1994)에서 과학교육은 자연현상을 과학적으로 관찰 · 처리하여 얻은 원리와 법칙을 이해함으로써 일상생활과 행동을 바람직한 방향으로 변화시키기를 기대하는 교육이라고 정의하고 있다.

결론적으로, 과학은 사실에 대한 단순한 지식뿐만 아니라 과학하는 태도(attitude), 과학하는 기술(skill), 과학적 지식(knowledge)까지 포함된 과정이다. 과학교육은 과학에 대한 앎과 행함 그리고 과정과 결과가 결합될 수 있는 과학적 소양을 기르는 것이다.

2 수·과학교육의 목적

누리과정에서 수 · 과학교육은 자연탐구 영역에 포함되어 있다. 자연탐구 영역은 인간이 자연과 더불어 조화로운 삶을 살아갈 수 있도록 유아기부터 자연을 존중하는 마음을 바탕으로 창의적으로 사고하고 탐구하며, 일상의 여러 문제를 논리적으로 해결할 수 있는 수학적 · 과학적 기초 소양을 기르기 위한 영역이다.

누리과정 자연탐구 영역의 목표는 탐구하는 과정을 즐기고, 자연과 더불어 살아가는 태도를 기르는 것이다. 그에 따른 하위 목표는 다음과 같다.

첫째, 일상에서 호기심을 가지고 탐구하는 과정을 즐긴다.
둘째, 생활 속의 문제를 수학적, 과학적으로 탐구한다.
셋째, 생명과 자연을 존중한다(교육부, 보건복지부, 2019).

수학과 과학교육의 목적을 좀 더 구체적으로 살펴보면 다음과 같다.

1) 수학교육의 목적

수학교육의 기본 목적은 유아가 일상생활에서 경험하는 여러 가지 사물과 사건을 직접 분류해 보고, 비교해 보며, 관계를 찾아보는 등의 구체적인 조작활동을 통하여 수학적인 기초 능력과 태도를 기르는 것이다. 다시 말해, 유아를 위한 수학교육은 연습지를 사용한 기계적인 반복 연습에서 탈피하여, 실생활에서 접할 수 있는 다양하고 구체적이며 조작적인 경험을 통해 수학적 사고와 수학적 소양을 갖추도록 돕는 것이다.

미국수학교사협회(National Council for Teachers of Mathematics: NCTM, 1989)에서는 수학교육의 목적을 다음과 같이 제시하였다.

첫째, 유아는 수학의 가치를 이해할 수 있어야 한다.

둘째, 자신의 수학학습 능력에 대해 확신을 가져야 한다.

셋째, 수학적 문제해결자가 되어야 한다.

넷째, 수학적으로 의사소통하는 것을 배워야 한다.

다섯째, 수학적으로 추론하는 것을 배워야 한다.

한편, 이경우(1991)는 유아수학교육의 목적을 다음과 같이 제시하였다.

첫째, 수학적 문제해결력과 탐구력, 추리적인 사고 능력은 물론 수학적 지식과 기술을 습득하게 한다.

둘째, 수학에 대한 긍정적 태도는 물론 수학학습에 대한 가치를 인식하게 한다.

이상의 내용을 바탕으로 수학교육의 목표를 정리해 보면 다음과 같다.

첫째, 일상생활에서 필요한 수학적 문제해결력을 기른다.

둘째, 유아 자신에게 의미 있는 수학적 경험으로 수학학습의 유용성과 가치를 인식하도록 한다.

셋째, 수학적 사고를 통해 탐구력, 추리력, 논리 · 수학적 사고력을 기른다.

넷째, 컴퓨터와 계산기의 활용에 대한 기능을 습득하도록 한다.

2) 과학교육의 목적

과학교육의 목적 및 목표는 유아가 주위의 사물이나 현상을 궁금해하고, 관찰하며, 변화과정을 살펴보는 탐구활동에 능동적으로 참여함으로써 탐구의 결과보다 과정 자체를 중요시하는 과학적 탐구 능력을 기르기 위한 것이다. 나아가서 유아 주변에서 일어나는 새로운 사물이나 사건에 대한 관심, 모든 생명체에 대한 인식과 존중, 환경의 아름다움과 질서감 인식, 미래사회의 변화에 대한 예측 등 유아가 과학적이고 합리적으로 생활하는 인간으로 성장할 수 있는 기초를 다지도록 돕는 데 그 목적이 있다. 이러한 과학적 소양의 기초를 형성하기 위한 과학교육의 목표를 살펴보면 다음과 같다(황의명, 조형숙, 2003).

첫째, 일상생활 속에서 접하는 사물과 현상에 대해 호기심을 갖도록 한다.

둘째, 주변에 대해 의문을 갖고 적극적으로 탐구하기 위한 과학적 태도를 기른다. 과학적 태도란 끊임없이 문제를 제기하고 찾으려는 회의적인 태도, 실패를 긍정적으로 극복하려는 융통성과 개방적인 태도 등을 의미한다.

셋째, 생활에서 활용하고 있는 간단한 과학적 도구 및 기계에 관심을 갖고 기능을 이해하도록 돕는다.

넷째, 과학적 과정 기술을 증진한다. 과학적 과정 기술이란 과학적 탐구의 수행을 위해 필요한 탐구 기능을 말한다. 관찰하기, 분류하기, 측정하기, 예측하기, 의사소통하기, 가설을 설정하기, 실험하기, 창안하기(새로운 아이디어 구성, 문제해결, 만들기 등) 등이 과학적 과정 기술의 요소들이다.

다섯째, 유아의 생활 및 경험과 관련된 과학적 지식을 습득한다.

여섯째, 자연에 대한 체험을 통해 중요성을 인식한다.

일곱째, 창의적이고 비판적인 사고력을 기른다.

3 수·과학교육의 내용 및 지도원리

수 · 과학교육은 자연탐구 영역에 잘 나타나 있다. 자연탐구는 사물과 자연환경에 대하여 지속적으로 궁금함을 알아 가는 태도를 기본으로 하여 수학, 과학의 다양한 탐구 과정에 관심과 흥미를 갖도록 하는 영역이다. 자연탐구 영역의 내용 범주는 '탐구과정 즐기기', '생활 속에서 탐구하기', '자연과 더불어 살기'로 되어 있다.

1) 수학교육의 내용 및 지도원리

(1) 수학교육의 내용

유아수학교육의 내용은 인지적으로 전 조작적 사고 발달 단계에 있음을 고려하여야 한다. 그러므로 구체적이고 실제적인 상황을 경험할 수 있는 것이 중요하다. 과거에는 수를 읽고 쓰는 기능, 수의 계산 등 비교적 간단한 내용이었으나 오늘날에는 측정, 공간과 기하, 어림셈, 통계 등 폭넓은 내용이 포함되어 있다. 전미유아교육협회와 미국수학교사협회(NAEYC & NCTM, 2002)는 3~6세의 유아를 대상으로 적용할 수 있는 유아수학교육 내용을 수와 연산(Number and Operations), 기하와 공간(Geometry and Spatial), 측정(Measurement), 패턴과 대수(Pattern and Algebra), 자료의 조직과 분석(Displaying and Analyzing data)의 다섯 가지로 제시하였다.

우리나라의 경우 자연탐구 영역 중 수학교육과 관련되는 것은 '탐구과정 즐기기', '생활 속에서 탐구하기', '자연과 더불어 살기'의 세 가지 범주가 모두 해당되지만 그 중에서 밀접한 관련이 있는 '생활 속에서 탐구하기'의 내용 범주에서 해당 되는 내용을 볼 수 있다(교육과학기술부, 보건복지부, 2013, 교육부, 보건복지부, 2019).

① 물체를 세어 수량을 알아본다.

유아가 생활 속에서 다양하게 수를 경험하면서 수에 대한 이해를 발달시키고, 기초적인 수와 연산의 개념을 형성하는 내용이다. 유아가 수와 연산에 대한 기초 개념을 형성하기 위해서는 생활 속에서 사용되는 수의 여러 가지 의미를 아는 것에서부터 시작하여 수가 수량의 관계를 나타내기 위해 사용된다는 것을 이해해야 한다. 만 5세 유아는 스무 개 가량의 구체물을 셀 수 있게 되고, 구체물을 가지고 더하고 빼는 경험을 하면서 수와 연산에 대한 기초개념을 형성한다.

생활 속에서 수는 전화번호나 버스 번호 등과 같이 무엇인가를 지칭하기 위해서도 사용된다. 유아가 가지고 있는 장난감의 개수 알아보기, 게임 순서 정하기, 생일 케이크에 자신의 나이만큼 초를 꽂아 보기, 유아의 수를 세어 보기 등은 일상생활 속에서 수 세기, 순서 짓기, 명명하기 등을 위해 수가 사용된다는 것을 경험할 수 있도록 해 준다.

② 물체의 위치와 방향, 모양을 알고 구별한다.

공간 안에서 자신의 위치를 파악하고 주변 물체들의 형태를 변별하면서 자신을 둘러싼 주변 환경을 이해하기 시작하며, 시각적 · 촉각적 탐색을 통해 공간과 도형에 대한 초보적인 이해를 발달시키는 내용이다. 유아가 공간과 도형의 기초 개념을 형성하기 위해서는 자신이나 물체의 위치와 방향을 인식하고 여러 가지 방법으로 나타내 보아야 한다. 자신을 중심으로 방향과 위치, 거리에 대해 지각하고 탐색하면서 점차 공간 내에서의 물체의 위치, 방향, 거리를 인식하고 설명할 수 있게 된다. 또한 다양한 기본 입체 및 평면 도형의 특징을 알고 공통점과 차이점을 구별할 수 있도록 하고, 기본 도형을 합하거나 나누어서 여러 가지 모양을 구성해 보도록 한다.

③ 일상에서 길이, 무게 등의 속성을 비교한다.

유아가 일상생활에서 측정 가능한 속성에 따라 사물이나 상황을 비교하고, 순서를 지어 보며, 임의 측정 단위를 이용할 수 있도록 하는 내용이다. 측정은 길이,

크기, 무게, 들이, 시간 등의 속성을 비교하고 순서 짓는 것에서 시작하여 더 나아가 사물이 지닌 속성의 크기를 기준량(단위)을 정하여 수치로 나타내는 것이다. 이러한 기초적인 측정하기를 통해 유아는 스스로 탐색한 환경에 순서와 질서를 세워 간다.

유아는 자신의 키를 재어 보거나, 친구와 손바닥을 맞대며 크기를 비교해 보거나, 쌓기 영역에서 성을 쌓으며 누구의 성이 더 높은지 재어 보는 등 일상생활에서 자연스럽게 측정을 경험하게 된다. 유아는 주변 물체의 측정 가능한 속성을 탐색해 보는 과정에서 '무엇을 측정하는가'를 이해하게 된다.

측정은 물체를 비교하고 순서 짓는 것에서 그치지 않고 비교한 차이가 어느 정도의 크기인가를 알고자 할 때 이루어진다. 유아의 측정 활동은 뼘, 발걸음과 같은 신체를 측정 단위로 사용하는 것에서 점차 블록, 연필과 같은 임의 단위를 사용한다. 측정하기를 할 때 초기에는 임의 단위나 도구를 사용하는 것이 바람직하다. 또한 유아는 임의 단위를 사용하는 데에서 느끼는 한계점을 인식하면서 표준 단위의 필요성을 경험할 수 있게 된다. 표준 단위에 대한 경험은 자신의 키나 몸무게, 신발 치수와 같이 일상적이며 친숙한 측정을 경험할 때는 일상적으로 표준 단위를 사용하는 경우가 많으므로 측정 개념과 기술의 발달을 도울 수도 있다. 그러나 표준 단위의 필요성과 재어 보는 경험 자체로도 충분하며, 수치를 비교하고 이해하는 수준까지는 유아기에 적절하지 않을 수 있음을 유의해야 한다(교육과학기술부, 2008c).

④ 주변에서 반복되는 규칙을 찾는다.

유아가 사물이나 사건의 양상이 일정한 순서로 반복 배열됨을 이해하는 것을 뜻한다. 유아는 타일이나 벽지의 무늬, 포장지의 그림, 교통 신호등 등에서 반복되는 규칙을 발견한다. 또한 유아는 밤과 낮, 요일, 사계절, 유치원의 하루 일과 같은 변화에서도 규칙성을 인식한다. 그뿐만 아니라 유아가 규칙성을 이해한다는 것은 사물의 관계를 파악하고 숨은 질서와 규칙을 발견하여 그다음 상황을 예측할 수 있음을 뜻한다. 예를 들면, 보도블록의 반복적인 무늬, 그릇에 그려진 꽃무늬 그림, 옷에 그려진 무늬, 유치원의 하루 일과, 낮과 밤의 변화 등이다.

⑤ 일상에서 모은 자료를 기준에 따라 분류한다.

일상생활에서 탐구하고자 하는 문제를 해결하기 위해 필요한 자료를 모으고, 정리하며, 결과를 나타내고, 해석하는 여러 과정을 포함한다. 이는 유아 수준의 기초 통계와 관련된 부분으로 초등학교 교육과정에서는 '확률과 통계'로 표현된다. '기초적인 자료 수집와 결과 나타내기'는 분류하기, 순서 짓기, 부분과 전체, 수의 이해, 측정 등의 여러 가지 수학적 개념을 기초로 한다. 유아는 기초적인 자료 수집과 결과 나타내기 과정을 통해 수집한 자료의 결과에 기초하여 탐구하려는 문제의 특성과 경향을 파악할 수 있고, 그를 토대로 앞으로의 일을 예측할 수 있는 능력을 기르게 된다.

(2) 수학교육의 지도원리

유아 발달에 적합한 수학교육을 한다는 것은 유아가 이해할 수 있는 내용과 형태로 접근한다는 것이다. 유아가 어떻게 사고하고 이해하는지에 대한 과정을 알고 수학활동이 잘 이루어질 수 있도록 격려해 주어야 한다.

유아수학교육을 위한 여러 학자(교육부, 1998; 윤애희, 김온기, 이혜경, 2002; Copley, 2000; Kamii & DeVries, 1982)의 지도원리를 토대로 정리해 보면 다음과 같다.

첫째, 유아의 개인차를 고려하여 수학적 경험을 계획해야 하며, 이를 위하여 교사는 풍부한 지식을 가지고 있어야 한다.

둘째, 수학적 사실이나 현상과 관련된 정보, 지식 그리고 개념을 학습하는 데 중점을 두기보다는 그 결과에 도달하기까지의 사고과정이나 탐구과정에 중점을 두어야 한다.

셋째, 유아에게 유용하고 의미가 있다고 판단될 때 수학활동으로 연결한다. 따라서 교사는 수학활동이 효율적으로 이루어지도록 하기 위해 개입하거나 중재해야 할 시점을 잘 파악하고 실천해야 한다.

넷째, 수학활동 이외의 영역에서도 수학학습에 대한 가치를 알고, 친밀감을 증진시킬 수 있도록 한다. 따라서 일상생활의 경험을 통한 비형식적인 방법으로의 학습 기회도 제공한다.

유아는 수학활동을 통해 몇 가지 형태의 지식을 획득한다. Piaget는 이러한 지식 유형을 크게 세 가지로 나누었다. 지식의 근원과 구조에 따라 물리적 지식(physical knowledge), 논리 · 수학적 지식(logic-mathematical knowledge), 사회적 지식(social knowledge)으로 구분하였다(Kamii, 1982).

① 물리적 지식

물리적 지식은 물리적 대상들로부터 얻어지는 지식으로서, 대상이나 사건의 속성 및 특징 등을 아는 것으로 사물의 외형에 관한 지식이다. 다시 말하면, 유아가 어떤 대상이나 사물을 직접 경험하면서 그 대상이나 사물의 속성 및 특성을 알게 되는 것을 말한다. 예를 들면, 유아가 자유선택활동 시간에 쌓기 영역에서 블록으로 구조물을 만들어 자동차 놀이를 할 때 '이 자동차는 노란색이다.', '이 자동차는 파란색이다.'라는 것을 관찰을 통해 알 수 있는데, 이러한 것을 물리적 지식이라 할 수 있다.

② 논리·수학적 지식

논리 · 수학적 지식은 활동들 간의 관계를 파악하는 인지과정을 말한다. 즉, 주체와 객체 간의 관계를 다루고 있는 것으로 대상들이나 사물들 간의 관계성을 이해하는 것을 의미한다. 예를 들면, '자동차의 노란색과 파란색은 다르다.'라고 할 때 '서로 다르다'는 것은 물체와 물체인 노란색과 파란색 자동차 간의 관계를 유아가 머릿속에서 만들어 낸 것이다. 모양과 크기에서는 '서로 같다' 혹은 '서로 다르다'라는 관계성을 찾아낼 수도 있다. 이러한 것은 유아가 보는 관점에 따라서 서로 같을 수도, 서로 다를 수도 있기 때문이다.

③ 사회적 지식

사회적 지식은 지식의 근원이 유아 외부에 있다. 이 지식은 성인이나 교사의 직접적인 가르침과 사회적 전달에 의해 얻어지는 지식으로 사람들 간에 임의적으로 이루어진 약속을 의미한다. 이 지식의 대부분은 사회적 관습과 양식, 문화 등으로부터 유래되는 지식으로 어휘, 행위적 규범, 게임규칙, 도덕 등을 들 수 있다. 예를 들면, 자동차를 자동차라고 부르는 것은 사회적 약속이다. 다른 예로 음력으로 1월 1일을 설날이라고 정해 놓은 것이나 개천절, 어린이날 등의 공휴일에 대한 약속들은 우리 사회 구성원들이라면 누구나 알고 그렇게 행하는 사회적 약속(지식)인 것이다.

2) 과학교육의 내용 및 지도원리

(1) 과학교육의 내용

대부분의 사람들은 과학이 실험실에서 하는 것이며 일상생활과의 밀접한 관련이 없다는 잘못된 고정관념을 가지고 있다. 과학은 과학자들만의 전유물이 아니라 생활 주변에서 적용할 수 있는 것이다. Harlan과 Rivkin(2004)은 유아 과학교육의 내용을 식물, 동물, 우리의 몸, 공기, 물, 날씨와 계절, 돌과 무기질, 자석, 중력의 효과, 간단한 기계, 소리, 빛, 전기로 나누었다. 미국국가과학교육기준(National Science Education Standards: NSES)에서는 과학교육의 내용을 과학적 탐구를 실행하고 이행하는 능력 개발, 기본적인 물리과학적 개념 이해, 기본적인 생명과학적 개념 이해, 기본적인 과학과 기술개념을 이해하는 내용의 다섯 가지를 제시하였다(전경원, 1999).

자연탐구 영역 중 과학교육과 관련되는 것은 '탐구과정 즐기기', '생활 속에서 탐구하기', '자연과 더불어 살기'의 세 가지 범주가 모두 해당되지만 그 중에서 밀접한 관련이 있는 '생활 속에서 탐구하기'와 '자연과 더불어 살기'의 내용 범주에서 해당 되는 내용을 볼 수 있다(교육과학기술부, 보건복지부, 2013, 교육부, 보건복지부, 2019).

① 물체의 특성과 변화를 여러 가지 방법으로 탐색한다.

유아가 과학적인 탐구를 하기 위해 먼저 연구의 대상이 되는 물체와 물질의 가장 기본적인 속성을 파악하고자 하는 태도와 방법을 갖추게 하는 내용이다. 유아는 일상생활에서 여러 가지 물체와 물질을 접하면서 오감을 통해 기본적인 속성을 인식할 뿐만 아니라 이를 언어적 · 행동적으로 표현하려 한다. 그뿐만 아니라 유아는 자신에게 익숙한 물체와 물질을 다양한 방법으로 변화시켜 봄으로써 물체와 물질의 속성을 보다 적극적인 방식으로 탐색하게 된다.

예를 들면, 처음에는 '빨간 모자', '커다란 공', '차가운 물'과 같이 물체와 물질의 두드러진 속성에 주목하지만, 점차 '까칠까칠한 잎사귀', '매끄러운 자갈들', '끈적끈적한 반죽' 등과 같이 보다 다양한 다른 세부 특성에도 관심을 가질 수 있도록 격려한다.

② 도구와 기계에 대해 관심을 가진다.

유아가 생활 속에서 간단한 도구와 기계를 활용하면서 도구와 기계의 발전으로 인한 편리성뿐만 아니라 역기능에 대해서도 관심을 가지게 하는 내용이다. 유아는 주변에서 익숙한 도구와 기계뿐만 아니라 다양한 공학기술을 접하고 있으며, 앞으로 더 많은 첨단 과학기술의 도움을 받으며 살아가게 될 것이다. 따라서 유아기부터 생활 속에서 과학과 공학 기술을 올바로 활용하는 것에 익숙해질 필요가 있다.

이러한 경험은 유아가 관심을 가지고 있는 도구와 놀잇감을 여러 가지 방법으로 활용해 보고 만들어 보며 적용해 보는 과정에서 시작될 수 있다. 따라서 생활 속에서 간단한 도구와 기계를 직접 활용해 보는 경험을 제공해 주어야 한다.

③ 생명과 자연환경을 소중히 여긴다.

유아가 관심 있는 동식물의 성장 및 생태 환경이나 사람의 출생 및 성장 과정을 알아보고, 생명체의 소중함을 깨닫는 내용이다. 이러한 내용을 통하여 단순히 생명체와 환경에 대한 지식을 알아 가는 것이 아니라 자연과 생명체에 대한 존중이나 인간과 자연의 조화를 경험할 수 있다. 또한 유아가 인간과 동식물, 자연환경 간의 밀접한 연관성을 이해하고, 인간과 동식물이 함께 살기 좋은 녹색환경과 생태계를 파괴할 수 있는 온실가스와 환경오염을 줄이는 방법에 대해 알아보는 내용도 다룬다. 이러한 과정을 통하여 유아는 초등학교 과학 교과의 '생명과 지구' 중 '생물과 우리 생활' 학습의 기반을 형성하게 된다.

④ 날씨와 계절의 변화를 생활과 관련짓는다.

유아가 생활 속에서 쉽게 접할 수 있는 자연물이나 자연현상에 대한 탐구과정을 통하여 '변화와 규칙성'이라는 자연의 본질에 대한 이해를 도모하는 내용이다. 이러한 과정을 통하여 유아는 초등학교 슬기로운 생활의 '봄', '여름', '가을', '겨울'뿐만 아니라 과학과 교육과정 '물질과 에너지'의 '물의 상태 변화'와 '생명과 지구'의 '지표의 변화', '날씨와 우리 생활', '계절의 변화'에 대한 학습 기반을 형성하게 된다.

자연현상 알아보기를 통하여 돌, 물, 흙 등 자연물의 특성과 변화를 알아보고, 낮과 밤, 계절의 변화와 규칙성을 알아본다. 특히 낮과 밤, 계절의 변화와 같은 자연현상은 순환적이며, 일련의 규칙에 따라 일어난다는 것을 경험하게 된다. 또 왜 비가 오는지, 왜 달이 뜨는지와 같은 인과적 수준의 문제를 해결하고자 하는 것이 아니라 그러한 현상이 나타나는 변화 자체에 관심을 가지는 것이 중요하다.

(2) 과학교육의 지도원리

유아는 주변 사물이나 자연현상에 대하여 호기심을 가진다. 이러한 탐구심과 호기심을 중시하여 유아 스스로 적극적인 학습자로 탐구과정에 참여할 수 있도록 도와야 한다. 이에 필요한 과학적 기초능력과 태도를 기르기 위한 학습 원리를 정리해 보면 다음과 같다.

첫째, 일상생활 속에서 접하는 주변 사물에 대해 의문을 갖고 적극적으로 탐구하기 위한 과학적 태도를 기른다.

둘째, 과학활동은 과학적 지식이나 개념을 유아에게 주입하기보다는 과학적으로 탐구하는 과정이 중시되어야 한다.

셋째, 유아들이 구체적이고 직접적인 경험을 할 수 있는 친숙한 내용의 과학활동을 선정하고 실물중심의 자료를 활용해야 한다.

넷째, 교사는 상황에 적합한 질문을 통하여 유아의 창의적이고 비판적인 사고력을 향상시킬 수 있도록 해야 한다.

결론적으로 교사는 유아가 능동적으로 발견할 수 있는 기회를 제공함으로써 유아가 습득한 수학과 과학의 개념을 새로운 상황에 적용할 수 있는 문제해결 기술을 발달시킬 수 있다. 또한 유아기는 기본적인 개념들을 습득하고 과정 기술(process skill) 및 수학과 과학에 대한 태도를 학습하는 아주 중요한 시기다. 일반적으로 3~8세의 유아는 개념과 과정 기술을 능동적으로 학습할 수 있다. 이렇게 유아기에 습득하는 많은 개념은 수학과 과학의 기본이 되는 것들이다(Gallenstein, 2003). 그러므로 교사는 유아가 바람직한 과학적 탐구와 태도를 형성해 나갈 수 있도록 도와야 한다.

유아의 과학활동은 사물에 대한 관찰, 분류, 예측, 가설 설정, 토의, 실험, 결과의 기록, 창안하기 등 다양한 과정을 통해 계획할 수 있다(박정민, 유연화, 1999; 박홍자, 2004).

① 관찰하기

관찰은 주의 집중하여 사물을 세밀하게 보는 활동이다. 주의 깊게 사물을 관찰하는 것은 과학적 탐구의 가장 기본적인 방법이며, 관찰은 관찰한 것을 정확하게 묘사하는 것까지 포함한다. 유아는 주변 환경을 관찰하는 데 자신의 오감각을 활용한다. 따라서 관찰활동을 통해 촉각, 시각, 청각, 후각, 미각 등을 사용하는 방법에 대해 학습하게 된다.

② 분류하기

분류하기란 가장 두드러진 특징으로 물건을 가려 내는 것으로, 자연의 현상이나 사물을 어떤 특정한 기준에 따라 나누는 것이다. 즉, 같은 속성을 가진 대상끼리 무리 짓는 행위다. 분류는 우리가 관찰한 것을 정리하도록 도와서 우리 주변세계를 단순화시켜 준다. 유아는 한 가지 특징(크기, 모양, 색 등)인 물리적 속성만 고려하는 활동과 여러 가지 속성을 고려하여 물체를 분류하는 활동을 한다. 더 나아가 물리적 속성보다는 기능에 의해 물체를 분류할 수 있는 학습도 가능하다.

③ 예측하기

예측이란 이미 알고 있는 지식을 이용하여 앞으로 일어날 일을 예상하는 것이다. 관찰이 시지각을 통해서 얻는 자극이라면 예측은 관찰하여 습득한 지식에서 유발되는 사고활동의 결과라고 할 수 있다. 예측은 과거 경험에 의해서 결정되는 의견이며 이 의견은 관찰이나 실험을 통하여 그 옳고 그름이 결정된다. 유아들에게 여러 가지 활동을 우선 해 보게 하고 기억과 경험을 통해서 예측해 볼 수 있게 하는 것이 효과적이다.

④ 가설 설정하기

관찰을 한 후에 유아는 관찰한 사실들을 일반화하거나 가설을 형성할 수 있다. 가설은 사물과 사물 간의 관계에 대한 예측이며, 문제에 대한 예측적 해답이다. 예를 들어, '콩을 싹 틔우는 데 어떤 일을 해야 할까?'라는 문제에 '콩에 물을 주면 싹이 튼다.'라는 가설을 세울 수 있는 것이다. 가설이 형성된 후에야 실제 이 가설을 검증하여 일반화할 수 있기 때문에 가설 설정은 유아기에 길러져야 할 중요한 과학기술이다.

⑤ 토의하기

토론하거나 질문하는 방법이 과학적 개념 및 물리적 지식 습득에 유용하다. 따라서 과학활동을 하면서 관찰하고 가설을 설정해 본 것에 대해 또래 유아나 교사와의 언어적 상호작용을 통해 과학활동에 필요한 정보를 교류하고, 새로운 방법을 제안하는 활동을 통해 이해를 높여 나갈 수 있다. 교사는 유아의 과학활동 시 유아들이 서로 발견한 사실들을 표현하고, 유아들끼리의 토의를 통해 해결 방법을 모색하는 경험의 기회를 주도록 노력해야 한다.

⑥ 실험하기

실험하기는 유아가 예측한 것을 직접 조작하고 검증해 보는 행동이다. 유아는 실험하면서 물체를 직접 만져 보거나 움직여 보고, 다양한 자료를 섞어 보고, 물속에 넣어 보는 등 다양한 활동을 직접 실험해 봄으로써 가설의 옳고 그름을 알고 이를 통하여 지식을 구성해 나간다.

⑦ 결과의 기록 및 전달하기

실험과정이 완성되면 유아는 어떠한 형태이건 결과를 보고 결론에 도달하게 될 것이다. 유아는 실험의 결과를 객관적으로 이해하기보다는 일부분만 보고, 혹은 지나치게 해석하면서 정확하지 않은 결론을 내리기도 한다. 이 부분에서 교사는 직접적으로 가르치기보다는 질문을 통하여 유아가 결론에 대해 다시 생각해 보도록 도와야 한다. 이러한 실험 결과는 그림, 그래프, 책 등으로 기록할 수 있다.

⑧ 창안하기

창안하기는 유아가 상상력과 창의력을 이용하여 새로운 것을 만들어 내는 활동이다. 창안하기의 일반적 방법으로 새로운 아이디어 내기, 문제 해결하기, 구상하기, 만들기 등을 들 수 있다. 따라서 교사는 주제와 관련하여 흥미로운 질문이나 자료 등을 이용해서 유아의 호기심이나 흥미를 자극하고 새로운 사실을 발견할 수 있는 활동을 해야 한다. 또한 기존의 사실을 재조명해 봄으로써 새로운 것을 창안하도록 하는 동기를 유발할 수 있어야 한다.

4 수·과학교육 활동의 실제

<table>
<tr><td rowspan="3">활동명:
상자
놀이</td><td>활동목표
• 여러 종류의 상자를 높이와 넓이에 따라 순서 짓기를 할 수 있다.</td></tr>
<tr><td>활동자료
• 물감, 여러 종류의 나무 상자, 물수건, 스펀지</td></tr>
<tr><td>교육과정 관련 요소
• 자연탐구 – 생활 속에서 탐구하기 : 일상에서 길이, 무게 등의 속성을 비교한다.</td></tr>
<tr><td colspan="2"></td></tr>
<tr><td>활 동
방 법</td><td>〈도 입〉
• 교사는 준비한 재료들을 소개한다. 여러 종류의 나무 상자에 물감을 이용하여 어떻게 장식하면 좋을지 이야기 나눈다.
–물감을 붓에 발라 그림을 그릴까?
–손에 물감을 묻혀 나무 상자에 찍으면 어떨까? (유아들이 선택한 방법으로 한다)
• 손가락 끝(또는 손바닥)에 물감을 묻혀 여러 종류의 나무 상자에 찍는다.
〈전 개〉
• 나무 상자에 찍힌 손 모양을 관찰한다.
–어떤 손이 가장 클까? / 작을까?
–어떤 색깔로 찍은 손이 가장 많을까? / 적을까?
• 유아들이 만든 상자를 모두 모아서 비교한다.
• 나무 상자를 순서대로 놓아 본다.
–어떤 순서대로 놓는 것이 좋을까? (낮은→높은 순, 넓은→좁은 순 등)
〈종 결〉
• 손에 물감을 묻혀 나무 상자에 찍어본 느낌에 대해 이야기 나눈다.
–물감의 느낌이 어땠니?
–나무 상자에 찍을 때의 느낌은 어땠니?</td></tr>
<tr><td>평 가</td><td>• 여러 종류의 상자를 높이와 넓이에 따라 순서 짓기를 할 수 있었는가?</td></tr>
</table>

활동명: 내가 좋아하는 TV 프로그램	**활동목표** • 우리 반 유아들이 좋아하는 TV 프로그램에 대해 안다. • 수를 세고 비교할 수 있다. **활동자료** • '내가 좋아하는 TV 프로그램' 그래프, 색종이, 가위, 풀, 필기도구 **교육과정 관련 요소** • 자연탐구–생활 속에서 탐구하기 : 물체를 세어 수량을 알아본다.

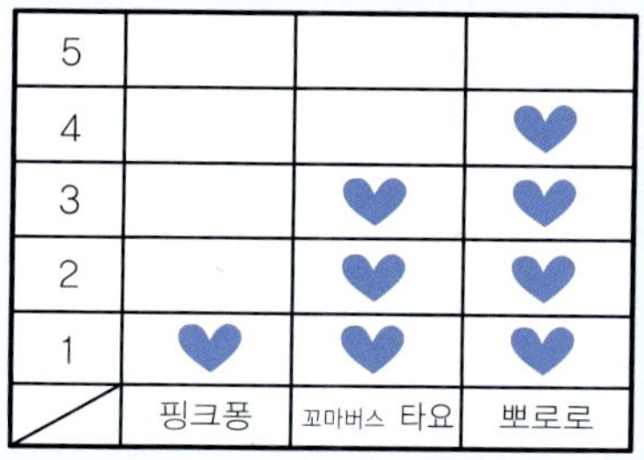

활 동 방 법	〈도 입〉 • 좋아하고 즐겨보는 TV 프로그램이 있는지 이야기 나눈다. –좋아하는 TV 프로그램은 무엇이니? –아빠(엄마)께서 좋아하는 TV 프로그램은? 〈전 개〉 • 우리 반 친구들이 좋아하는 TV 프로그램을 어떻게 알 수 있을지에 대해 이야기 나눈다. –○○는 어떤 프로그램을 좋아하니? –좋아하는 이유는? / 어떤 것이 재미있니? • 교사는 유아들이 이야기한 것 중 공통되는 TV 프로그램 몇 개를 적는다. • 유아들이 좋아하는 TV 프로그램을 넣은 그래프를 만들어 둔다. • 유아들은 색종이로 모양을 만들어 자기 이름을 쓴 후, '내가 좋아하는 TV 프로그램' 그래프에 붙인다. 〈종 결〉 • 우리 반 친구들이 제일 좋아하는 TV 프로그램이 무엇인지 알아본다. • 유아들이 어떤 프로그램을 좋아하는지 그래프를 보고 비교한다. –○○ 프로그램은 몇 명이 좋아하니? 같이 세어볼까? –제일 좋아하는 프로그램은 어떤 것이니? –제일 좋아하는 프로그램과 좋아하지 않는 프로그램은 얼마나 차이가 나니?
평 가	• 우리 반 유아들이 좋아하는 TV 프로그램에 대해 알 수 있었는가? • 수를 세고 비교할 수 있었는가?

활동명: 콩 싹틔우기	**활동목표** • 여러 종류의 콩을 관찰하고 비교할 수 있다.
	활동자료 • 여러 가지 콩(강낭콩, 완두콩, 검은콩, 콩나물 콩, 땅콩 등), 싹을 틔운 콩, 돋보기, 관찰일지, 필기도구
	교육과정 관련 요소 • 자연탐구 – 자연과 더불어 살기 : 주변의 동식물에 관심을 가진다.
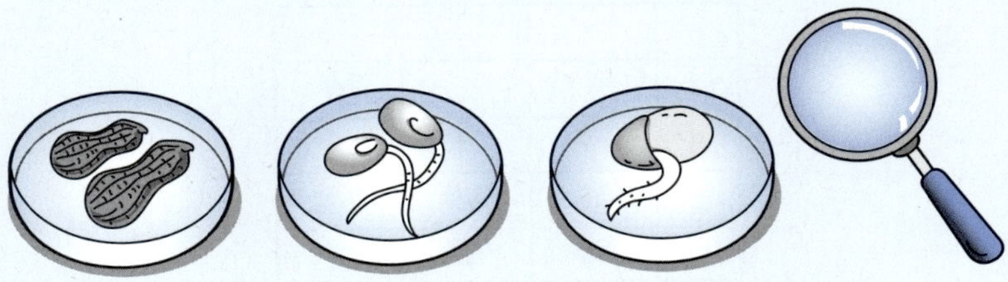	
활 동 방 법	〈도 입〉 • 유아들과 함께 준비한 콩에 대해 이야기 나눈다. –어떤 콩이 있니? –이 콩을 먹어본 적이 있니? 맛이 어땠니? 〈전 개〉 • 유아들과 함께 콩이 맛, 느낌, 색깔, 모양 등을 관찰하고 비교해 본다. –이 콩의 맛은 어떨까? –강낭콩과 완두콩은 어떤 점이 다르니? –검은콩을 만져보니 어떤 느낌이 드니? • 싹을 틔운 콩을 관찰한다. –싹들이 각각 어떻게 생겼니? –콩마다 싹의 모양이 어떻게 다르니? • 싹에 대하여 이야기를 나눈다. –싹의 크기, 모양, 느낌이 어떠니? –어느 콩의 싹이 제일 빨리 자라니? 〈종 결〉 • 유아가 관찰한 것을 그림이나 글로 나타낸다. –관찰한 콩을 관찰일지에 적을 수 있겠니?
평 가	• 여러 종류의 콩을 관찰하고 비교할 수 있었는가?

활동명: 종이컵 전화	**활동목표** • 팽팽한 줄이 공기보다 소리를 더 잘 전달한다는 것을 안다. **활동자료** • 종이컵, 실 5미터, 뾰족한 연필, 클립 2개 **교육과정 관련 요소** • 자연탐구–탐구과정 즐기기: 궁금한 것을 탐구하는 과정에 즐겁게 참여한다.

활 동 방 법	〈도 입〉 • 전화기의 사용 경험에 대해 이야기한다. –언제, 누구와 전화해 보았니? –전화가 잘 들리는 것과 잘 들리지 않는 것은 무엇 때문일까? 〈전 개〉 • 종이컵과 실을 이용해서 전화기를 만드는 것에 대해 이야기한다. –소리가 어떻게 실을 통해 전달될까? –어떤 목소리가 더 잘 들릴까? • 친구의 목소리 진동 이 종이컵과 실을 떨리게 해서 전달됨을 이야기한다. (진동이 팽팽한 줄을 따라 빠르게 움직여 전달된다.) • 종이컵 전화기 만드는 방법을 설명한다. –연필로 컵 바닥 중앙에 작은 구멍을 뚫는다. –클립에 실을 묶고, 컵 안에서 밖으로 실을 통과시킨다. –클립 때문에 실이 빠지지 않는다. –실을 두 번째 컵의 구멍으로 빼서 클립으로 컵 안에 고정한다. • 종이컵 전화기를 사용해본다 〈종 결〉 • 종이컵 전화기를 사용해 본 느낌에 대해 이야기한다. –전화기로 친구의 목소리를 들을 수 있었니? –종이컵과 실로 전화기를 만들어보니 어떠니?
평 가	• 팽팽한 줄이 공기보다 소리를 더 잘 전달한다는 것을 알았는가?

참고문헌 국내

강성화, 김경희(2004). 유아문학교육. 서울: 동문사.

경원대 교육과정연구위원회(1999). 第6次 유치원 교육과정 편성 · 운영 모형 개발 연구—종일제 프로그램 운영을 중심으로. 경원대학교 교육과정연구위원회.

고문숙, 임영심, 유향선, 황정숙, 김은심(2002). 유아교과교육론. 서울: 창지사.

교육과학기술부(2008a). 유치원 교육과정 해설(I). 서울: 교육과학기술부.

교육과학기술부(2008b). 유치원 교육과정 해설(II). 서울: 교육과학기술부.

교육과학기술부(2008c). 유치원 교육과정 해설(III). 서울: 교육과학기술부.

교육과학기술부, 보건복지부(2012). 5세 누리과정 해설서. 서울: 교육과학기술부, 보건복지부.

교육과학기술부, 보건복지부(2013). 3~5세 연령별 누리과정 해설서. 서울: 교육과학기술부, 보건복지부.

교육부(1998). 유치원 교육과정 해설. 서울: 교육부.

교육부(2000). 유치원교육활동 지도자료 1. 총론. 서울: 교육부.

교육부, 보건복지부(2019). 2019개정 누리과정 해설서. 서울: 교육부, 보건복지부.

권상구(1994). 아동미술교육. 서울: 미진사.

권영례(1997). 유아수학교육. 서울: 창지사.

김경자(1996). 수준별 교육과정의 한국형 모형 탐색. 교육학연구, 34(5), 353-369.

김경철(1997). 유아교육 평가의 새로운 대안(포트폴리오). 열린유아교육연구, 2(2), 109-122.

김영연(2002). 유아음악교육론. 서울: 학지사.

김영희, 유경애, 이옥섭(2002). 유아교육과정. 서울: 동문사.

김은심(1997). 유아동작교육. 서울: 정민사.

김은아(2000). 유아의 음악적 경험과 음악선호도 연구. 연세대학교 교육대학원 석사학위청구논문.

김재복(1994). 유치원과 국민학교 교육과정의 연계 방안 모색. 인천교육대학교 논문집, 28(2), 229-240.

김제한, 곽노의(1995). 유아교육학 개론. 서울: 학문사.

김진영, 백혜리, 최윤정(2006). 유아를 위한 교수-학습방법론. 서울: 양서원.

김혜경 편(1996). 유치원 음악교육의 이론과 실제. 서울: 창지사.

나귀옥, 김경희(2004). 유아수학교육의 이론과 실제. 서울: 학지사.

남궁달화(1999). 인성교육론. 서울: 문음사.

노명완, 이차숙, 조정숙(1997). 유아 언어교육. 서울: 한국방송대학교 출판부.

류진희, 황환옥, 최영희, 정희정, 김유림(1999). 유아의 신체 발달에 적합한 신체활동. 서울: 양서원.

문연심, 이화영(2005). 통합적 접근에 기초한 영유아 수 · 과학교육. 서울: 양서원.

박정민, 유연화(1999). 유아과학교육. 서울: 창지사.

박영충(1997). 포트폴리오 평가가 유아와 교사의 상호작용에 미치는 효과. 열린유아교육연구, 2(2), 257-279.

박찬옥(1994). 국민학교 1학년 교육의 통합적 수업운영 방안. 한국교육문제연구소 논문집, 213-227.

박찬옥, 김영중, 황혜경, 엄정례, 조경서(2001). 유아사회교육. 서울: 정민사.

박홍자(2002). 유아 수 · 과학교육. 서울: 동문사.

박화윤, 김영애, 이선원, 이희자, 안라리(2002). 유아를 위한 창의적 교과교육. 서울: 동문사.

박휘락(1996). 보는 힘 기르기 위한 미술 감상용 self guide의 개방에 관한 연구. 대구교육대학논문집, 31(1), 29-42.

배소연(1990). 교사의 전문성과 사전교육. 교사의 전문성과 역할. 한국어린이교육협회 가을 세미나.

배소연, 서현아, 백혜리, 강민정(2005). 유아를 위한 수학교육론. 서울: 양서원.

서울대학교 교육연구소 편(1994). 교육학 용어사전. 서울: 하우.

석용원(1982). 아동문학원론. 서울: 학연사.

신지혜(2005). Arts PROPEL에 기초한 미술활동이 유아의 미술능력에 미치는 영향. 원광대학교 대학원 석사학위 청구논문.

신혜영, 유민임(2002). 방과후 아동지도. 서울: 창지사.

심성경, 이희자, 이선경, 김경의, 이효숙, 박주희(2003). 유아음악교육. 서울: 양서원.

안경숙, 김소향(2006). 총체적 유아 수 · 과학 통합교육 프로그램. 서울: 양서원.

안정희(2006). 형성적 수업평가 유형에 따른 평가결과의 특징과 교사의 반응 분석. 이화여자대학교 대학원 박사학위 청구논문.

양옥승(2003). 자유선택활동에서 유아의 선택의 의미. 유아교육연구, 23(3), 131-152.

오성삼, 구병두(1996). 교육과정 및 평가의 이해. 서울: 양서원.

오연주, 이경실, 김현지, 박경애(2003). 유아동작교육의 이론과 실제. 서울: 창지사.

원효헌(2002). 수업평가의 이해와 적용. 서울: 교육과학사.

유민임(2002). 유아교사의 과학활동에 대한 관심유형 및 수행장애요인에 따른 수행수준 연구. 부산대학교 교육대학원 석사학위 청구논문.

유민임 (2005). 2005년 단기취업훈련 가정탁아모교육. 인간관계. 부산광역시 여성문화회관.

유민임(2006). 2006년도 유치원 1급정교사 자격연수. 유아교육과정의 이해. 울산광역시 울산교육연수원.

유혜령, 강은희, 박지영(2003). 유아 교수공학과 교수 · 학습 방법. 서울: 창지사.

윤애희, 김온기, 이혜경(2002). 사고 과정을 중심으로 한 유아 수 · 과학 교육. 서울: 창지사.

윤혜영, 민하영(2001). 유아사회교육의 이론과 실제. 서울: 창지사.

이경우(1991). 유아를 위한 새 수학교육. 서울: 창지사.

이경화, 조순옥, 김정원, 심은희, 이연규, 이문정(2003). 유아언어교육. 서울: 창지사.

이기숙(1993). 유아교육과 교사 교육과정의 문제. 교육과정연구, 제11집. 한국교육학회 교육과정연구회.

이기숙(2003). 유아교육과정. 서울: 교문사.

이기영(2004). 평가 유형과 채점 방식에 따른 중·고등학교 과학 수행 평가의 일반화가능도에 관한 연구. 서울대학교 대학원 박사학위 청구논문.

이돈희, 황정규, 윤희원, 조영달, 권오량, 우정호, 최승언, 강신복, 최의창(1994). 교과교육학탐구. 서울: 교육과학사.

이상현(1987). 아동문학 강의. 서울: 일지사.

이성호(2006). 교수방법론. 서울: 학지사.

이연섭(1984). 유아교육과정. 서울: 창지사.

이영, 전인옥, 김온기(2004). 유아를 위한 창의적 동작교육. 서울: 교문사.

이영석(2001). 유아교육론. 서울: 형설출판사.

이영석, 박재환, 김경중(1985). 유아교육개론. 서울: 형설출판사.

이영자, 유효순, 이정욱(2001). 유아사회교육. 서울: 교문사.

이영자, 이기숙, 이정욱(1999). 유아 교수·학습방법. 서울: 창지사.

이옥주(2006). 유아사회교육의 교수 내용 지식에 관한 연구. 덕성여자대학교 대학원 박사학위 청구논문.

이은경(2007). 유아문학교육. 서울: 21세기사.

이은해(2000). 아동발달의 평가와 측정. 서울: 교문사.

이은화(1985). 유아교육 교사의 역할과 자세. 유아교사 연구 교재. 새세대육영회.

이은화, 김영옥(2000). 유아사회교육. 서울: 양서원.

이은화, 배소연, 조부경(1998). 유아교사론. 서울: 양서원.

이재철(1986). 아동문학개론. 서울: 교문사.

이정환(1997a). 유아교육의 교수·학습방법. 서울: 교문사.

이정환(1997b). 유아교육의 통합적 미술교육과정. 서울: 창지사.

이진우, 이순영(2006). 영유아 음악 교육. 서울: 파란마음.

이차숙(2005). 유아언어교육의 이론과 실제. 서울: 학지사.

이춘희(2005). 유아문학교육. 서울: 동문사.

임인재(1976). 심리측정의 원리. 서울: 교육출판사.

임재택(1995). 유아교육기관 운영관리. 서울: 양서원.

임창재(1998). 수업심리학. 서울: 학지사.

임혜정(2006). 유아음악교육. 서울: 태영출판사.

전경원(1999). 창의성을 중심으로 한 유아과학교육. 서울: 학문사.

전인옥, 이숙희(1997). 유아음악교육. 서울: 한국방송통신대학교 출판부.

정미라, 홍용희, 엄정애, 이순영(2000). 유치원 종일제 프로그램의 운영실태에 대한 연구. 유아교육연구, 20(1), 59-80.

조정숙, 김은심(2000). 유아언어교육. 서울: 정민사.

조한무(1998). 수행평가를 위한 포트폴리오 평가. 서울: 교육과학사.

차경수, 정문성, 구정화(1997). 유아사회교육. 서울: 학문사.

최양미, 김애자, 최미현(1998). 아이들의 그림나라: 유아 교사를 위한 생활 속의 유아미술지도서. 서울: 창지사.

통계청(2004). 2003년 사망원인 통계 연보. 서울: 통계청.

한국교육개발원(1996). 유아체육놀이 프로그램 개발 연구. 서울: 한국교육개발원.

한국미술교과교육학회(1999). 유아미술교육학. 서울: 학문사.

한국미술교과교육학회(2000). 미술교육학. 서울: 교육과학사.

한국산업안전공단(2003). 안전교육 교사연수. 서울: 한국산업안전공단.

한국유아교육학회 편(1997). 유아교육사전. 서울: 한국사전연구사.

황순각(2003). 유아신체활동. 서울: 양서원.

황의명, 조형숙(2003). 탐구능력 증진을 위한 유아과학교육. 서울: 정민사.

황정규(1998). 학교학습과 교육평가. 서울: 교육과학사.

황해익(2004). 유아교육평가. 서울: 양서원.

참고문헌 외국

Bayless, K. M., & Ramsey, M. E. (1991). *Music: A Way of life for the young child (4th ed.)*. Columbus, OH: Merrill Publishing.

Bently, W. G. (1970). *Learning to move and moving to learn*. NY: Citation Press.

Berkowitz, M. W., & Grych, J. H. (1998). Fostering goodness: Teaching parents to facilitate children's moral development. *Journal of Moral Education, 27*, 371-391.

Berlin, D. F., & Lee, H-Y. (2005). Integrating science and mathematics education: Historical analysis. *School Science and Mathematics, 105*(1), 15-23.

Bredekamp, S. (1986). *Developmentally appropriate practice*. Washington, DC: National Association for the Education of Young Children.

Bredekamp, S., & Rosegrant, T. (1995). *Reaching potentials: Transforming early childhood curriculum and assessment (V. 2)*. Washington, DC: National Association for the Education of Young Children.

Brittain, W. L. (1979). *Creativity, art, and the young child*. NY: Macmillan Publishing.

Burke, E. M. (1990). *Literature for the young child*. Boston: Allyn and Bacon.

Carter, A. S., Briggs-Gowan, M. J., Jones, S. M., & Little, T. D. (2003). The Infant-Toddler Social and Emotional Assessment (TISEA): Factor structure, reliability, and validity. *Journal of Abnormal Child Psychology, 31*(5), 495-514.

Chomsky, N. (1986). *Knowledge of language: Its mature, origin and use*. London: Praeger.

Copley, J. V. (2000). *The young child and mathematics. National Council of Teachers of Mathematics*, Reston, Virginia.

Cullinan, B. E., & Galda, L. (2002). *Literature and the child (5th ed.)*. Belmont: Wadsworth.

Darling-Hammond, L. (1999). *What matters most: A competent teacher for every child*. In K. M. Paciork & J. H. Monro (Eds.), Early childhood education.

Davis, B. C., & Shade, D. D. (1994). *Integrate, don't isolate! computers in the early childhood curriculum*. (ERIC Digest 376991)

Day, B. (1975). *Open learning in early childhood*. NY: Macmillan Publishing.

de Cecco, J. P. (1968). *The psychology of learning and instruction: An introduction to educational psychology*. NY: Prentice-Hall.

Eisner, E. (1982). *Cognition and curriculum*. NY: Langman.

Eisner, E. (2002). *The arts and the creation mind. Reston*, VA: National Art Education Association.

Eliason, C., & Jenkins, L. (2003). *A practical guide to early childhood curriculum (7th ed.)*. NJ: Prentice Hall.

Gallagher, J. J., & Ashner, M. J. (1963). *A preliminary report on analysis of classroom interaction*. Merrill-Palmer Quarterly, 9.

Gallahue, D. L. (1995). *Transforming physical education curriculum. Reaching potential: Transforming early childhood curriculum and assessment, Vol 2*.

Gallahue, D. L. (1996). *Developmental physical education for today's children (3rd ed.)*. IA: Brown & Benchmark Publishers.

Gallenstein, N. L. (2003). *Creative construction of mathematics and science concepts in early childhood*. Olney, MD: Association for Childhood Education International.

Gilliom, B. C. (1970). *Basic movement education for children: Rational and teaching units. Reading*, Mass.: Addison-Wesley Publishing Company.

Glazer, S. M., & Burke, E. (1994). *An integrated approach to early literacy: Literature to language*. Boston: Allyn & Bacon.

Greenberg, M. (1985). 유아음악교육*(Your children need music: A guide for parents and teachers of young children)* (이기숙, 김영주 역). 서울: 교문사. (원전은 1979년에 출간).

Gullo, D. F. (1990). The changing family context: Implications for the development of all-day kindergartens. *Young Children*, *45*(4), 35-39.

Harlan, J. D., & Rivkin, M. S. (2004). *Science experiences for the early childhood years: An integrated affective approach (8th ed.)*. Upper Saddle River, NJ: Pearson Education, Inc.

Herberholz, B., & Hanson, L. (1995). *Early childhood art*. LA: Wm. C. Brown Publishers.

Hohmann, M., & Wikart, D. P. (1995). *Educating young children: Active learning practices for preschool and child care*. Ypsilant, MI: High/Scope Press.

Holt, B. G. (1993). *Science with young children*. Washington. D.C.: National Association for the Education of Young Children.

Kamii, C. (Ed.) (1990). *Achievement testing in the early grades: The games grown-ups play*. Washington, D.C.: National Association for the Education of Young Children.

Kamii, C., & DeVries, R. (1982). *Piaget, children and number. Washington*. D.C.: National Association for the Education of Young Children

Kamii, C. K. (1982). *Numbers in preschool and kindergarten: Educational implication of Piaget's theory*. Washington, D.C.: National Association for the Education of Young Children.

Kessler, S. A., & Hauser, M. (2003). 유아교육의 정치학*(The politics of early childhood education)* (염지숙, 신옥순 역). 서울: 창지사. (원전은 2000년에 출간).

Kostelnik, M. J. (1998). Misconstructing developmentally appropriate practice. *Early Years*, *18*(2), 19-26.

Koster, J. B. (2001). *Growing artists teaching art to young children (2nd ed.)*. NY: Delma Tomson Learning.

Lowenfeld, V., & Brittain, W. L. (1970). *Creative and mental growth*. NY: Macmillan Publishing.

Machado, J. M. (2003). *Early childhood experience in language arts (7th ed.)*. Thomson Delmar Learning.

McAllester, D. (1991). *Becoming human through music*. Reston, VA: Music Educator's National Conference.

McLane, J. B., & McNamee, G. D. (1990). *Early literacy*. Cambridge, MA: Harvard University Press.

MENC (1992). MENC position statement on early childhood education. *MENC(Music Educators National Conference) Soundpost*, *8*(2), 21–22.

Ladd, G. W., & Profilet, S. M. (1996). The child behavior scale: A teacher–report measure of young children's aggressive, withdrawn, and prosocial behaviors. *Developmental Psychology*, *32*(6), 1008–1024.

Martin, S. (1999). *Take a look: Observation and portfolio assessment in early childhood (2nd ed.)*. Ontario, Canada: Addison–Wesley.

Messick, S. (1983). Assessment of children. In P. H. Mussen (Ed.), *Handbook of child psychology, Vol. 1* (pp. 477–527). NY: Wiley.

National Association for the Education of Young Children (1991). Guidelines for appropriate curriculum content and assesment in programs serving children ages three through eight. *Young Children*, *46*(3), 21–38.

National Association for the Education of Young Children (1996). NAEYC position statement: Technology and young children–ages three through eight. *Young Children*, *51*(6), 11–16.

National Association for the Education of Young Children (1998). NAEYC position statement on standardized testing of young children 3 through 8 years of age. *Young Children*, *43*(3), 42–47.

National Association for the Education of Young Children & National Council of Teachers of Mathematics (2002). *Early childhood mathematics promoting good beginning. Position statement*. https://www.naeyc.org/resources/position–statements

National Council for the Social Studies (1994). *Curriculum Standards for Social Studies: Expectations of Excellence*. Washington, D.C.: Author.

National Council of Teachers of Mathematics (1989). *Curriculum and Evaluation Standards for School Mathematics*. Reston, VA: Author.

National Association for the Education of Young Children (1991). *Kindergarten Book: Curriculum and Evaluation Standards for School Mathematics Addenda Series*. Reston, VA: Author.

National Association for the Education of Young Children (2000). *Principles and standards for school mathematics*. Reston, VA: NCTM.

National Research Council (2001). *Eager to learn: Education our preschoolers*. Washington D.C.: National Academy of Sciences.

Nelson, C. (1988). Infant movement. Normal and abnormal development. Journal of Physical Education, *Recreation and Dance*, *9*, 43–46.

Parson, M. J., & Blocker, H. G. (1998). 미학과 예술교육*(Aeshetics and education)* (김광명 역). 서울: 현대미학사. (원전은 1993년에 출간).

Petersen, E. A. (2003). *Early childhood curriculum: Linking thematic, emergent, and skill-based planning to children's outcome (2nd ed.)*. Boston: Allyn and Bacon.

Pica, R. (1991). *Early elementary children moving & learning*. Human Kinetics Books.

Pica, R. (1995). *Experiences in movement-with music activities and theory*. Albany, NY: Delmar Publishers Inc.

Rodger, L. (1996). Adding movement throughout the day. *Young Children*, *51*(3), 4–6.

Roopnarine, J. L., & Johnson, J. E. (1984). *Approaches to early childhood education*. NJ: Prenice–Hall.

Sach, J. (2003). Teacher professional standards: Controlling and developing teaching. *Teachers and Teaching: Theory and Practice*, *9*(2), 175–185.

Saracho, O. N. (1984). Perception of the teaching process in early childhood education through role analysis. *Journal of the Association for the Study of Perception*, *19*(1), 26–29.

Scholastic (1996). *Children's dictionary*. New York: Editors of Scholastic Ins.

Seefeldt, C. (2001). *Social studies for the preschool-primacy child (6th ed.)*. NJ: Prentice–Hall.

Shaw, J., & Blake, S. (1998). *Mathematics for young children*. Columbus, OH: Merrill.

Shulman, L. S. (1986). Those who understand: Knowledge growth in teaching. *Educational researcher*, *15*(2), 4–14.

Spodeck, B. (1985). *Teaching in the early years (3rd ed.)*. NJ: Prentice–Hall.

Spodeck, B. (1991). Early childhood curriculum and cultural definitions of knowledge. In B. Spodeck & O. N. Saracho (Eds.), *Issues in early childhood curriculum: Yearbook in early childhood education*, *2*. NY: Teachers College Press.

Stinson, S. (1988). Creative dance for preschool children. *Journal of Physical Education, Recreation and Dance*, *9*, 52–56.

Sutherland, Z., & Arbuthnot, M. H. (1991). *Children and books (8th ed.)*. NY: Harper Collins Publishers.

Tierney, R. J., Carter, M. A., & Desai, L. E. (1991). *Portfolio assessment in the reading-writing classroom*. Norwood, MA: Christopher-Gordon Publishers.

Wade, M. G., & Davis, W. E. (1982). Motor skill development in young children: Current views on assessment and programming. In L. G. Katz (Ed.), *Current topics in early childhood education, Vol. 4* (pp. 55-70). Norwood, NJ: Ablex Pub. Co.

Weikart, D. P., & Schweinhart, L. J. (2000). The High/Scope curriculum for early childhood care and education. In J. L. Roopnarine & J. E. Johnson (Eds.), *Approaches to early childhood education* (pp. 277-292). NJ: Merrill/Prentice-Hall.

Whitehead, R. (1998). *아동문학교육론(Children's literature-Strategies of teaching)* (신재혁 편역). 서울: 범우사. (원전은 1994년에 출간).

Wolf, J. (1992). Let's sing it again: Creating music with young children. *Young Children*, *47*(2), 56-61.

Wolf, K. (1991). The school teacher's portfolio: Issues in design, implementation and evaluation. *Phi Delta Kappan*, *October*, *73*(2), 129-136.

저자 소개

류 민 임

부산대학교 유아교육학과(교육학석사)

대구대학교 유아교육학과(교육학박사)

현)부산여자대학교 유아교육과 교수

유아교과교육론

초판 1쇄 인쇄 2022년 2월 25일
초판 1쇄 발행 2022년 3월 3일

지 은 이 | 류민임
펴 낸 이 | 김기섭
편 집 인 | 이상희
펴 낸 곳 | 창지사 www.changjisa.com
08589 서울시 금천구 가산디지털 1로 83 파트너스타워 1차 9층
전화 (02)719-2211~3
팩스 (02)701-9386
등 록 | 1977년 4월 28일 · 제1-421호

ISBN 978-89-426-1508-7 (93370)

값 19,000원